ROLF WITTE

Zur einkommensteuerrechtlichen Behandlung des Nießbrauchs an Wertpapieren

Schriften zum Steuerrecht

Band 29

Zur einkommensteuerrechtlichen Behandlung des Nießbrauchs an Wertpapieren

Von

Dr. Rolf Witte

DUNCKER & HUMBLOT / BERLIN

Gefördert mit Hilfe von Forschungsmitteln
des Landes Niedersachsen

CIP-Kurztitelaufnahme der Deutschen Bibliothek

Witte, Rolf:
Zur einkommensteuerrechtlichen Behandlung des
Niessbrauchs an Wertpapieren / von Rolf Witte. —
Berlin: Duncker und Humblot, 1985.
(Schriften zum Steuerrecht; Bd. 29)
ISBN 3-428-05861-5
NE: GT

Gedruckt 1985 bei Buchdruckerei A. Sayffaerth - E. L. Krohn, Berlin 61
Printed in Germany

ISBN 3-428-05861-5

Vorwort

Die Mitte 1984 abgeschlossene Arbeit ist im Wintersemester 1984/85 von der juristischen Fakultät der Universität Göttingen als Dissertation angenommen worden. Rechtsprechung, Literatur und Verwaltungserlasse sind teilweise bis Ende 1984 berücksichtigt.

Herrn Prof. Dr. Costede, der auch das Thema der Arbeit angeregt hat, danke ich neben der jederzeitigen Gesprächsbereitschaft und den wertvollen Hinweisen, mit denen er mir jeweils den gedanklichen Kern der Zurechnungsproblematik vor Augen führte, auch insbesondere für die Freiheit, die er mir bei der Bearbeitung des Themas gewährt hat. Hierdurch war es mir ermöglicht, auch solche Auffassungen zu vertreten, denen er nicht zuzustimmen vermochte. Dies betrifft in erster Linie die Zurechnung von Dividendeneinkünften aus Beteiligungen an Kapitalgesellschaften, bei denen nach seiner Auffassung die mit der Mitgliedschaft als solcher verbundenen Befugnisse den unmittelbaren Anknüpfungspunkt für die Zurechnung bilden.

Ferner danke ich dem Zweitkorrektor, Herrn Prof. Dr. Müller-Laube, für die von ihm in seinem Freisemester unverzüglich vorgenommene Begutachtung.

Mein besonderer Dank gilt meiner Familie und insbesondere meinen Eltern, die mir die Erstellung der Arbeit nicht nur in finanzieller Hinsicht ermöglichten, sondern mir auch hilfreiche Denkanstöße gaben.

Schließlich bin ich dem Verlag Duncker & Humblot für die Aufnahme der Arbeit in die von ihm herausgegebene Schriftenreihe sowie dem Dekanat der Juristischen Fakultät der Universität Göttingen für die Gewährung des großzügigen Druckkostenzuschusses aus niedersächsischen Forschungsmitteln zu Dank verpflichtet.

Göttingen, im April 1985

Rolf Witte

Inhaltsverzeichnis

Erstes Kapitel

Einführung in die Grundproblematik 15

A. Problemstellung 15

B. Lösungsansätze für eine persönliche Zurechnung von Einkünften 25

C. Versuch der Bestimmung des Leistungsinhalts der entgeltlichen Kapitalüberlassung 29

I. Der Leistungsinhalt bei der Erstüberlassung von Kapital 29

II. Die Leistung eines nachfolgenden Wertpapierinhabers 31

1. Die Leistung des Nacherwerbers von Wertpapieren, die nicht zur Rückgabe berechtigen 31

2. Die Leistung des Nacherwerbers von rückgabefähigen Wertpapieren 32

III. Die Kapitalüberlassungsleistung der Nießbrauchbeteiligten 33

D. Die Bestimmung des Untersuchungsobjekts 35

Zweites Kapitel

Die Einkünftezurechnung beim Wertpapiernießbrauch 36

A. Die Zurechnung der Wertpapiererträge ohne Berücksichtigung eines für die Nießbrauchbestellung gezahlten Entgelts 36

I. Die Disponibilität der Kapitalüberlassung 36

II. Jederzeitige Disponibilität der Leistung der Kapitalüberlassung 36

1. Inhaberpapiere, die ein Forderungsrecht verbriefen 36

a) Die zivilrechtlichen Grundlagen einer Nießbrauchbestellung 37

b) Verteilung der Dispositionsmöglichkeiten und Risiken 39

aa) Dispositionsmöglichkeiten, die den beiden Nießbrauchbeteiligten gemeinsam zustehen 39

bb) Dispositionsmöglichkeiten, die nur dem Nießbraucher zustehen 40

cc) Dispositionsmöglichkeiten, die nur dem Nießbrauchbesteller zustehen 41

dd) Fazit 43

c) Zwischenergebnis 44

d) Überprüfung des Ergebnisses anhand der Vergleichsfallmethode 44

aa) Die Stellung des Nießbrauchs zwischen Vorausabtretung und Vollrechtsübertragung 44

bb) Ergebnis 47

2. Inhaberpapiere, die ein Mitgliedschaftsrecht verbriefen 48

3. Orderpapiere 49

4. Rektapapiere 52

III. Indisponibilität der Leistung der Kapitalüberlassung über die gesamte Nießbrauchsdauer 54

1. Die in Betracht kommenden Papiere 54

2. Wertpapiere, die ein Forderungsrecht verbriefen 55

a) Das Merkmal der letzten Dispositionsmöglichkeit 56

b) Die Haftungssphäre als Unterscheidungsmerkmal 59

c) Überprüfung des Zwischenergebnisses anhand der Vergleichsfallmethode 61

3. Wertpapiere, die ein Mitgliedschaftsrecht verbriefen 63

a) Dispositionsmöglichkeiten 65

aa) Der Gewinnanteil 66

bb) Die Liquidationsquote 67

cc) Das Bezugsrecht auf neue Aktien 68

dd) Das Stimmrecht 70

ee) Die sonstigen Aktionärsrechte 75

b) Verwertung der gefundenen Dispositionszuweisungen mit Hilfe der Vergleichsfallmethode 76

c) Die Berücksichtigung der Risikoverteilung im Vergleichsfallverfahren 77

d) Die Dauer der Einkünftezurechnung beim Nießbraucher nach einer Neuanlage des Kapitals 78

e) Ergebnis 79

IV. Wertpapiere, bei denen eine Änderung der Disponibilität während der Nießbrauchsdauer eintritt ... 79

1. Die allgemeine Ertragszurechnung bei wechselnder Disponibilität der Kapitalüberlassungsleistung ... 80

2. Die Ertragszurechnung bei anheimstellungsfähigen Kuxen .. 80

3. Die Zurechnung der Erträge bei Wandelschuldverschreibungen ... 82

a) Wandelschuldverschreibungen mit Umtauschrecht ... 83

b) Wandelschuldverschreibungen mit Bezugsrecht ... 84

4. Ergebnis ... 85

V. Auswirkungen besonderer Abreden bezüglich der Verteilung der Dispositionsbefugnisse zwischen den Nießbrauchbeteiligten ... 85

1. Die grundsätzliche Zulässigkeit von Dispositionsabreden beim Wertpapiernießbrauch ... 85

2. Die Übertragung von Dispositionsbefugnissen bei Wertpapieren mit disponibler Kapitalüberlassungsleistung ... 87

3. Die Einräumung von erweiterten Dispositionsbefugnissen bei Wertpapieren mit indisponibler Kapitalüberlassungsleistung 88

a) Dispositionsabreden bei forderungsrechtlichen Wertpapieren ... 88

b) Dispositionsabreden bei mitgliedschaftsrechtlichen Wertpapieren ... 89

B. Zurechnung der Erträge aus dem Wertpapiernießbrauch unter Berücksichtigung eines eventuell für die Nießbrauchbestellung gezahlten Entgelts ... 92

I. Der Einfluß der Entgeltlichkeit der Nießbrauchbestellung auf die Zurechnung der Wertpapiererträge ... 92

II. Zurechnung des für die Nießbrauchbestellung gezahlten Entgelts 95

III. Ergebnis ... 99

Drittes Kapitel

Sonderfälle und -probleme beim Wertpapiernießbrauch 100

A. Besondere Nießbraucharten und -formen ... 101

I. Vorbehaltsnießbrauch ... 101

1. Zur allgemeinen Ertragszurechnung beim Vorbehaltsnießbrauch ... 101

a) Die Behandlung in Rechtsprechung und Literatur 101

b) Die besondere Problemstellung beim Vorbehaltsnießbrauch 102

c) Die Verteilung der Dispositionsbefugnisse beim Vorbehaltsnießbrauch 105

2. Der Vorbehaltsnießbrauch als Mittel zur Umgehung von Steuertatbeständen 108

3. Ergebnis 109

II. Der Vermächtnisnießbrauch 109

1. Die Behandlung in Rechtsprechung und Literatur 109

2. Die Verteilung der Dispositionsbefugnisse beim Vermächtnisnießbrauch 111

3. Die Ertragszurechnung unter Berücksichtigung von Billigkeitserwägungen 113

4. Ergebnis 115

III. Der Bruttonießbrauch 115

IV. Der Dispositionsnießbrauch 116

V. Auswirkungen einer Abrede der Beendigung des Nießbrauchs auf die Zurechnung der Wertpapiererträge 116

1. Jederzeitige Widerrufbarkeit der Nießbrauchbestellung bzw. Kündigungsmöglichkeit des Nießbrauchverhältnisses 117

2. Auflösend bedingte Nießbrauchbestellung 119

a) Potestativbedingungen 119

b) Andere Bedingungen 120

aa) Wegfall des Sicherungszwecks beim Sicherungsnießbrauch 120

bb) Auswirkungen der Vereinbarung einer auflösenden Bedingung auf die Ertragszurechnung 120

3. Befristung des Nießbrauchs 121

a) Die einkommensteuerliche Behandlung in Rechtsprechung und Literatur 122

b) Die Verteilung der Dispositionsbefugnisse beim befristeten Nießbrauch 122

c) Zur mißbräuchlichen Verwendung der Nießbrauchbefristung 123

4. Anfechtung der Nießbrauchbestellung 125

a) Anfechtungsmöglichkeit für einen der Nießbrauchbeteiligten 125

aa) Zurechnung der Wertpapiererträge während der Anfechtungsfrist für den Nießbrauchbesteller 125
(a) Die Frist des § 124 BGB 125
(b) Die Frist des § 121 BGB 126
bb) Zurechnung der Wertpapiererträge für die Zeit zwischen Nießbrauchbestellung und Beginn der Anfechtungsfrist 126
b) Anfechtungsmöglichkeit für einen Nicht-Nießbrauchbeteiligten 128

VI. Zurechnung der Wertpapiererträge unter Berücksichtigung der Zugehörigkeit von Nießbrauchgegenständen und -rechten zum Betriebs- oder Privatvermögen der Nießbrauchbeteiligten 128

VII. Nießbrauch an einer Vermögensgesamtheit 130
1. Die Bestellung 130
2. Die Erweiterung der Haftung beim Vermögensnießbrauch .. 132
a) Die Haftung durch den Nießbrauchsgegenstand 132
b) Die persönliche Inanspruchnahme des Nießbrauchers 132
3. Die Verteilung der Dispositionsbefugnisse unter den Nießbrauchbeteiligten 132
a) Grundsätzliches 132
b) Die Dispositionsbefugnisse der Nießbrauchbeteiligten im Falle eines Befriedigungsverlangens der Altgläubiger des Bestellers 133

B. Besonderheiten bei den Nießbrauchbeteiligten 134

I. Nießbrauchbestellung zugunsten von Unterhaltsberechtigten 134
1. Die einkommensteuerrechtliche Zurechnung der Wertpapiererträge beim Nießbrauch zugunsten Unterhaltsberechtigter 135
a) Die grundsätzliche steuerliche Anerkennung eines Nießbrauchs zugunsten Unterhaltsberechtigter 135
b) Die tatsächliche Durchführung eines Nießbrauchs zugunsten Unterhaltsberechtigter 136
2. Die Nichtabzugsfähigkeit von Beträgen und Zuwendungen zugunsten Unterhaltsberechtigter gem. § 12 Nr. 1, 2 EStG 138

II. Minderjährige Nießbrauchbeteiligte 140
1. Die Beteiligung Minderjähriger an Nießbrauchsverhältnissen 140
a) Grundsätzliches 140
b) Das Problem des § 181 BGB 141
2. Zurechnung der Wertpapiererträge bei minderjährigen Nießbrauchbeteiligten 142
a) Der Meinungsstand in Rechtsprechung und Literatur 142
b) Eignung des Zurechnungskriteriums der Verteilung und Ausübung der Dispositionsbefugnisse bei Minderjährigen 143

c) Zurechnung der Wertpapiererträge bei minderjährigen Vollrechtseigentümern ... 144
d) Zurechnung der Wertpapiererträge bei minderjährigen Nießbrauchbeteiligten ... 146
aa) Ertragszurechnung bei außerhalb des Nießbrauchverhältnisses sich befindenden gesetzlichen Vertretern .. 146
bb) Ertragszurechnung bei Beteiligung des gesetzlichen Vertreters am Nießbrauchverhältnis ... 146
e) Ergebnis ... 148

Viertes Kapitel

Verfahrensrechtliche Probleme bei der Sachverhaltsermittlung, Beweiswürdigung und Beweislastverteilung im Hinblick auf die Verteilung der Dispositionsbefugnisse beim Wertpapiernießbrauch 149

A. Die Problemstellung ... 149

B. Die Sachverhaltsermittlung ... 150
I. Der Umfang des Untersuchungsgrundsatzes ... 150
II. Der Umfang der Mitwirkungspflicht für die Nießbrauchbeteiligten ... 152
III. Die Schätzung von Besteuerungsgrundlagen bei Unmöglichkeit weiterer Sachverhaltsermittlungen ... 154

C. Die Beweiswürdigung ... 157
I. Der Grad der Überzeugung ... 158
II. Die belastende Unterstellung als Sanktionsmittel bei Verletzungen von Mitwirkungspflichten ... 159
III. Andere Beweiserleichterungen bzw. Reduzierungen des Beweismaßes ... 160
1. Der Anscheins- oder prima facie-Beweis ... 160
2. Die formelle Typisierung ... 161
3. Die Vermutungen ... 163

D. Die objektive Beweislast ... 166
I. Die allgemeine Verteilung der objektiven Beweislast ... 166
II. Die objektive Beweislast beim Nießbrauch ... 168
1. Die Nießbrauchbestellung als steuermindernder Umstand 169

2. Die Folgen der Einkünftezurechnung nach dem Tatbestand der Einkünfteerzielung für die Beweislast 169

3. Ausnahmeregelungen für eine anderweitige Beweislastzuweisung 170

E. Ergebnis 173

Fünftes Kapitel

Ergebnis und Zusammenfassung 174

Schrifttum 176

Bezüglich der Abkürzungen wird verwiesen auf die Verzeichnisse bei

Kirchner, Hildebert/*Kastner*, Fritz: Abkürzungsverzeichnis der Rechtssprache, 3. Aufl., Berlin 1983,

Hübschmann/Hepp/Spitaler: Kommentar zur Abgabenordnung und Finanzgerichtsordnung, Band I, 7. Aufl., Köln, Loseblattsammlung, Stand Februar 1984.

Erstes Kapitel

Einführung in die Grundproblematik

A. Problemstellung

Die Grundfrage der einkommensteuerrechtlichen Behandlung des Nießbrauchs an Wertpapieren stellt sich wie bei den sonstigen Nießbrauchsbestellungen in der Form, ob die Erträge und Aufwendungen steuerlich dem bisherigen Eigentümer und Nießbrauchsbesteller oder dem Nießbraucher zuzurechnen sind. Dieses Problem ist damit zwischen zwei Beispielsfällen einzuordnen, die vielfach im Rahmen der Vergleichsfallmethode herangezogen werden und sich eindeutig zuordnen lassen:

Fall 1

Werden die Erträge eines Kapital- oder Wirtschaftsgutes vom Eigentümer im voraus an einen Begünstigten abgetreten, so sind die Erträge einkommensteuerlich weiterhin dem Eigentümer zuzurechnen.

Fall 2

Überträgt ein Kapital- oder Wertpapiereigentümer das Vollrecht einem Begünstigten, so sind diesem nunmehr die Erträge und eventuellen Aufwendungen zuzurechnen.

Als Beispiel für die hier zu entscheidende Nießbrauchsbestellung kann der folgende Fall gelten:

Fall 3

Ein Wertpapiereigentümer bestellt einem Begünstigten den Nießbrauch an einem Wertpapier. Die Zurechnung der Erträge aus diesem Wertpapier beim Eigentümer oder beim Nutzungsberechtigten ist, insbesondere in den möglichen Fallabwandlungen, umstritten.

Fraglich ist daher, ob die Nießbrauchsbestellung eher dem Fall der Vorausabtretung nahesteht, oder aber, ob der Nießbrauchsberechtigte in die Lage versetzt wird, eher wie ein Vollrechtsinhaber über Erträge und Aufwendungen zu verfügen. Und weiter ist problematisch, ob es einen Unterschied macht, um welche Art von Wertpapieren es sich handelt, zu welchem Zwecke der Nießbrauch bestellt wird, und ferner, in welcher Vermögensmasse auf der einen Seite das Wertpapier und auf der anderen Seite das Nießbrauchrecht entgeltlich oder unentgeltlich verbleibt.

Ausgangspunkt dieser gerade beim Nießbrauch besonders deutlich hervortretenden Einzelfragen des einkommensteuerlichen Zurechnungskomplexes muß daher die Frage sein, weshalb und aufgrund welcher Tatsachen überhaupt Einkünfte bestimmten Steuersubjekten zugerechnet werden.

Das EStG sieht hierfür bestimmte Zurechnungstatbestände vor, die die Zuordnung festgestellter Vermögensmehrungen oder -minderungen zunächst im Rahmen der sachlichen Zurechnung zu einem bestimmten Steuergegenstand und dann im Rahmen der persönlichen und zeitlichen Zurechnung die Zuordnung dieses Steuergegenstandes zu einem Steuersubjekt in einem Steuerzeitraum ermöglichen sollen. Gem. § 2 I 1 EStG sind Einkünfte demjenigen Steuerpflichtigen zuzurechnen, der diese erzielt. Diese persönliche Zurechnungsnorm verbindet damit Tatbestandselemente der persönlichen sowie der sachlichen Steuerpflicht. Bei der Bestimmung der sachlichen Steuerpflicht ist festzustellen, welche Lebenssachverhalte und Geschehensabläufe überhaupt ihrer Art nach bei der Einkommensteuer zu berücksichtigen sind. Diese wirtschaftlich relevanten Sachverhalte sind als sog. Steuergegenstände i. e. S. numerativ kodifiziert und Ausdruck einer abstrakten Leistungsfähigkeit, die der Gesetzgeber von denjenigen Steuersubjekten erwartet, welche diese Lebenssachverhalte ausfüllen. Persönlich steuerpflichtig sind daher gewöhnlich diejenigen Rechtssubjekte, die durch ihren Beitrag am wirtschaftlichen Geschehensablauf diese Steuergegenstände verwirklichen.

Die persönliche Zurechnung ist somit das erforderliche Bindeglied zwischen Steuersubjekt und Steuergegenstand, da jeder Steuervorgang einem Steuerpflichtigen bzw. Steuerschuldner zugerechnet werden muß. Dieser hat dann die periodengerechte Steuerschuld zu entrichten, aber auch die Möglichkeit, Negativeinkünfte hiermit zu verrechnen.

Die persönliche Zurechnung von Einkünften, die wie die sachliche und zeitliche Zurechnung i. d. R. unproblematisch ist, bereitet beim Nießbrauch erhebliche Schwierigkeiten. Denn bei der Bestellung eines Nießbrauchs sind mit dem Eigentümer auf der einen und dem Nutzungsberechtigten auf der anderen Seite zwei potentielle Steuersubjekte bei einem Steuerobjekt bzw. Steuergegenstand vorhanden, da das Nießbrauchsobjekt durch das Eigentum und die hiervon differierenden Nutzungsrechte quasi horizontal geteilt[1] wird. Da aber ein Steuerpflichtiger bestimmt werden muß, ist zu untersuchen, nach welchen Kriterien eine persönliche Zurechnung zu erfolgen hat. Das EStG stellt hierbei in dem bereits angeführten § 2 I 1 EStG auf den Tatbestand der

---

[1] Den Terminus einer horizontalen Teilung der Dispositionsbefugnisse haben bereits Sudhoff, S. 203, und Ruppe in Tipke, S. 20, verwendet.

Einkünfteerzielung des Steuerpflichtigen ab, im EStG sind jedoch keine Bestimmungen vorhanden, die eine ausdrückliche und allgemeine Zurechnung von Einkünften vorsehen und eine Zuweisung von gesplitteten Steuergegenständen ermöglichen.

In § 20 II Nr. 2 S. 3 EStG findet sich zwar eine ausdrückliche Regelung, wonach dem Nießbraucher Einnahmen i. S. des § 20 I Nr. 1 und 2 EStG zuzurechnen sind. Hieraus wird aber noch nicht deutlich, unter welchen Voraussetzungen derartige Einkünfte dem Nießbraucher zugerechnet werden müssen[2]. Es ist daher bereits streitig, inwieweit § 20 II Nr. 2 S. 3 EStG als Zuordnungsnorm angesehen werden kann[3]. Ein generelles, subjektives Zuordnungskriterium auch für andere Einkunftsarten kann diese Vorschrift daher unzweifelhaft nicht bieten.

Von einer persönlichen Zurechnung spricht ebenfalls § 22 Nr. 1 EStG, dort aber speziell für den Fall der Gewährung von Bezügen aufgrund einer freiwillig begründeten Rechtspflicht oder einer gesetzlich unterhaltsberechtigten Person gegenüber.

Die gleichfalls als persönliche Zurechnungsnormen anzusehenden §§ 26 a I, 26 b, 28 EStG betreffen mit der Zurechnung unter Eheleuten ebenfalls einen Spezialfall und sind somit nur sehr bedingt für eine allgemeine Zurechnung geeignet.

Auch § 39 AO ist als Lösungsansatz für das Problem der allgemeinen persönlichen Zurechnung nicht nutzbar. § 39 AO ordnet im Anschluß an Seeliger[4] Wirtschaftsgüter entweder dem Eigentümer oder aber dem Inhaber der tatsächlichen Herrschaft über das Wirtschaftsgut zu, sofern dieser den Eigentümer für die gewöhnliche Nutzungsdauer von der Einwirkung auf das Wirtschaftsgut wirtschaftlich ausschließen kann. § 39 AO weist mithin nicht direkt Einkünfte bestimmten Steuersubjekten zu, sondern lediglich Wirtschaftsgüter, aus denen sich Einkünfte erzielen lassen. Diese Bestimmung stellt somit nicht auf den Tatbestand der Einkünfteerzielung, sondern auf die bei der Entstehung der Steuerpflicht auf einer Vorstufe stehende Zuordnung des zur Einkünfteerzielung dienenden Mittels ab. Ferner wird durch diese Vorschrift nur eine unvollständige Zuordnung erreicht, da sie ausdrücklich nicht alle

---

[2] Vgl. Uelner, StKongrRep 1979, 106 f.

[3] Kruse, AG 1980, 220 Fn. 51, bejaht dies mit der Begründung, daß die Vorschrift anderenfalls keinen Sinn habe; Borggräfe, DStR 1978, 633 f., und Hamacher, Die Bank 1982, 421, sehen § 20 II Nr. 2 S. 3 EStG allerdings i. V. m. § 39 AO beim Nießbrauch an Kapitalvermögen ebenfalls als subjektive Zurechnungsnorm an. Uelner, StKongrRep 1979, 107, betrachtet die Vorschrift dagegen als Fiktion und will daher auf die allgemeinen Zurechnungskriterien zurückgreifen.

[4] s. Seeliger, Wirtschaftl. Eigt., S. 89 ff.

Einkunftsarten umfaßt, sondern sich auf diejenigen beschränkt, bei denen zur Einkunftserzielung ein Wirtschaftsgut benötigt wird.

Die Bedeutung von § 39 AO für die einkommensteuerrechtliche Einkünftezurechnung wird daher auch in Rechtsprechung und Literatur als gering eingeschätzt oder abgelehnt: Während der BFH[5] § 39 AO bzw. § 11 Ziff. 5 StAnpG nicht unmittelbar zur einkommensteuerrechtlichen Zurechnung von Einkünften herangezogen wissen will, lehnt die überwiegende Literatur[6] eine allgemeine Geltung des § 39 AO ab und ordnet ihn den speziellen Zwecken der einzelnen Steuergesetze und -normen unter.

Die allgemeine subjektive Zurechnung von Einkünften ist somit gesetzlich nicht geregelt[7].

Auch rechtsvergleichende Untersuchungen führten angesichts der besonderen Struktur des deutschen Einkommensteuergesetzes und des Grundsatzes der Individualbesteuerung hier nicht weiter[8].

Einen Ausweg aus diesem Dilemma schien eine Lösung über das Institut der Einkunftsquelle zu bieten. Danach werden die bestimmten Einkunftsarten zugerechneten Einkünfte, wie z. B. die Erträge verschiedener Wertpapiere, jeweils als eigenständige Einkunftsquellen angesehen, die zwischen Rechtssubjekten übertragen werden können. Hierdurch hat sich die Diskussion dann auf die Frage nach der steuerlichen Berücksichtigung zivilrechtlich wirksamer Übertragungen verlagert, u. a. auf die eigentlich schon ausgestandene Diskussion über das Primat des Zivil- oder des Steuerrechts. So wurden die eigentlichen

---

5 BFH-Gutachten vom 18. 2. 1959, VI D 1/58 S, BStBl III 1959, 263 (264); BFH-Urteil vom 24. 6. 1976, IV R 173/74, BStBl II 1976, 643 (644).

6 Kühn/Kutter/Hofmann, § 39 Anm. 1 a; Offerhaus in Hübschmann/Hepp/Spitaler, § 39 Rdnr. 5 m.w. N.; Ruppe in Tipke, S. 14 f.; Gieseke, S. 50 ff., 52; Biergans/Stockinger, FR 1982, 31 ff., greifen jedoch das Merkmal der tatsächlichen Herrschaft ergänzend bei der Einkünftezurechnung wieder auf, vgl. Fn. 26.

7 So auch Hutter, DStZ / A 1981, 49; Stadie, S. 14.

8 Die Individualbesteuerung ist in der Mehrzahl der westeuropäischen Staaten bei Familienangehörigen auf die Erwerbseinkünfte beschränkt (Belgien, Niederlande, Norwegen, Schweiz, vgl. Mennel in Tipke, S. 179 f.). Bei den hier in Frage stehenden Einkünften aus dem Nießbrauch an Wertpapieren, also Vermögenseinkünften, gehen nur Dänemark, Großbritannien, Österreich und Schweden von einer Individualbesteuerung der Familienangehörigen aus, so daß sich auch nur dort die Zuordnungsfrage in der Schärfe stellt wie hier in Deutschland. Während die Rechtslage in Österreich diesbezüglich ebenso offen ist wie hier, wurde in Dänemark, Großbritannien und Schweden gesetzlich geregelt, daß bei einer unentgeltlichen Übertragung oder Nutzungsüberlassung die Erträge weiterhin dem Übertragenden bzw. Überlassenden zuzurechnen sind (vgl. Mennel in Tipke, S. 182 ff.). Spezielle, in den deutschen Rechtskreis übertragbare Normen für eine allgemeine Einkünftezurechnung sind aber auch dort nicht vorhanden.

Schwierigkeiten bei der Benutzung des Begriffs der Einkunftsquelle als subjektives Zuordnungsinstrument in den Hintergrund gedrängt[9].

Hier ist zum einen das Problem zu nennen, daß mit der Einkunftsquelle ein quasi personengelöster, selbständiger Steuergegenstand geschaffen wurde, was angesichts der personenbezogenen Legaldefinitionen der Einkunftsarten in den §§ 13 ff. EStG und der Bestimmung der Einkünfteerzielung in § 2 I EStG keine allgemeine subjektive Zuordnung erlaubte. Ferner konnte durch das Institut der Einkunftsquelle keine exakte Trennung zwischen der Einkünfteerzielung und der Einkommensverwendung begründet werden: Es ließ sich insbesondere nicht erklären, weswegen der Nießbrauch eine dem Nießbrauchsberechtigten originäre Einkünfte verschaffende Einkunftsquelle ist, die Vorausabtretung von Kapital- oder Grundstückserträgen hingegen lediglich eine Einkommensverwendung darstellt[10].

Es mußte daher ein mehr personenbezogenes, den meisten Einkunftsarten gemeinsames Element gefunden werden, um eine Lösung über das Institut der Einkunftsquelle aufrechtzuerhalten. Ruppe[11] sah dieses Element in der Teilnahme am Marktgeschehen bzw. dem Umsatz von Leistungen und stellte daraus folgernd die Thesen auf, daß

1. Zurechnungssubjekt einer Einkunftsquelle derjenige sei, der über die Teilnahme bzw. über die Leistungserstellung disponieren könne, d. h. derjenige, der die Möglichkeit habe, Marktchancen zu nutzen und Leistungen zu variieren und zu verweigern;
2. Zurechnungssubjekt sei derjenige, der die ensprechende Leistung (Kapitalüberlassung etc.) erbracht habe, und nicht derjenige, dem die Früchte dieser Leistung letztlich zuflössen.
3. Die zivilrechtliche Ausgestaltung und Dauerhaftigkeit der Position, aus der heraus eine Marktteilnahme erfolge, sei irrelevant[12].

Ruppe hat hiermit die Möglichkeit einer Übertragung von Einkunftsquellen auf eine tragfähige dogmatische Grundlage gestellt, die eine Zuordnung zwischen zwei Steuersubjekten ermöglicht.

Die systematisch vorangehende Überlegung, aufgrund welcher Tatsachen bestimmte Steuersubjekte überhaupt steuerpflichtig werden,

---

[9] So bereits Costede, Zweifelsfragen beim Grundstücksnießbrauch, S. 53 (53).

[10] So bereits Costede, Zweifelsfragen beim Grundstücksnießbrauch, S. 53 (54).

[11] Ruppe in Tipke, S. 18.

[12] Diese für alle Einkunftsarten Geltung beanspruchenden Thesen sind damit den Zurechnungskriterien der Einkünfte aus Gewerbebetrieb verwandt, wo solche Einnahmen als Einkünfte i. S. d. § 15 EStG angesehen werden, die durch eigene unternehmerische Tätigkeit erwirtschaftet worden sind.

bleibt bei Ruppe jedoch noch etwas im Dunkeln. Die Zuordnung von Erträgen zwischen zwei Steuerpflichtigen nach dem Grundsatz der wirtschaftlichen Dispositionsmöglichkeiten legt jedoch den Schluß nahe, daß Ruppe auch hier im weitesten Sinne von einer Teilnahme am Marktgeschehen als Grund des Entstehens einer Steuerpflicht bei einem potentiellen Steuersubjekt ausgegangen ist. Die Arbeit Ruppes ist denn auch als bahnbrechend angesehen worden[13]. Durch das Abstellen auf die Teilnahme am Marktgeschehen und die Dispositionsbefugnis über einen Steuergegenstand hat Ruppe aber auch gezeigt, daß der Begriff der Einkunftsquelle als personenunabhängiges Mittel einer subjektiven Einkünftezurechnung ungeeignet ist, und diesen Begriff gleichzeitig überwunden, indem er von der faszinierenden Idee einer personenunabhängigen Einkunftsquelle Abstand nahm und bei der subjektiven Zurechnung auf die persönliche Teilnahme am Marktgeschehen abstellte, die er durch Dispositionsmöglichkeiten etc. definierte.

Die Konsequenz der Thesen Ruppes ist daher die eher negative Folgerung: Es gibt keine dogmatisch brauchbare, generelle, subjektive Zurechnungsgrundlage. Vielmehr ist bei allen Einkunftsarten im Hinblick auf die konkrete Art der Einkünfteerzielung im einzelnen zu ermitteln, wem diese Einkünfte subjektiv zuzurechnen sind. Das heißt zwar in gewisser Weise: zurück zu § 2 I EStG. Ruppe hat aber nicht nur den Weg gewiesen von der Übertragungsproblematik von Einkunftsquellen hin zum Tatbestand der Einkünfteerzielung[14]. Er hat gleichzeitig auch ein Instrumentarium geliefert, diese Einkünfteerzielung demjenigen subjektiv zuzurechnen, der sie durch Teilnahme am Marktgeschehen und Disposition über die Leistungserstellung beeinflussen bzw. hierüber verfügen kann.

Die Ausführungen Ruppes sind allgemein auf eine breite Zustimmung gestoßen[15].

Eine abweichende Auffassung wird aber u. a.[16] von Söffing[17] vertreten, der, vom Primat des Zivilrechts ausgehend, als Inhaber einer

---

[13] Philipowski, StuW 1979, 113; L. Schmidt in Tipke, S. 46; zustimmend Stadie, S. 23.

[14] Zustimmend Tipke, StuW 1977, 298 f.; Stadie, S. 22 m. w. N.

[15] Ausdrücklich BFH-Urteil vom 5. 7. 1978, I R 97/75, BStBl II 1979, 40 (41), sowie inzidenter die BFH-Urteile vom 13. 5. 1980, VIII R 128/78, 63/79, 75/79, BStBl II 1981, 295 ff.; ferner Bordewin in Lademann/Lenski/Brockhoff, EStG, § 20 Rdnr. 20 ff.; Bordewin, DStR 1981, 519; Costede, Zweifelsfragen, S. 54; Hutter, DStZ 1981, 49; Schellenberger, DStR 1981, 397, 402; Hamacher, Die Bank 1982, 423 f.; Kruse, AG 1980, 218; Scharff, S. 126; Wassermeyer, StuW 1979, 217; kritisch: Söffing, DStZ 1981, 202; Theil, BB 1982, 1545.

[16] s. Borggräfe, DStR 1978, 630 ff.

[17] Söffing in Tipke, S. 126 f., sowie in StbJb 1978/79, 304, und DStZ 1981, 202.

Einkunftsquelle nur denjenigen ansieht und damit demjenigen subjektiv Einkünfte zurechnet, der in Ausübung eines wirksam bestellten Nutzungsrechts Einnahmen erzielt. Nach dieser Ansicht ist somit für die Zuordnung eines Steuersubjekts neben der Erzielung von Einkünften auch ein diesbezügliches Recht erforderlich, während nach Ruppes Auffassung hierfür eine wertfreie Beteiligung am Marktgeschehen ausreichend ist.

Diese beiden, sich von der formalen Berechtigung her unterscheidenden Theorien beruhen jedoch auf dem gleichen Ansatz, der wirtschaftlichen Betätigung eines Steuersubjekts. Dies ist entscheidend: Der Ansatz, um von einem Steuersubjekt überhaupt Steuern verlangen zu können, ist bei der Einkommensteuer der der ertragbringenden wirtschaftlichen Betätigung und damit, sofern man im Steuerrecht überhaupt von Prinzipien sprechen kann, der des Prinzips der Leistungsfähigkeit[18].

Einkünfte können mithin nur demjenigen zugerechnet werden, der steuerlich leistungsfähig ist. Die steuerliche Leistungsfähigkeit entspricht jedoch der wirtschaftlichen Leistungsfähigkeit hinsichtlich der einzelnen Steuergegenstände. Wirtschaftlich leistungsfähig und damit bei der Besteuerung zu berücksichtigen ist daher derjenige, der einen Steuergegenstand oder, wenn man will, eine Einkunftsquelle in der Absicht bewirtschaftet, Einkünfte zu erzielen, d. h. derjenige, der sich wirtschaftlich betätigt[19].

Die als Merkmale steuerlicher Leistungsfähigkeit in Betracht kommenden und damit möglicherweise die steuerliche Einkünftezurechnung beeinflussenden Elemente sind daher die Betätigung sowie das hierfür gezahlte Entgelt[20].

Fraglich ist somit zunächst, welches dieser Elemente grundsätzlich für die Feststellung der steuerlichen Leistungsfähigkeit konstitutiv ist, und anschließend, wem demzufolge konkret beim Nießbrauch Einkünfte zuzurechnen sind. Es ist daher eingangs zu prüfen, welches das die Besteuerung auslösende Moment ist. Die Extrempositionen, entweder lediglich auf die Betätigung oder ausschließlich auf ein, wem auch immer zufließendes Entgelt abzustellen, sind nicht haltbar, da ohne ein Entgelt in aller Regel[21] keine Einkünfte erzielt werden, die

[18] So schon Becker, S. 8, 10 f., der auf die wirtschaftliche Kraft (Leistungsfähigkeit) abstellte; Philipowski, StuW 1979, 123; Stadie, S. 20.

[19] Vgl. Fendt, S. 107, der ein Tätigwerden des Nießbrauchers verlangt.

[20] Ähnlich Biergans/Stockinger, FR 1982, 31, die Einkünfte als realisierte Reinvermögenszugänge definieren, die auf einer entgeltlichen Verwertung von Gütern und Dienstleistungen durch eine natürliche Person zurückzuführen sind.

besteuert werden könnten. Ohne eine Betätigung kann dagegen keine der sechs Einkunftsarten gem. § 2 I Nr. 1—6 EStG verwirktlicht sein, und auch sonstige Einkünfte aufgrund freiwillig gewährter Bezüge gem. § 22 Nr. 1 EStG erfordern zum einen zumindest die konkludente Annahme eines Schenkungsversprechens und lösen zum anderen keine Steuerpflicht beim Empfänger aus, soweit der Geber unbeschränkt einkommensteuerpflichtig ist.

Die steuerliche Leistungsfähigkeit ist daher von einer Kombination der Merkmale der Betätigung und des Entgelts abhängig, wobei weiter zu prüfen ist, in welcher zeitlichen und tatsächlichen Relation diese Merkmale stehen müssen, um eine Steuerpflicht auszulösen.

Hinsichtlich des zeitlichen Bezuges wird man zwar sagen können, daß nicht schon die Betätigung gegen Abrede eines Entgelts, sondern erst der sichere Zufluß bzw. die Verfügungsmöglichkeit über das für die Tätigkeit gezahlte Entgelt eine Steuerpflicht entstehen läßt, oder anders formuliert, daß regelmäßig die tatsächliche Erzielung eines Entgelts für die Betätigung für die steuerliche Leistungsfähigkeit ausschlaggebend ist.

Hiermit ist aber nur gesagt, daß eine Steuerpflicht entsteht, wenn für eine Betätigung überhaupt ein Entgelt gezahlt wird, d. h. wenn durch Verwirklichung eines Tatbestandes Einkünfte erzielt werden.

---

[21] Die Einordnung des Nutzungswertes einer Wohnung im eigenen Haus zu den Einkünften aus VuV gem. § 21 II EStG, EStR Abschn. 161 a, bildet hier allerdings eine Ausnahme. Die Existenz dieser systemwidrigen und daher umstrittenen Vorschrift (kritisch Littmann, EStG, § 21 Rdnr. 30 a; Stuhrmann in Blümich/Falk, EStG, § 21 Rdnr. 195; Hermann/Heuer/Raupach, EStG, § 21 Rdnr. 20, jeweils m. w. N.) erklärt sich allerdings aus dem hier ebenfalls tangierten Prinzip der Gleichbehandlung aller Steuerpflichtigen bei den Kosten der allgemeinen Lebensführung. Hiernach erscheint in den folgenden Beispielsfällen eine Gleichbehandlung erforderlich zu sein:

Ausgangsfall: Ein Mehrfamilienhaus wird vollständig fremdvermietet. Dann muß der Mietzins einer für den Eigenbedarf anderweitig angemieteten Wohnung aus den vollständig zu versteuernden Mieteinnahmen bestritten werden.

Kontrastfall: Der Eigentümer nimmt sich eine Wohnung in seinem eigenen Mehrfamilienhaus. Die dann anfallenden und zu versteuernden Gesamtmieteinnahmen wären entsprechend geringer.

Der Entschluß des Eigentümers hinsichtlich seiner persönlichen Wohnungswahl ist aber eine Frage der allgemeinen Lebensführung. Da diese keine Einflüsse auf die Besteuerung ausüben kann, erscheint eine Gleichbehandlung angezeigt. Aus diesem Grunde wurde auch die Verfassungsmäßigkeit des § 21 II EStG bejaht (BVerfGE 9, 3 [17 ff.]). Andererseits wird nicht deutlich, weshalb hier gerade für selbstgenutzte Wohnungen eine Sonderregelung geschaffen wurde, nicht aber auch für selbstgenutzte Pkw, Lkw oder sonstige vermietbare Gegenstände. Wie immer man zu der fragwürdigen Regelung des § 21 II EStG stehen mag, fest steht, daß ein Entgelt aufgrund dieser Regelung nicht in allen Fällen der Einkünftezurechnung konstitutiv ist. Gleichwohl sollte man diesen systemwidrigen und demnächst auch entfallenden Sonderfall des § 21 II EStG bei dem Versuch einer allgemeinen Bestimmung der Kriterien der Einkünftezurechnung abstrahieren.

Dieses tatsächlich gezahlte Entgelt und nicht der wie auch immer zu ermittelnde objektive Wert der Betätigung ist damit regelmäßig die verfahrenstechnische Meßzahl der steuerlichen Leistungsfähigkeit. In dem Entgelt spiegelt sich die Betätigung und somit die steuerliche Leistungsfähigkeit wider.

Wenn also einer Person, die sich hinsichtlich eines Steuergegenstandes betätigt hat, das hierfür gezahlte Entgelt selbst zufließt, so hat sich diese Person als steuerlich leistungsfähig erwiesen mit der Folge, daß ihr das Entgelt zuzurechnen ist und sie daher diese Einkünfte zu versteuern hat.

Wenn nun aber das Entgelt einer anderen Person als der, die sich betätigt hat, zufließt, so stellt sich die Frage, wer dann steuerlich leistungsfähig ist: derjenige, der sich betätigt und eine Leistung erbracht hat, oder derjenige, der aufgrund einer anderweitig erbrachten Leistung Einnahmen hat?

Oder anders ausgedrückt: was ist Ausdruck der steuerlichen Leistungsfähigkeit? Die Fähigkeit zur Erbringung einer Leistung durch eine entgoltene Betätigung, wobei das Entgelt lediglich als dessen Reflex und als Meßzahl der für die Betätigung anzusetzenden Steuer anzusehen ist, oder aber soll als steuerliche Leistungsfähigkeit die Verbesserung der wirtschaftlichen Situation besteuert werden, die durch den Zufluß eines für anderweitig erbrachte Tätigkeit gezahlten Entgelts erreicht wurde?

Da die Einkommensteuer im Gegensatz zur Vermögensteuer keine Bestandssteuer ist, sondern tatbestandsmäßig auf die Besteuerung von Einkünften ausgerichtet ist, die aus bestimmten Betätigungen herrühren, ist hier der Grund der steuerlichen Leistungsfähigkeit nach dem Gesetzeszweck die Teilnahme am wirtschaftlichen Verkehr.

Und hier liegt auch die Lösung des oben angesprochenen Problems: Derjenige, der sich betätigt, hat auch für diese Tätigkeit oder Leistung gegenüber dem Leistungsempfänger einen Zahlungsanspruch[22]. Ausfluß der Betätigung und damit der steuerlichen Leistungsfähigkeit ist daher auch, daß der Leistungsempfänger dem Zahlungsanspruch des sich Betätigenden durch Auszahlung des Entgelts auf dessen Geheiß nachkommt. Somit kann der am wirtschaftlichen Verkehr Teilnehmende auch bestimmen, wem der von ihm durch Leistungsherstellung erbrachte Zahlungsanspruch letztlich zukommen soll.

---

[22] Ähnlich Stadie, S. 24 f., 17 f., der bei der Zurechnung zunächst zwischen Einnahmen, Ausgaben und Entnahmen von Wirtschaftsgütern unterscheidet und die Einnahmen dann demjenigen zurechnen will, „der zivilrechtlich Gläubiger des Entgelts und Schuldner der Leistung ist", demjenigen, „in dessen Namen der Vertrag abgeschlossen worden ist".

Daraus folgt, daß nicht derjenige einkommensteuerrechtlich leistungsfähig ist, dem das Entgelt letztlich zufließt[23], sondern derjenige, der über die entgoltene Leistung disponieren kann und hiermit am wirtschaftlichen Verkehr teilnimmt oder wie Philipowski[24] es formuliert hat, derjenige, der die Leistung erbracht hat[25], für die ein Entgelt gezahlt wurde. Die mit einem Steuergegenstand erwirtschafteten Einkünfte sind daher unabhängig davon, wem diese letztendlich zufließen, dem Steuersubjekt zuzurechnen, welches sich hinsichtlich dieses Steuergegenstandes betätigt und hiermit im weitesten Sinne eine Leistung erstellt hat[26].

Vergleicht man diese Betätigung oder Leistungserstellung bei den drei eingangs erwähnten Beispielsfällen, so zeigt sich:

Fall 1

Bei der Vorausabtretung von Kapitalerträgen stellt sich die steuerliche Leistungsfähigkeit demnach vereinfacht ausgeführt so dar, daß dem Wertpapierinhaber ein Entgelt dafür zusteht, daß er dem Wertpapieraussteller Kapital überlassen hat. Durch dieses Verhalten, die Kapitalüberlassung, nimmt der Wertpapierinhaber am wirtschaftlichen Verkehr teil.

An dieser Situation ändert auch die Vorausabtretung des für die Kapitalüberlassung gezahlten Entgelts nichts: Der Wertpapierinhaber und Zedent des Entgelts betätigt sich weiter als Kapitalüberlasser und kann über diese Leistungserstellung vollständig disponieren, wohingegen der Zessionar sich wirtschaftlich nicht betätigt und keinen Einfluß auf die Kapitalüberlassung nehmen kann.

Der Wertpapierinhaber und Zedent des Entgelts bleibt damit steuerlich leistungsfähig. Die Vorausabtretung des Entgelts ist daher lediglich eine Einkünfteverwendung des Wertpapierinhabers und somit ein für die Einkünftezurechnung unbeachtlicher Vorgang.

---

[23] Vgl. Ruppe in Tipke, S. 18 f., sowie die in Fn. 14 zitierten Stimmen.

[24] Philipowski, StuW 1979, 114.

[25] Leistungsersteller ist in diesem Zusammenhang nicht unbedingt derjenige, der den Realakt vollbringt, sondern derjenige, dem diese Leistungserstellung zuzurechnen ist, so klarstellend Biergans/Stockinger, FR 1982, 31.

[26] Dieses, die Besteuerung begründende Verhalten wird von verschiedenen Autoren unterschiedlich bezeichnet; Costede, StuW 1983, 314, spricht von einer Betätigung; Hutter, DStZ 1981, 49, verwendet das Wort Aktivitäten; Philipowski, StuW 1979, 114, und Stadie, S. 24, von der Erbringung einer Leistung; Biergans/Stockinger, FR 1982, 31 f., von der Vornahme der Verwertungshandlung i. V. m. der tatsächlichen Herrschaft über ein Wirtschaftsgut bzw. die ertragbringende Leistungsbeziehung, während nach Tipke, StuW 1977, 299, und Gieseke, S. 60 f., Einkünfte entweder durch Tätigkeiten und/oder durch den Einsatz von Kapital erzielt werden.

Fall 2

Bei der Vollrechtsübertragung tritt der neue Eigentümer vollständig in das bisherige Rechtsverhältnis zwischen dem Wertpapieraussteller und dem bisherigen Wertpapierinhaber ein. Die Leistung der Kapitalüberlassung steht nunmehr zur Disposition des neuen Eigentümers. Dieser betätigt sich entweder wie der ehemalige Wertpapierinhaber und überläßt selbst weiter dem Wertpapieraussteller das Kapital oder er disponiert anderweitig. Da nicht mehr der alte Inhaber, sondern ausschließlich der neue Eigentümer Einfluß auf die weitere Kapitalüberlassungsleistung nehmen kann und nur er so am wirtschaftlichen Verkehr teilnimmt, ist er es auch, der nunmehr einkommensteuerlich leistungsfähig ist.

Fall 3

Dem Wertpapiereigentümer, der einen Nießbrauch an seinen Papieren bestellt, sind die ggf. als Gegenleistung für die Nießbrauchbestellung gewährten Entgelte zuzurechnen. Der Nießbrauchsberechtigte zieht seinerseits die aus den Wertpapieren resultierenden Erträge ein. Diese Erträge, und um die geht es hier, müssen demjenigen zugerechnet werden, der sie durch die Erbringung einer Leistung erzielt.

Fraglich ist daher, welcher der Nießbrauchbeteiligten die Leistung erbracht hat, aus der die Einkünfte i. S. d. § 20 EStG erwachsen, und ferner, welcher Art diese Leistung sein muß.

Wenn man diese, bei den verschiedenartigen Wertpapieren möglicherweise unterschiedliche Leistung definiert hat, müßte es möglich sein, den Ersteller dieser Leistung zu ermitteln und ihm die Einkünfte zuzurechnen.

B. Lösungsansätze für eine persönliche Zurechnung von Einkünften

Die Bestimmung des Inhalts der für Einkünfte aus Wertpapieren erforderlichen Betätigung bzw. Leistung ist somit der Ausgangspunkt einer subjektiven Zurechnung[27]. Unter diesem Gesichtspunkt sind daher die Lösungsansätze in Rechtsprechung und Literatur zu analysieren.

Hier wurde allerdings bei der Argumentation vielfach das Problem der Zurechnung von Einkünften aus nießbrauchsbelasteten Wirtschaftsgütern mit den Sonderproblemen vermengt[28], die sich aus einer unent-

[27] So bereits grundlegend Philipowski, StuW 1979, 117 ff.

[28] Ähnlich Söffing, DStZ 1981, 199 f., der diesbezüglich das Problem des fehlenden Interessengegensatzes zwischen nahen Angehörigen anspricht und

geltlichen Nießbrauchsbestellung unter Angehörigen ergeben. Wenn man diese Sonderfragen abstrahiert, haben sich auf der Basis des personen- bzw. einkunftsartbezogenen Einkunftsquellenbegriffes folgende Auffassungen bzw. Definitionen hinsichtlich der für die Zurechnung von Einkünften aus Kapitalvermögen erforderlichen Leistung herausgebildet:

Der BFH ging im sog. Wertpapierurteil vom 14. 12. 1976[29] davon aus, daß Einkünfte aus Kapitalvermögen nur derjenige erziele, der selbst Kapitalvermögen gegen Entgelt zur Nutzung überlasse. Der Senat hat diese Zurechnung anschließend[30] allerdings auch auf dessen Nachfolger in dem Rechtsverhältnis[31] ausgedehnt, welches der Überlassung des Kapitals zur Nutzung zugrunde liegt, soweit diesem Nachfolger die Einnahmen aus Kapitalvermögen zivilrechtlich gebühren.

Der BFH hat dann weiter im Rahmen einer Vergleichsfallüberprüfung ausgeführt[29], daß der Wertpapiernießbrauch einer Vorausabtretung gleichstehe. Der BFH kam somit zu einer grundsätzlichen Zurechnung der Wertpapiererträge beim Nießbrauchbesteller.

Zu diesem Resultat kommen auch Schellenberger[32], Heister[33] und Stadie[34], während Stuhrmann[35] nur dem Ansatz des BFH zustimmt, jedoch Fallkonstellationen für möglich hält, in denen der Nießbraucher derjenige sei, der Kapital zur Nutzung überlasse. Zu dem Ergebnis des BFH gelangen aufgrund der Vergleichsfallmethode auch L. Schmidt[36] und Uelner[37]. Schmidt hat hierbei nachgewiesen, daß die rechtliche

---

die Schwierigkeiten bei der Klärung der Bedeutung des § 12 Nr. 2 EStG für die Einkünftezurechnung. Söffing vertritt dabei (DStZ 1981, 203) aber die zumindest mißverständliche Auffassung, daß auch die BFH-Urteile vom 13. 5. 1980 (VIII R 128/78, 63/79, 75/79, BStBl II 1981, 295 ff.) noch an der Rechtsansicht des BFH-Urteils vom 6. 7. 1966 (VI 124/65, BStBl III 1966, 584 [584 f.]) festhielten, wonach § 12 Nr. 2 EStG keine Anwendung auf die Einkünfte des Nießbrauchers fände, da diese dem Nießbraucher aus eigenem Recht zuflössen.

[29] BFH-Urteil vom 14. 12. 1976, VIII R 146/73, BStBl II 1977, 115 (116).

[30] BFH-Urteil vom 9. 3. 1982, VIII R 160/81, FR 1982, 439 (440), zuletzt bestätigt durch BFH-Beschluß vom 29. 11. 1983, GrS 1/82, BStBl II 1983, 272 (274 f.). Bei diesem Beschluß, der die Behandlung von Wertpapierpensionsgeschäften betraf, wurde allerdings die Anwendung dieser Grundsätze auf Nießbrauchsgeschäfte ausdrücklich offengelassen.

[31] Die Frage, was als Nachfolge im Rechtsverhältnis anzusehen ist: eine Rechtsnachfolge im zivilrechtlichen Sinne (so L. Schmidt, FR 1982, 441) oder eher eine extensive wirtschaftliche Auslegung (so Hamacher, FR 1982, 591), ist streitig.

[32] Schellenberger, DStR 1981, 395.

[33] Heister, DStR 1969, 36.

[34] Stadie, S. 97, der dies jedoch etwas mißverständlich damit begründet, daß diesem „das genutzte Kapital gehöre".

[35] Stuhrmann in Blümich/Falk, EStG, § 20 IV 6.

[36] L. Schmidt, FR 1977, 461; ders. in Tipke, S. 60.

Sonderstellung des Nießbrauchers gerade beim Wertpapiernießbrauch der des Begünstigten einer Vorausabtretung weitgehend entspreche[38].

Der Gedanke einer leistungsbezogenen, subjektiven Einkünftezurechnung wurde von Philipowski[39] aufgegriffen, der die Vergleichsfallmethode auf verschiedene Wertpapiere anwendete, jedoch zu dem entgegengesetzten Ergebnis kam[40]. Hiernach werde die Leistung der Kapitalüberlassung weitgehendst von dem Nießbraucher erbracht, der hierüber disponieren könne. Nach Philipowski steht daher der Wertpapiernießbrauch einer Vollrechtsübertragung nahe, so daß die Einkünfte dem Nießbraucher zugerechnet werden müßten.

Die übrige, ganz überwiegend ablehnende Kritik[41] an der Entscheidung des BFH zum Wertpapiernießbrauch stellt auf andere, nicht auf eine entgoltene Leistung bezogene Ausgangspunkte ab.

So geht Bise[42], der im Ergebnis allerdings dem BFH zustimmt, davon aus, daß Vermögenserträge grundsätzlich dem Eigentümer zustünden. Denn die Wertpapiererträge flössen dem Nießbraucher nur aufgrund der Entscheidung des Nießbrauchbestellers zivilrechtlich originär zu und stellten somit lediglich eine Einkommensverwendung des Bestellers dar.

Die die Rechtsprechung des BFH ablehnende Kritik stützt sich in erster Linie auf folgende Gesichtspunkte:

Einige Autoren[43] argumentieren, daß der Nießbraucher durch die Nießbrauchbestellung nicht nur ein Nutzungsrecht, sondern einen abgespaltenen Eigentumsteil erhalte, dessen Erträge ihm zivilrechtlich originär zuflössen und daher auch steuerlich zuzurechnen seien.

Andere[44] nehmen ebenfalls einen Vorrang der zivilrechtlichen Ertragszuweisung auch im Steuerrecht an und gehen davon aus, daß dem Nießbraucher originäre Nutzungen aufgrund eines dinglichen Rechts

---

[37] Uelner, StKongrRep 1977, 116 f.; ders. in StKongrRep 1979, 104 ff.; dagegen insbesondere Borggräfe, DStR 1978, 632 f.

[38] L. Schmidt (FR 1977, 461) geht davon aus, daß die dem Nießbraucher zustehenden Sonderrechte überwiegend nur dessen Sicherung dienten und daher bei der Zurechnung unbeachtlich seien. Hiergegen Scharff, S. 141.

[39] Philipowski, DB 1978, 1147 ff.; ders., StuW 1979, 113 ff.

[40] Philipowski bedingt zustimmend Hamacher, Die Bank 1982, 421, 423.

[41] Vgl. hierzu die Zusammenstellung bei Borggräfe, DStR 1978, 627 f., und Jansen/Jansen, Rdnr. 119.

[42] Bise, StbJb 1977/78, 191; hiergegen Söffing in Tipke, S. 127 f.

[43] Borggräfe, DStR 1978, 631 f.; Offerhaus, StBp 1977, 116; Meincke in Tipke, S. 87; Hermann/Heuer/Raupach, EStG, § 20 Anm. 19.

[44] Vogel, BB 1977, 1089 f.; Groh in Tipke, S. 99 ff.; Söffing in Tipke, S. 128, 130 ff.

zustehen. Das Steuerrecht könne dann bei der subjektiven Einkünftezurechnung nicht anders verfahren.

Wieder andere[45] vertreten die Auffassung, der Nießbrauch an Forderungsrechten sei gesetzlich durch § 20 II Nr. 2 EStG anerkannt.

Eine völlig andere Lösungsvariante hat Stockinger[46] entwickelt, der zwar auch die Einkünfte dem Ersteller der Leistung der Wertpapierüberlassung bzw. dem Inhaber der Dispositionsbefugnisse zurechnet, jedoch bei annähernd gleichen bzw. in der Hauptsache Nießbrauchbesteller und -berechtigten gemeinsam zustehenden Dispositionsbefugnissen eine anteilige Einkünftezurechnung, ähnlich dem quotalen Sachnießbrauch, vornehmen will[47].

Stockinger stellt zur Begründung dieser zunächst faszinierenden anteiligen Zurechnung die von ihm als „entweder-oder-Technik"[48] bezeichnete und allgemein[49] vertretene Vorgehensweise in Frage, nach der eine subjektive Einkünftezurechnung beim Nießbrauch entweder nur beim Besteller oder nur beim Begünstigten erfolgen kann. Stockinger ist zwar der Auffassung, daß ein Sachverhalt nur von einem Tatbestand erfaßt werden kann, da gemischte Rechtsfolgen nicht zulässig sein können. Jedoch könne aber ein Sachverhalt gleichzeitig auf mehrere Personen zutreffen. Wenn daher zwei Personen über dieselbe ertragbringende Leistungsbeziehung disponieren könnten, so handele es sich um die Teilung einer Einkunftsquelle, weshalb auch die Einkünfte entsprechend aufzuteilen seien[50]. Stockinger führt als Beispiel einen Mietvertrag mit zwei nur gemeinsam nutzungsberechtigten Personen an. Die Einnahmen aus dem Untermietvertrag seien den beiden jeweils anteilig und gesondert als Einkünfte gem. § 21 EStG zuzurechnen. In diesem Beispiel erbringt jeder Nutzungsberechtigte eine eigene Vermietungsleistung hinsichtlich des ihm zustehenden Nutzungsrechtsteils. Die zivilrechtliche Gestaltung der nur gemeinsamen Handlungsbefugnis stellt hierbei nur eine zusätzliche Erschwerung der Verwaltung des Nutzungsrechts dar.

[45] Petzoldt, BB 1977, 1594; Söffing, StbJb 1978/79, 333 f.; ders. in Tipke, S. 131; ders., FR 1977, 217; dem zustimmend Schulze zur Wiesche, GmbHRdsch 1977, 154 f.; hiergegen überzeugend L. Schmidt, FR 1977, 461.

[46] Stockinger, S. 349 ff.

[47] Der Gedanke einer jeweils teilweisen Zurechnung bei beiden Nießbrauchbeteiligten wurde im Zusammenhang mit dem verwandten Problem der Afa-Berechtigung bereits von Hilger, S. 104 f. geäußert, aber unter dem Hinweis auf die zwischen den Nießbrauchbeteiligten getrennten Rechte und Pflichten sogleich wieder verworfen.

[48] Stockinger, S. 350, unter Bezugnahme auf die Beschreibung von Stoll, Leasing, 2. Aufl., Köln 1977, S. 42 ff.

[49] Vgl. Ruppe in Tipke, S. 36.

[50] Stockinger, S. 351.

Die von Stockinger gezogene Konsequenz, daß beide Nutzungsberechtigten den ihnen zustehenden Ertragsanteil an den nur zivilrechtlich verbundenen Nutzungsrechten zu versteuern haben, steht außer Zweifel; fraglich ist allein die Zurechnung zwischen Nießbrauchbesteller und -berechtigten, die hierdurch nicht beantwortet wird. Denn dort geht es nicht um verschiedene Nutzungsanteile, sondern um ein und dasselbe ungeteilte Nutzungsrecht. Nicht die vertikale Teilung eines Nutzungsrechts, sondern die horizontale Aufteilung eines Steuergegenstandes in das Nutzungsrecht einerseits und das verbleibende Eigentumsrecht andererseits ist die Krux des Zurechnungsproblems.

Die Auffassung Stockingers hat zwar den Vorteil der Ermöglichung einer differenzierten Zurechnung, die der Situation der Rechtsteilung nahesteht und auch möglicherweise die gegen Entgelt erbrachten Leistungen leistungsgerechter zuweist als das „entweder-oder-Prinzip“. Die dogmatisch vorhergehende Frage, wer die Vermietungs- oder die Kapitalüberlassungsleistung erbringt, der Nießbrauchbesteller oder beliebig viele -berechtigte, vermag Stockinger jedoch nicht zu klären. Aus diesem Grund liegt auch das von ihm gewählte Beispiel neben der Sache.

Da es bei der Beantwortung der Frage, ob diesem oder den oben genannten Lösungsansätzen zu folgen ist, oder aber, ob eine an der Art und Weise der Wertpapierüberlassungen orientierte, differenzierte Zurechnung zutreffender ist, jeweils entscheidend auf die Bestimmung der Leistung der Kapitalüberlassung ankommt, soll hierauf zunächst eingegangen werden.

C. Versuch der Bestimmung des Leistungsinhalts der entgeltlichen Kapitalüberlassung

Der Leistungsinhalt der entgeltlichen Kapitalüberlassung ist zunächst danach zu differenzieren, ob es sich um eine Erstüberlassung von Kapital oder eine später erfolgte Überlassung von Wertpapieren durch einen Nacherwerber handelt.

I. Der Leistungsinhalt bei der Erstüberlassung von Kapital

Anzusetzen ist zunächst bei der Erstüberlassung. Da sich der Leistungsinhalt der Kapitalüberlassung am zweckmäßigsten aus der Sicht des Leistungsempfängers bestimmen läßt, sollte der Ausgangspunkt der Überlegungen die folgende Grundfrage sein: Weshalb verpflichtet sich überhaupt ein Schuldner in einem Wertpapier, an dessen Erstinhaber ein Entgelt zu zahlen? Welche Leistung erbringt oder hat der Erstinhaber des Wertpapiers erbracht?

Hier wird man in aller Regel sagen können, daß der Erstinhaber dem Wertpapieraussteller Kapital überlassen hat[51]. Diese Kapitalüberlassung stellt bei Darlehensforderungen eine Dauerleistung dar, wie bereits Philipowski[52] herausgearbeitet hat: die Zuwendung der Nutzung von Kaufkraft, die wiederum in unabhängige zeitliche Teilleistungen aufteilbar ist[53].

Aber schon am Beispiel der Aktie wird deutlich, daß hier die Kapitalüberlassung des Emissionärs an den Emittenten nicht in beliebige zeitliche Teilleistungen aufgegliedert werden kann. Da gem. § 57 I AktG die Kapitalüberlassung durch den Ausschluß des Rückübertragungsrechts nicht befristet, sondern auf Dauer gegen den Erhalt eines Mitgliedschaftsrechts erfolgt ist[54], kann die Kapitalüberlassung an den Emittenten nur als Einzelleistung angesehen werden. Dann aber liegt das für eine Dauerschuld konstitutive Zeitelement nicht vor.

Die Kapitalüberlassung stellt sich daher nicht in jedem Fall als ein beliebig unterteilbares Dauerschuldverhältnis dar. Allgemeingültig kann vielmehr nur festgestellt werden, daß die Leistung der Kapitalüberlassung grundsätzlich folgende Teilleistungen oder, besser, Dispositionen beinhalten kann:

— a) eine Vermögensübertragung gegen die Abrede der Rückgabe gleichwertiger Sachen oder gegen die Einräumung eines Mitgliedschaftsrechts,

---

[51] Anders möglicherweise beim Wechsel.

[52] Philipowski, StuW 1979, 113, 117; zustimmend Stadie, S. 27.

[53] Philipowski befindet sich damit in Übereinstimmung zur h. M., vgl. BGH, DB 1975, 2032; BGB-RGRK(-Ballhaus), § 607 Rdnr. 9 m. w. N., wonach eine Darlehensgewährung als Dauerleistung zu charakterisieren ist. Auf der anderen Seite betonen Esser/Schmidt, § 15 II 6, daß nicht allein das Zeitmoment, sondern zusätzlich das Element der ständigen Pflichtenanspannung konstitutiv für die Annahme eines Dauerschuldverhältnisses sei: Mit der Kapitalübergabe und -überlassung habe der Darlehensgeber das seinige getan, anders jedoch der Vermieter, der neben der schlichten Überlassungspflicht noch die Unterhaltungspflicht gem. § 536 BGB zu tragen habe. Ob und wann ein länger dauerndes Vertragsverhältnis i. d. S. als Dauerschuldverhältnis zu deklarieren sei, soll nach der lebensmäßigen Ausgestaltung des jeweiligen Vertragsverhältnisses bestimmt werden. Da Esser/Schmidt Kapitalüberlassungen durchaus als Dauerschuldverhältnis ansehen, ohne hierfür weitere Voraussetzungen zu fordern, und Konsequenzen einer anderen Einordnung nur unter dem Blickwinkel von Leistungsstörungen sehen, braucht hierauf nicht weiter eingegangen zu werden.

[54] Die Ausnahmen der §§ 271, 225 II AktG sollen hier nicht beachtet werden.

— b) die Auswahl gerade dieser Kapitalanlage oder, negativ ausgedrückt, der Verzicht auf andere Verwendungsmöglichkeiten des Kapitals,

— c) die Nicht-Kündigung des Kapitalüberlassungsvertrages, sofern ein Dauerschuldverhältnis vorliegt,

— d) das Eingehen eines Haftungsrisikos für den Ausfall des Rückgabeanspruchs,

— e) die Übernahme eventuell bestehender Mitwirkungsobliegenheiten bzw. die Wahrnehmung bestehender Mitwirkungsrechte.

Für diese Leistungen verpflichtet sich der Wertpapieraussteller, dem Inhaber ein bestimmtes oder noch jeweils festzusetzendes Entgelt zu zahlen.

II. Die Leistung eines nachfolgenden Wertpapierinhabers

Der nächste Zwischenschritt bei der Lösung des Problems der Bestimmung des Leistungsinhalts muß nun mit der Beantwortung der Frage gefunden werden, weshalb der Wertpapieraussteller einem späteren Wertpapierinhaber oder Vorlegungsberechtigten ein Entgelt zahlt.

Die Antwort erscheint einfach: weil er sich brieflich verpflichtet hat, an den jeweiligen Inhaber oder Indossenten ein Entgelt als Gegenleistung für die Kapitalüberlassung zu zahlen. Nur, welche Kapitalüberlassung ist hier gemeint? Schon hier wird man m. E. anhand der verschiedenartigen Wertpapiere differenzieren müssen.

1. Die Leistung des Nacherwerbers von Wertpapieren, die nicht zur Rückgabe berechtigen

Bei Aktien und anderen, nicht zur Rückgabe von Kapital berechtigenden Papieren erbringt der Nacherwerber dem vorherigen Inhaber gegenüber beim Verkauf eine Kapitalüberlassungsleistung. Diese Leistung erfolgt aber nicht gegenüber dem Aussteller und ist daher in diesem Zusammenhang unbeachtlich. Die Tatsache, daß der Ersterwerber sich durch die Kette der Nacherwerber refinanziert, und daß diese somit mittelbar auch an der Kapitalüberlassung zwischen Aussteller und Ersterwerber Anteil haben, kann infolge der Zufälligkeiten und zeitlichen Diskrepanzen nicht als finale, steuerlich zu berücksichtigende Kapitalüberlassungsleistung angesehen werden. Der Nacherwerber erbringt somit nur an den Ersterwerber bzw. an den Kapitalmarkt schlechthin eine Kapitalüberlassung, nicht aber an den Wertpapieraussteller.

Hieraus ergibt sich, daß die Kapitalüberlassung bei Aktien der Gesellschaft gegenüber nur als Einzelleistung definiert werden kann, die der Ersterwerber dem Aussteller gegenüber erbracht hat. Der Nacherwerber oder Nutzungsberechtigte einer Aktie erbringt dagegen keine Überlassungsleistung mehr an den weiterhin ein Entgelt zahlenden Aussteller. Das überlassene Kapital wird Eigenkapital der Gesellschaft. Der Dividendenanspruch ist ein Mitgliedschaftsanspruch, im Gegensatz zu dem Entgelt für die Überlassung von Fremdkapital.

Der Nacherwerber tritt zwar in die sich aus diesem Mitgliedschaftsrecht ergebenden Rechte und Pflichten bzw. Risiken ein, er erbringt aber direkt dem Aussteller gegenüber keine Kapitalüberlassungsleistung, für die dieser ein Entgelt zahlt.

Die oben angesprochene Auffassung des BFH[55], wonach nur derjenige Einkünfte aus Kapitalvermögen erziele, der selbst Kapitalvermögen gegen Entgelt zur Nutzung überlasse[56], war daher zumindest bezüglich der Aktien ergänzungsbedürftig[57].

2. *Die Leistung des Nacherwerbers von rückgabefähigen Wertpapieren*

Die Leistung des Nacherwerbers ist dagegen bei anderen Inhaberpapieren, z. B. dem Investmentzertifikat, ganz anderer Natur.

Gem. § 18 I 1 KAGG ist der Fonds zum Rückkauf gegen Vorlage des Anteilscheines verpflichtet; die Kapitalüberlassung ist somit zeitlich begrenzbar und hat damit die Charakteristika eines Darlehensvertrages. Sie stellt sich hier als vorübergehende Kaufkraftzuwendung und daher als Dauerleistung dar, die aus beliebig unterteilbaren, zeitlich hintereinanderliegenden Teilleistungen besteht[58].

In einem solchen Falle erbringt daher jeder Nacherwerber des Wertpapiers dem Wertpapieraussteller gegenüber selbst die Leistung der Kapitalüberlassung, da er jederzeit die Möglichkeit hat, das entweder von der Gesellschaft oder über Dritte erworbene Zertifikat gegen Rück-

[55] BFH-Urteil vom 14. 12. 1976, VIII R 146/73, BStBl II 1977, 115 (116).

[56] Diese These ist auch in der Literatur vielfach auf Kritik gestoßen, vgl. Herrmann/Heuer/Raupach, EStG, § 20 Rdnr. 19.

[57] Eine derartige Begriffserweiterung durch den BFH hatte sich bereits aufgrund der Urteile vom 13. 5. 1980 (VIII R 128/78; 63/79; 75/79; BStBl II 1981, 295 ff. [296, 298, 300]) angedeutet, wo jeweils nur auf den Tatbestand der Einkünfteerzielung abgestellt wurde. Durch BFH-Urteil vom 9. 3. 1982 (VIII R 160/81, FR 1982, 439 [440]) wurde diese Erweiterung dann vollzogen, indem festgestellt wurde, daß Einkünfte aus Kapitalvermögen auch der jeweilige Rechtsnachfolger erzielen könne.

[58] Vgl. Philipowski, StuW 1979, 117.

erstattung des gegenwärtigen Kurswertes an die Gesellschaft zurückzugeben. Dafür, daß der Nacherwerber das Kapital weiter der Gesellschaft überläßt, erhält er von dieser ein Entgelt.

Wie man sieht, ist bei der Definition des Begriffes der Leistung der Kapitalüberlassung bereits an dieser Stufe des Wertpapiernacherwerbers zu differenzieren.

III. Die Kapitalüberlassungsleistung der Nießbrauchbeteiligten

Wenn man nun den Fall auf den Wertpapiernießbrauch erweitert, bei dem der Wertpapiernacherwerber verschiedene Wertpapiere einem Dritten zur Nutzung überläßt, stellt sich das Problem noch vielfältiger dar. Fraglich ist, wie sich hier die Leistung der Kapitalüberlassung darstellt, für die der Wertpapieraussteller ein Entgelt zahlt. Wohlgemerkt, hier ist die Leistung gemeint, für die der Wertpapieraussteller ein Entgelt zahlt; ein etwa für die Nießbrauchbestellung vom Nießbraucher an den Wertpapiereigentümer geleistetes Entgelt ist in diesem Zusammenhang nicht zu berücksichtigen.

Bei der Nießbraucheinräumung überträgt der Besteller die Nutzungsrechte des Wertpapiers, die zum Bezug des Entgelts berechtigen, auf den Nießbraucher. Diese Nutzungsrechte beinhalten gem. §§ 100, 99 BGB die Erzeugnisse und sonstige Ausbeute einer Sache oder eines Rechts, die Erträge sowie die Gebrauchsvorteile. Was aber leistet dieser Nutzungsempfänger gegenüber dem Wertpapieraussteller? Die Bezugsquelle der Nutzungen, die Leistung der Kapitalüberlassung scheint grundsätzlich weiter vom Nießbrauchbesteller erbracht zu werden. Der Nießbraucher geht jedoch anstelle des Eigentümers für die Nießbrauchsdauer auch gewisse Risiken und Dispositionen ein und erbringt im weitesten Sinne folgende Leistungen:

— a) Übernahme des Ausfallrisikos für die Nutzungen bzw. Zinserträge etc.,

— b) Übernahme eines Teils der Mitwirkungsrechte und Pflichten des Eigentümers,

— c) zusammen mit dem Eigentümer die Nicht-Kündigung ggf. disponibler Überlassungsverträge und damit die Überlassung des dem Besteller gehörigen Kapitals an den Wertpapieraussteller zur weiteren Nutzung,

— d) im Falle des entgeltlichen Nießbrauches: die nicht dem Wertpapieraussteller, sondern dem Eigentümer für die Nießbrauchbestellung erbrachte Zahlung eines Entgelts, dessen Bedeutung für die Zurechnung der Wertpapiererträge noch gesondert zu untersuchen sein wird[59].

Mit dem Nutzungsrecht hat der Nießbrauchbesteller dem Begünstigten daher nicht nur eine statische Empfängerposition wie bei der Vorausabtretung übertragen, sondern auch die Möglichkeit, durch Kündigung oder eventuell durch Mitspracherechte dynamisch an der Leistung der Kapitalüberlassung teilzunehmen bzw. diese ggf. allein auszuüben. Der Nießbraucher kann daher zumindest teilweise das Recht haben, um mit Ruppe[60] zu sprechen, über die Leistungserstellung zu disponieren, Marktchancen zu nutzen und Leistungen zu variieren oder zu verweigern.

Auf der anderen Seite kann es bei einigen Wertpapieren grundsätzlich der Fall sein, daß der Wertpapiernießbraucher nicht über die Leistung der Kapitalüberlassung so weitgehend disponieren kann, beispielsweise, weil diese Leistung für die Nießbrauchsdauer bereits vertraglich fest vereinbart worden ist.

Man darf jedoch auch von dem Nießbraucher keine größeren Leistungen bzw. Einflußnahmemöglichkeiten erwarten dürfen, als diejenigen, die dem gewöhnlichen, vom Nießbrauch unbelasteten Wertpapierinhaber bei seinem speziellen Wertpapier zustehen[61]. Jedoch wird man dann, wenn man eine nießbrauchbedingte Änderung der subjektiven Einkünftezurechnung vom Wertpapierinhaber und Nießbrauchbesteller zum Nießbraucher annehmen will, von letzterem einen mindestens ebenso großen Anteil an der Leistungserbringung bzw. eine größere Einflußmöglichkeit verlangen können als von dem sich dann eines Teils seiner Rechte begebenden Nießbrauchbesteller.

Da die oben angesprochenen Einflußmöglichkeiten, wie schon angedeutet, bei den verschiedenen Wertpapieren unterschiedlich groß und vielschichtig sind, wird man daher die Dispositionsmöglichkeiten von Nießbrauchbesteller und -berechtigten bei jeder Wertpapiergruppe gesondert untersuchen müssen und auch die Disponibilität der Kapitalüberlassungsleistung im Verhältnis zu der vereinbarten Nießbrauchdauer zu berücksichtigen haben. Eine allgemeingültige Zuordnung von Wertpapiereinkünften beim Nießbrauch ist daher zumindest generell und a priori nicht möglich[62].

---

[59] Vgl. 2. Kapitel, B.

[60] Ruppe in Tipke, S. 18.

[61] Seithel, FR 1977, 241, 243.

[62] So auch Littmann, EStG, § 20 Rdnr. 10 c; Kruse, AG 1980, 220.

D. Die Bestimmung des Untersuchungsobjektes

Bei den zu untersuchenden Wertpapiergruppen soll dem Untersuchungsobjekt der von Brunner[63] entwickelte und jetzt überwiegend[64] vertretene Wertpapierbegriff zugrunde gelegt werden, wonach Wertpapiere solche Urkunden sind, in denen ein privates Recht in der Weise verbrieft ist, daß zur Geltendmachung dieses Rechts die Innehabung der Urkunde erforderlich ist. Rektapapiere werden somit von dem Definitionsbereich umfaßt, die Übertragbarkeit nach sachenrechtlichen Grundsätzen wird nicht vorausgesetzt.

---

[63] Brunner in Endermann, Handbuch des Handelsrechts, S. 144 ff. (147).

[64] Zöllner in Raiser-Festschrift, S. 268, Fn. 55; Hueck/Canaris, S. 1; Biedermann, DStR 1968, 695 f.

Zweites Kapitel

Die Einkünftezurechnung beim Wertpapiernießbrauch

A. Die Zurechnung der Wertpapiererträge ohne Berücksichtigung eines für die Nießbrauchbestellung gezahlten Entgelts

I. Die Disponibilität der Kapitalüberlassung

Die Wertpapiererträge sind, wie bereits dargelegt, demjenigen Nießbrauchbeteiligten zuzurechnen, der sich hinsichtlich der Wertpapiere betätigt, der hierüber disponieren kann bzw. das darin ausgedrückte Kapital dem Wertpapieraussteller zur Nutzung überläßt.

Der Inhalt dieser, einem der Nießbrauchbeteiligten zuzuordnenden Kapitalüberlassungsleistung, der zeitweiligen Gewährung der Überlassung von Kaufkraft, besteht aus zwei Elementen, dem Zeitfaktor und der noch genauer zu bestimmenden Leistung der Kaufkraftgewährung.

Bei der Leistungsbestimmung beim Wertpapiernießbrauch kann daher zunächst eine Unterteilung der Wertpapiere nach dem Gesichtspunkt vorgenommen werden, ob die Kapitalüberlassung überhaupt für die Dauer des bestellten Nießbrauchrechts disponibel, d. h. in erster Linie kündbar ist oder nicht. Es bietet sich dann die folgende Grobunterteilung an:

1. die Kapitalüberlassung ist jederzeit kündbar
2. die Kapitalüberlassung ist überhaupt nicht oder zumindest nicht während der eingeräumten Nießbrauchsdauer disponibel
3. die Kapitalüberlassung wird im Laufe der Nießbrauchsdauer kündbar.

II. Jederzeitige Disponibilität der Leistung der Kapitalüberlassung

1. *Inhaberpapiere, die ein Forderungsrecht verbriefen*

Es sollen hier zunächst die Wertpapiere untersucht werden, die den jeweiligen Inhaber als berechtigt ausweisen, das in dem Papier verbriefte Forderungsrecht geltend zu machen.

Als solche kommen in Betracht:

— Investmentanteilscheine, die auf den Inhaber lauten gem. § 1 KAGG,
— fällige Inhaberschecks gem. Art. 5 II, III SchG,
— Inhaberschuldverschreibungen gem. § 793 ff. BGB[1],
— Inhabergrund- und Rentenschuldbriefe gem. §§ 1195, 1199 BGB[2], die aber ungebräuchlich sind und der staatlichen Genehmigung gem. §§ 1195, 795 BGB bedürfen, sowie
— unverbrauchbare Inhaberzeichen gem. § 807 BGB, auf die hier aber mangels praktischer Relevanz nicht weiter eingegangen werden soll.

Die hier genannten Papiere können zusammen behandelt werden, da eine weitere Differenzierung für die hier vorzunehmende Bestimmung des Umfangs der für die Einkünfteerzielung erforderlichen Leistung nicht weiterführt. Dies ergibt sich hinsichtlich der Inhabergrund- und Rentenschuldbriefe sowie der Inhaberzeichen schon aus der Legalverweisung der §§ 807, 1195, 1199 BGB. Im übrigen ist nicht ersichtlich, weshalb Investmentanteilscheine und Inhaberschecks, die jeweils ein Forderungsrecht beinhalten, zu dessen Inkasso die Vorlage des Papiers erforderlich ist, unterschiedlich behandelt werden sollten.

a) Die zivilrechtlichen Grundlagen einer Nießbrauchbestellung

Die zivilrechtliche Grundlage einer Nießbrauchbestellung an derartigen Inhaberpapieren ist in den §§ 1068 ff. BGB geregelt. Hierbei ist das abstrakte dingliche Erfüllungsgeschäft von dem zugrunde liegenden kausalen Verpflichtungsgeschäft zu trennen.

Das Grundgeschäft ist mit wenigen gesetzlichen Ausnahmen wie den §§ 518 oder 1365 BGB grundsätzlich formfrei. Die hier zu untersuchende unentgeltliche Nießbrauchbestellung stellt in der Grundform des Zuwendungsnießbrauchs gem. § 516 I BGB eine Schenkung dar, die gem. § 518 I BGB der notariellen Beurkundung bedarf. Der Mangel der Form wird gem. § 518 II BGB durch die Bewirkung der versprochenen Leistung geheilt, so daß die vom Nießbraucher bereits realisierten Nutzungen diesem auch weiterhin zustehen.

Das Erfüllungsgeschäft, durch das der Nießbrauchberechtigte den Nießbrauch an dem Wertpapier erlangt, besteht gem. §§ 1068 II, 1032

---

[1] Inhaberschuldverschreibungen in der hauptsächlich anzutreffenden Form der Anleihen, Pfandbriefe und Obligationen sind allerdings im Regelfall zwar an der Börse handelbar, nicht aber jederzeit an den Aussteller rückgebbar und werden deshalb hinsichtlich der steuerlichen Auswirkungen in den folgenden Abschnitten behandelt, da die vom Wertpapieraussteller entgoltene Kapitalüberlassungsleistung der Ansatzpunkt der Überlegungen ist.

[2] Sofern eine vorzeitige Kündigung nicht ausgeschlossen ist.

BGB in der Einigung zwischen Nießbrauchbesteller und -berechtigten, daß der Nießbrauch dem Berechtigten zustehen soll und der Übergabe des mit dem Nießbrauch belasteten Wertpapiers[3]. Die Nießbrauchbestellung an Inhaberpapieren entspricht daher der des Mobiliarnießbrauchs, jedoch ist bei der Übergabe der Papiere oder der Surrogate der §§ 929, 1032 S. 2 BGB beispielsweise bei einem Besitzmittlungsverhältnis oder Herausgaberecht am Wertpapierdepot[4] des Nießbrauchbestellers gem. § 1081 BGB bei Inhaberpapieren oder blankoindossierten Orderpapieren eine Besonderheit zu beachten. Bei Wertpapieren, die aus Mantel und Bogen bestehen, ist dem Nießbrauchberechtigten gem. § 1081 I 1 BGB hinsichtlich des Mantels sowie des Erneuerungsscheins lediglich ein Mitbesitz neben dem Nießbrauchbesteller einzuräumen. Der Besitz der im Bogen verbrieften weiteren Nebenrechte, also der Kupons, steht zwar dem Nießbraucher gem. § 1081 I 2 BGB allein zu, kann aber auch durch die Einräumung eines Mitbesitzes gem. § 1081 II BGB ersetzt werden.

Soviel zur rechtlichen Seite der Nießbrauchbestellung.

Bei der Beantwortung der Frage, welcher der Nießbrauchbeteiligten die Leistung der Kapitalüberlassung erbringt, für die vom Wertpapieraussteller ein Entgelt gezahlt wird, soll hier hinsichtlich der Wertpapiere, die ein Forderungsrecht verbriefen, nur auf die ganz überwiegende Gruppe der verzinslichen Forderungen eingegangen werden, da nur die Zuordnung des vom Aussteller gezahlten Entgelts in diesem Zusammenhang Probleme aufwirft.

---

[3] Der Streit um die rechtliche Natur des Nießbrauchs zwischen der sog. Abspaltungstheorie (vgl. Baur, 7. Aufl., S. 19; Meincke in Tipke, S. 87 m. w. N.), wonach der Nießbrauch als eine selbständige Rechtsabspaltung des Vollrechts anzusehen ist und der herrschenden sog. Duldungstheorie (vgl. BFH-Urteile vom 16. 12. 1971, V R 41/68, BStBl II 1972, 238 (238 f.) und vom 2. 8. 1983, VIII R 170/78, BStBl II 1983, 735 (735); Wolff/Raiser, S. 176; L. Schmidt in Tipke, S. 64 ff.), nach der die Nutzungsbefugnis für die Nießbrauchdauer auflösend bedingt ist (zum ganzen vgl. Stockinger, S. 119 ff.), erschien ausgestanden und für die steuerliche Einkünftezurechnung bedeutungslos. Steuerrechtliche Bedeutung erlangt diese Problematik jedoch dann, wenn man einen entgeltlich erworbenen Nießbrauch grundsätzlich als ein absetzbares Wirtschaftsgut ansieht, welches durch Abspaltung des Eigentums entsteht. Hiergegen überzeugend Schmidt in Tipke, S. 65, der nachweist, daß auch bei Anwendung der Abspaltungstheorie nur aus einem von vornherein abnutzbaren Wirtschaftsgut durch Abspaltung ein wieder abnutzbarer Eigentumssplitter entstehen könne.

[4] Zu den zivilrechtlichen Besonderheiten bei der Sammelverwahrung von Wertpapieren vgl. Janssen, BB 1972, 1519 f.

b) Verteilung der Dispositionsmöglichkeiten und Risiken

Die Kapitalüberlassungsleistung erbringt nach den von Ruppe entwickelten Grundsätzen derjenige, der Dispositionsbefugnisse besitzt und Leistungen variieren kann etc.

Eine Zuordnung der Dispositionsbefugnisse ermöglicht somit den Rückschluß darauf, wer diese Leistung tatsächlich erbringt. Es soll daher festgestellt werden, wem die überwiegenden Dispositionsmöglichkeiten offenstehen. Diesem sind dann die vom Wertpapieraussteller gezahlten Entgelte als Einkünfte gem. § 20 EStG zuzurechnen.

aa) Dispositionsmöglichkeiten, die den beiden Nießbrauchbeteiligten gemeinsam zustehen

Für Inhaberpapiere sowie Orderpapiere, die mit einem Blankoindossament versehen sind, sind die den Nießbrauchbeteiligten zustehenden Dispositionsbefugnisse in den dispositiven[5] §§ 1081—1084 BGB geregelt, die §§ 1074—1079 BGB sind hierdurch bis auf die Legalverweisung in § 1083 II 1 BGB ausgeschlossen[6]. Die sonstigen Vorschriften über den Nießbrauch an Rechten finden Anwendung, sofern nicht die §§ 1081—1084 BGB als leges speciales eingreifen. Hieraus ergibt sich, daß das Gros der Dispositionsbefugnisse dem Nießbrauchbesteller und dem Nießbrauchberechtigten gemeinsam zustehen:

— eine Kündigung bzw. ein Verkauf oder die Einlösung des nießbrauchbelasteten Wertpapiers kann gem. § 1083 I BGB nur von beiden Nießbrauchbeteiligten gemeinsam zur ordnungsgemäßen Vermögensverwaltung vorgenommen werden und auch nur dann, wenn eine Auslosung erfolgt ist oder das Wertpapier wirklich unsicher geworden ist. Bloße Kursschwankungen rufen keine Mitwirkungspflicht des jeweils anderen Nießbrauchbeteiligten hervor[7].

Nießbrauchbesteller und Nießbrauchberechtigter können ferner verlangen,

— daß der jeweils andere gem. § 1082 BGB einer Hinterlegung des Wertpapiers nebst Erneuerungsschein (Talon) zustimmt,

— daß der jeweils andere bei der verzinslichen Anlage des eingezogenen Kapitals gem. §§ 1083 II 1, 1079 BGB nach den für die Anlage von Mündelgeld zu beachtenden Vorschriften mitwirkt, wenn dem Nießbrauchberechtigten an dem neu angelegten Kapital der Nießbrauch bestellt wird,

---

[5] Staudinger(-Promberger), §§ 1081, 1082 Rdnr. 2; § 1081 II ist jedoch nicht dispositiv, da er die Entstehung des Nießbrauchs regelt, vgl. MünchKomm (-Petzoldt), Vor § 1030 Rdnr. 16.

[6] Staudinger(-Promberger), §§ 1081, 1082 Rdnr. 1.

[7] Mot. III, S. 557 f.; Staudinger(-Promberger), § 1083 Rdnr. 2.

— daß der jeweils andere der Anforderung neuer Zinsscheine zustimmt und auch gem. § 1083 I BGB bei allen Maßnahmen mitwirkt, die zu einer ordnungsgemäßen Vermögensverwaltung erforderlich sind.

Da diese Befugnisse beiden Beteiligten zustehen, müssen sie bei der Entscheidung, wem die Mehrzahl der Dispositionsmöglichkeiten zusteht, unberücksichtigt bleiben.

bb) Dispositionsmöglichkeiten, die nur dem Nießbraucher zustehen

Dem Nießbraucher steht gem. §§ 1083 II 1, 1079 BGB das Recht zu, nach der Einlösung des Wertpapiers, die aus verschiedenen Gründen erfolgen kann[8], die Art der Neuanlage des zurückgeflossenen Kapitals zu bestimmen. Hierbei hat die Anlage allerdings nach Maßgabe der §§ 1806 ff. BGB zu erfolgen, die für die mündelsichere Anlage in § 1807 BGB einen begrenzten Katalog vorschreiben. Danach hat der Nießbraucher die Wahl, das Kapital in so verschiedenen Formen wie hypothekarisch gesicherten Forderungen, Schuldbuchforderungen gegen die öffentliche Hand, Pfandbriefen und Kommunalobligationen oder Spareinlagen unterschiedlicher Kündigungsfrist neu anzulegen.

Wie Philipowski[9] bereits zutreffend betont hat, haben diese Anlagen unterschiedliche Laufzeiten und Renditen, so daß eine derartige Auswahlmöglichkeit eine wirtschaftlich bedeutungsvolle Disposition darstellt. Bei einer Neuanlage würde der Nießbraucher Marktchancen ausüben und Leistungen variieren.

Hier aber ist man am Punkt: Diese Dispositionsmöglichkeiten *können* dem Nießbrauchberechtigten zustehen, er hat diese Möglichkeiten jedoch nur unter den ganz bestimmten Voraussetzungen der Einlösung des Wertpapiers, die durchaus nicht in jedem Fall einer Nießbraucheinräumung vorliegen.

Fraglich ist daher, ob diese hypothetischen Rechte bei der Bestimmung der allgemeinen Dispositionsmöglichkeiten zu berücksichtigen sind.

Philipowski[10] bejaht dies mit dem Hinweis darauf, daß bei der Entscheidung, wem eine Leistung einkünftemäßig zuzurechnen sei, jede einzelne Teilleistung gesondert berücksichtigt werden müsse. Wenn nun aber in einem Zeitabschnitt beim Bewirken der Leistung de facto keine Dispositionsmöglichkeiten mehr bestünden, so könne dieser Umstand nicht einseitig gegen eine Zurechnung beim Nießbraucher und für eine

---

[8] Z. B. plan- oder außerplanmäßige Verlosung, Rückruf durch Emittenten, Verkauf.

[9] Philipowski, StuW 1979, 121, 118.

[10] Philipowski, StuW 1979, 116, 121.

Zurechnung beim Eigentümer bzw. Nießbrauchbesteller angeführt werden.

Dem ist zuzustimmen. Man wird nicht davon ausgehen können, daß Dispositionsmöglichkeiten bei der Einkünftezurechnung nur dann zu berücksichtigen sind, wenn diese auch positiv ausgeübt werden. Denn auch die Nicht-Ausübung dieser Befugnisse stellt bereits eine Teilnahme am Marktgeschehen in negativer Variation dar. Ferner wird man, wie schon eingangs dargelegt, von dem Nießbraucher nicht größere Dispositionsmöglichkeiten verlangen können, als sie auch dem nicht nießbrauchbelasteten Eigentümer zur Verfügung stehen.

Hieraus zieht Philipowski jedoch den Schluß, daß die latenten Dispositionsmöglichkeiten als Beweiszeichen dienen und in jedem Fall dem Nießbraucher zugerechnet werden müßten. Diese Schlußfolgerung geht m. E. zu weit: Wenn festgestellt wird, daß in einem bestimmten Zeitraum eine Dispositionsmöglichkeit weder dem Nießbrauchbesteller noch dem -berechtigten gegenwärtig und aktuell zusteht, dann kann diese Dispositionsmöglichkeit in diesem Zeitraum auch niemandem zugerechnet werden. Wenn die Dispositionsmöglichkeiten von dem Eintritt bestimmter Bedingungen abhängen, so müssen sie auch bis zu deren Eintritt unberücksichtigt bleiben. Sie können erst dann bei der Einkünftezurechnung herangezogen werden, wenn der Befugte sie auch unbedingt und ohne das Zutun Dritter nutzen kann. Erst dann hat der Befugte die Möglichkeit, Marktchancen zu nutzen etc. Mit anderen Worten: Nur diejenigen Einflußmöglichkeiten, die jemandem unbedingt zustehen, sind als Dispositionsmöglichkeiten immer zu berücksichtigen, und zwar auch dann, wenn sie nicht ausgenutzt werden. Sind solche Befugnisse jedoch an den Eintritt bestimmter Bedingungen geknüpft, so können sie ex nunc erst dann berücksichtigt werden, wenn diese nicht in der Person des Befugten liegenden Bedingungen eingetreten sind und die Befugnisse unbedingt ausgeübt werden können.

Das heißt auf unseren Fall bezogen: Die Bestimmungsmöglichkeit der Kapitalneuanlage ist erst dann zu berücksichtigen, wenn diese Konstellation vorliegt und das Wahlrecht ausgeübt werden kann. Dann stellt sie allerdings eine wesentliche Dispositionsmöglichkeit dar.

cc) Dispositionsmöglichkeiten, die nur dem Nießbrauchbesteller zustehen

Nach der Bestellung eines Nießbrauchs stehen dem Wertpapiereigentümer nur noch eingeschränkte Dispositionsmöglichkeiten zu. Dem Gesetz läßt sich hierzu nur die Negativformulierung des § 1071 I 1, II BGB entnehmen, wonach der Nießbrauchbesteller den Vertrag mit dem Forderungsschuldner und dadurch den Inhalt des Nießbrauchrechts nur noch dann ändern kann, wenn diese Änderung keine Rechte des Nießbrauchers beeinträchtigt. Derartige Dispositionsbefugnisse des Nießbrauchbestellers liegen daher in der Praxis kaum vor[11]: Eine Vertragsänderung mit dem aus dem Wertpapier verpflichteten Schuldner kann eine Änderung der Darlehenslaufzeit, der Kündigungsfristen[12], Rückzahlungsmodalitäten oder des Zinssatzes sein. Da aber jede für das Nießbrauchrecht positive Veränderung einer dieser Positionen, wie etwa des Zinssatzes, nur bei gewissen Konzessionen hinsichtlich der anderen Daten, wie z. B. der Laufzeit, am Markt bzw. dem Schuldner gegenüber durchsetzbar sein wird, so wird nahezu jede Verbesserung einzelner Konditionen des Nießbrauchrechts auch die Verschlechterung anderer Vertragsteile hervorrufen. Eine mögliche Ausnahme wäre z. B. in diesem Fall eine Verlängerung der schon bis über das Ende der Nießbrauchsdauer bestehenden Laufzeit gegen eine Erhöhung des Zinssatzes.

Da eine wirtschaftliche Gesamtbetrachtungsweise eine Bevormundung des Nießbrauchers und einen Eingriff in die Privatautonomie darstellen würde, ist ähnlich wie bei § 107 BGB auf den isolierten rechtlichen Nachteil abzustellen. Daher ist in fast jeder adäquaten Vertragsänderung infolge der hieraus resultierenden Teilverschlechterung eine unzulässige Beeinträchtigung des Nießbrauchrechts zu sehen. Aus diesem Grunde sind diesbezügliche Dispositionsbefugnisse des Nießbrauchbestellers praktisch nur in den Fällen durchsetzbar, in denen er über seine Position nach Beendigung der Nießbrauchsdauer disponiert.

Etwas anderes gilt in dem Sonderfall, in dem sich der Wertpapiereigentümer bereits bei der Nießbrauchbestellung bestimmte Änderungen vorbehält und somit von vornherein nur ein eingeschränktes Nießbrauchrecht überträgt[13]. Auf derartige, von der gesetzlichen Verteilung der Dispositionsbefugnisse abweichende Fallkonstellationen wird noch gesondert einzugehen sein[14].

Ferner wäre der Fall denkbar, daß der Schuldner mit dem Wertpapiereigentümer eine für den Nießbraucher einseitig vorteilhafte Vertragsänderung beschließt, etwa um die erforderliche Mitwirkung an einer infolge geänderter Kapitalmarktdaten zu erwartenden Kündigung auszuschließen. Sofern dann eine Kündigung im Rahmen einer ord-

---

[11] So zutreffend schon Philipowski, StuW 1979, 119 f.

[12] Bei den hier untersuchten gesetzlichen Kündigungsfristen kommt aber nur ein Abweichen von § 271 I BGB in Betracht.

[13] Vgl. hierzu die Diskussion über die Zustimmungsbedürftigkeit bei unentgeltlichen Zuwendungen belasteter Gegenstände, Palandt(-Heinrichs), § 107 Anm. 2 b; BGB-RGRK(-Krüger-Nieland), § 107 Rdnr. 17 m. w. N.

[14] Vgl. hinsichtlich besonderer Abreden bzgl. der Verteilung der Dispositionsbefugnisse 2. Kap., A V und bzgl. der Verteilung beim Vorbehaltsnießbrauch 2. Kap., A I 1 c.

nungsmäßigen Vermögensverwaltung nicht mehr erforderlich ist, die verbriefte Forderung also nunmehr weitgehendst marktgerechte Konditionen bietet, so würde eine derartige Vertragsänderung nicht gegen § 1071 II BGB verstoßen und somit zulässig sein.

Soviel zu den Dispositionsbefugnissen des Nießbrauchbestellers hinsichtlich des Nießbrauchrechts.

Bezüglich des Nießbrauchgegenstandes selbst ist der Nießbrauchbesteller und Eigentümer dagegen durch § 1071 BGB nicht eingeschränkt. Er kann daher das mit dem Nießbrauch belastete Wertpapier veräußern, beleihen oder auf sonstige, das Nutzungsrecht nicht beeinträchtigende Weise damit disponieren. Diese Dispositionsmöglichkeiten des Nießbrauchbestellers betreffen jedoch nur dessen Verhältnis bzw. Befugnisse und Leistungen gegenüber einem weiteren Dritten und damit die Zurechnung eines eventuell für diese Dispositionen gezahlten Entgelts, nicht aber die hier zu untersuchende Frage, wer die Leistung der Kapitalüberlassung dem Wertpapieraussteller gegenüber erbringt, der hierfür ein zuzurechnendes Entgelt, den Wertpapierertrag, zahlt.

Die eben angesprochenen weiteren Dispositionsbefugnisse des Nießbrauchbestellers illustrieren somit zwar die überlegene wirtschaftliche Stellung des Eigentümers bzw. Nießbrauchbestellers gegenüber dem Nießbraucher, bei den hier interessierenden Leistungsverhältnissen der Nießbrauchbeteiligten gegenüber dem Wertpapieraussteller sind sie jedoch ohne direkte Bedeutung und daher bei dem Vergleich der Dispositionsbefugnisse der Nießbrauchbeteiligten in diesem Zusammenhang nicht zu berücksichtigen.

dd) Fazit

Dem Nießbrauchbesteller stehen Dispositionsmöglichkeiten zu, die allerdings verhältnismäßig gering sind. Eine Vertragsänderung zum Nachteil des Wertpapierausstellers und lediglich zum Vorteil des Nießbrauchers bei veränderten Kapitalmarktdaten ist eine dem Nießbrauchbesteller nur bedingt, bei Zustimmung des Ausstellers, zustehende Dispositionsmöglichkeit. Ebenso ist es bei der wesentlicheren Wiederanlagemöglichkeit des Nießbrauchers.

Dem Nießbrauchbesteller steht daneben aber das jederzeitige und unbedingte Recht zu, über die Überlassung seines Kapitals bereits für die Zeit nach der Nießbrauchsdauer zu disponieren. Der Wertpapieraussteller zahlt das aktuelle Entgelt zwar vorrangig für die gegenwärtige Kapitalüberlassung. Der Wertpapiereigentümer verhindert damit möglicherweise aber auch eine vorzeitige Kündigung durch den Aussteller, so daß diese Disposition durchaus auch einen Gegenwartsbezug hat. Die Dispositionsmöglichkeit wird zwar nicht in der Periode der Entscheidungsfällung entgolten. Gleichwohl liegt hierin eine relevante Dispositionsmöglichkeit des Wertpapiereigentümers. Diesem steht ferner eine möglicherweise für ihn negative Änderungsmöglichkeit stets zu, es bedarf keiner weiteren vorherigen Umstände wie der Einlösung des Kapitals etc.

c) Zwischenergebnis

Dem Nießbrauchbesteller steht eine sehr geringe, aber präsente Dispositionsmöglichkeit zu. Der Nießbraucher hat bei der Bestimmung der Art der Neuanlage weiterreichende Dispositionsbefugnisse, die jedoch erst im Moment der Einziehung des Kapitals aktualisiert werden können. Zu beachtende, unbedingte und einseitige Dispositionsmöglichkeiten stehen demnach bei jederzeit kündbaren Forderungspapieren nur dem Nießbrauchbesteller zu, dem hiernach die Wertpapiereinkünfte zuzurechnen sind[15], sofern keine Einziehung des Kapitals erfolgt.

d) Überprüfung des Ergebnisses anhand der Vergleichsfallmethode

aa) Die Stellung des Nießbrauchs zwischen Vorausabtretung und Vollrechtsübertragung

Die Frage, ob das o. a. Ergebnis den Wertungen des EStG entspricht, läßt sich mit Hilfe der Vergleichsfallmethode überprüfen.

Diese Methode ist zwar häufig kritisiert worden[16], da in der Auswahl der Vergleichsfälle eine gewisse Vorentscheidung bei der Verifizierung liegen kann, je nachdem, wie nahe ein herangezogener Vergleichsfall an dem zu untersuchenden Sachverhalt liegt. Letztlich kann aber auf diese Orientierung an leading cases, zumindest als Instrument der Richtigkeitskontrolle dogmatisch gewonnener Ergebnisse, nicht verzichtet werden[17].

L. Schmidt hat denn auch anhand der Vergleichsfallmethode die Gemeinsamkeiten von einer Nießbrauchbestellung an und einer Vorausabtretung von Wertpapieren untersucht. Schmidt[18], der sich hierbei nur an Inhaberpapieren orientiert hat, hat herausgearbeitet, daß ein origi-

---

[15] So im Ergebnis auch Kahrs, DB 1981, 2200.

[16] Stockinger, S. 326 ff.; Biergans/Stockinger, FR 1982, 29 f. m. w. N.; Tipke, StuW 1977, 293 (294 f.).

[17] L. Schmidt in Tipke, S. 46 f.; Philipowski, StuW 1979, 122.

[18] L. Schmidt, FR 1977, 460; ders., StbJb 1980/81, 164. Schmidt (FR 1977, 459 ff.) weist die Differenzen zwischen einer Vorausabtretung und einer Nießbrauchbestellung in bezug auf einen Zuordnungswechsel an der Darlehensforderung bzw. dem Nießbrauchsgegenstand nach, kommt aber zu dem Ergebnis, daß diese Unterschiede einkommensteuerlich irrelevant seien.

närer Erwerb der Erträgnisse bei dem jeweils Begünstigten sowie dessen diesbezügliche Sicherung beim Nießbrauch und bei der Vorausabtretung weitgehend vergleichbar sind und kommt daher, wie schon oben angesprochen, zu einer Zuordnung beim Nießbrauchbesteller.

Philipowski[19], der den gegenteiligen Standpunkt vertritt, kritisiert, daß die Argumente, die für eine Gleichwertigkeit von Nießbrauchbestellung und bloßer Vorausabtretung vorgebracht worden sind, nicht an den Wertentscheidungen orientiert seien, die das EStG für die Zurechnung von Einkünften vorsehe. Dieser Auffassung ist insoweit zuzustimmen, als daß ein an steuerlichen Grundsätzen wie Leistungsvermögen und Dispositionsmöglichkeiten orientiertes Vergleichsmerkmal bei einem Vergleich steuerlicher Zurechnung den Vorzug vor eher statischen Vergleichsmerkmalen des Zivilrechts wie des Besitzes etc. verdient.

Philipowski hat daher als zweiten, zusätzlichen Vergleichsfall die Vollrechtsübertragung des Wertpapiers herangezogen und ist dabei zu dem Ergebnis gelangt, daß hinsichtlich der Einziehung des Kapitals und der Art der Neuanlegung der neue Eigentümer und der Nießbraucher gem. §§ 903, 1083 II, 1079 2 BGB gleichgestellt seien, während bei der Vorausabtretung diese Dispositionsrechte beim Zedenten verblieben[20]. Da, wie bereits dargelegt, bedingte Dispositionsmöglichkeiten nur im Falle ihres Eintretens zu berücksichtigen sind, können diese von Philipowski eingebrachten Argumente für den Fall der Nichteinlösung des Kapitals nicht herangezogen werden. Im Falle einer Wiederanlage des Kapitals ist Philipowski jedoch zuzustimmen, da der Nießbraucher dann die Tätigkeiten vornimmt bzw. die Leistungen erbringt, an die das EStG Einkunftstatbestände knüpft.

Wenn man aber im vorliegenden Fall die präsenten Dispositionsmöglichkeiten vergleicht, die Änderung des Wertpapiernießbrauchs mit ausschließlich positiven Auswirkungen für das Nießbrauchrecht sowie die Änderung für die Zeit nach der Beendigung des Nießbrauchs, so wird man sagen können, daß dem neuen Eigentümer bei einer Vollrechtsübertragung diese Änderungsrechte ebenfalls zustehen, nicht aber dem Begünstigten einer Vorausabtretung. Letzterer hat ebenso wie der Nießbraucher keine Möglichkeit, auf den Vertrag zwischen Wertpapierverpflichteten und -eigentümer direkt einzuwirken.

Neben diesen dispositionsorientierten Vergleichsmerkmalen könnte hilfsweise noch auf das eher statische und daher für eine einkommensteuerrechtliche Zuordnung weniger geeignete Merkmal des Besitzes zurückgegriffen werden.

---

[19] Philipowski, StuW 1979, 123.
[20] Philipowski, StuW 1979, 124.

Während der Vollrechtserwerber das Eigentum an einem Wertpapier erlangt und dem Begünstigten einer Vorausabtretung nur ein Forderungsrecht zusteht, ist der Nießbraucher zusammen mit dem Nießbrauchbesteller Besitzer des Papiers, hinsichtlich der Kupons und Erträgnisscheine sogar Alleinbesitzer.

Die Beantwortung der Frage, ob nun ein Mitbesitz am Wertpapier bzw. ein Alleinbesitz an den Erträgnisscheinen dem Eigentum nähersteht als einem bloßen Forderungsrecht ist jedoch müßig: Hinsichtlich der Wertpapiere und der Talons bleibt der Eigentümer auch Mitbesitzer, so daß die Stellung des Nießbrauchers daher nicht stärker ist als die des Eigentümers bzw. Nießbrauchbestellers. Bezüglich der Erträgnisscheine ist zu differenzieren: Bei den hier in Rede stehenden forderungsrechtlichen Inhaberpapieren existieren Erträgnisscheine oder Kupons nur bei Investmentzertifikaten. Bei den übrigen Papieren steht dem Nießbraucher ebenso wie dem Begünstigten einer Vorausabtretung nur ein Forderungsrecht zu. Bei den Investmentzertifikaten steht dem Nießbraucher wie dem Vollrechtseigentümer der Alleinbesitz der Erträgnisscheine zu[21], dem Begünstigten einer Vorausabtretung dagegen nicht. Hier ist zu prüfen, zu welchem Zweck das Gesetz die Besitzeinräumung vorgesehen hat. Denn nicht jeder Zweck ist steuerlich berücksichtigungsfähig. So ist beispielsweise unstreitig, daß ein nur zu Sicherungszwecken eingeräumter Besitz unberücksichtigt bleibt, da der Besitzer dann im Innenverhältnis nur sehr beschränkt über das Papier verfügen darf, während die Besitzeinräumung zum Zwecke der Geltendmachung eines Rechts dem Besitzer Dispositionsmöglichkeiten gibt.

L. Schmidt[22] hat hierzu ausgeführt, daß die Besitzeinräumung an den Kupons bei Inhaberpapieren nur zu dem Zwecke erfolge, dem Nießbraucher die Nutzungen zu sichern, da bei Inhaberpapieren die Kupons von Dritten gutgläubig erworben werden können, ein Forderungsrecht aus einer Vorausabtretung dagegen nicht. Die Besitzeinräumung sei daher nur zu Sicherungszwecken erfolgt und einkommensteuerrechtlich unbeachtlich.

Auf dieser Linie argumentiert auch der BFH[23], der davon ausgeht, daß der Überschuß an rechtlichem Können, welches der Nießbraucher im Vergleich zu dem Zessionar einer Vorausabtretung besitze, nur den

---

[21] Der Alleinbesitz kann, wie bereits dargelegt (2. Kap., A II 1 a) auch durch die Einräumung des Mitbesitzes ersetzt werden. In diesem Fall stellt sich das hier erörterte Problem nicht.

[22] L. Schmidt, FR 1977, 461.

[23] BFH vom 14. 12. 1976, VIII R 146/73, BStBl 1977 II, 115 (116), allerdings ohne spezielle Bezugnahme auf den Besitz.

Sinn habe, die Nutzungen des Nießbrauchers auch tatsächlich realisieren zu können.

Diese Auffassungen werden u. a.[24] von Philipowski[25] kritisiert, der davon ausgeht, daß der Rechtsüberschuß und damit auch der Alleinbesitz an den Ertrāgnisscheinen den Nießbraucher erst befähige, die ertragbringende Leistung zu bewirken. Dies ist insofern richtig, als der Besitz des Ertragscheines dem Nießbraucher erst die Geltendmachung seines Nutzungsrechts und damit einer Disposition ermöglicht. Hierbei handelt es sich jedoch nicht um die ertragbringende Leistung selbst, sondern lediglich um ein Formerfordernis bei der Geltendmachung des aus einer solchen Betätigung resultierenden Zahlungsanspruchs.

Die Besitzeinräumung hat daher nicht ausschließlich Sicherungszweck, sie dient auch zur Geltendmachung der Ertragsansprüche. Hierzu würde allerdings z. B. auch ein Mit- oder ein mittelbarer Besitz ausreichen. Der den Nießbraucher auf den ersten Blick dem Volleigentümer nahebringende Alleinbesitz an den Erträgnisscheinen wird daher durch den im Vordergrund stehenden Sicherungszweck stark entwertet und stellt somit im Falle seiner Gewährung nur noch ein sehr schwaches Indiz dar.

Das subsidiäre Vergleichsmerkmal des Besitzes kann daher zwar ergänzend herangezogen werden. Es führt jedoch nicht zu einer einkommensteuerrechtlich beachtlichen Dispositionsbefugnis des Nießbrauchers.

Als Vergleichsmerkmal kann daher auf das primär heranzuziehende, weil leistungs- bzw. dispositionsorientierte Merkmal der Vertragsänderungsmöglichkeit sowie hilfsweise auf die von L. Schmidt dargelegten statischen Vergleichsmerkmale zurückgegriffen werden, die eine Nießbrauchseinräumung bei Wertpapieren einer Vorausabtretung gleichstellen und nur bezüglich des ersetzbaren Alleinbesitzes an den Erträgnisscheinen ein gewisses Indiz für eine Gleichstellung mit der Vollrechtsübertragung bilden.

bb) Ergebnis

Da sowohl bei den dispositionsorientierten als auch bei den statischen Vergleichsmerkmalen gewöhnlich die Übereinstimmungen zwischen Nießbrauch und Vorausabtretung überwiegen, sind die Wertpapiererträge, sofern keine außerordentliche Kündigung und Neuanlage vorgenommen werden kann, dem Nießbrauchbesteller als Einkünfte zuzu-

---

[24] s. Scharff, S. 141, der sich jedoch nicht speziell auf den Besitz bezieht und eine grundsätzliche Vergleichbarkeit von Nießbrauch und Sicherungsverhältnissen verneint.

[25] Philipowski, StuW 1979, 123.

rechnen; im Falle einer Neuanlage des Kapitals jedoch für die verbleibende Nießbrauchsdauer dem Nießbraucher.

2. *Inhaberpapiere, die ein Mitgliedschaftsrecht verbriefen*

Als mitgliedschaftsrechtliches Inhaberpapier kommt hier nur die Aktie in Betracht. Dem Inhaber bzw. Berechtigten stehen die vier klassischen Aktionärsrechte zu: das Stimmrecht auf der Hauptversammlung, das Bezugsrecht auf neue Aktien sowie Teilhabe am ausgeschütteten Bilanzgewinn und der Liquidationserlös.

Die Frage, welches dieser Rechte im Falle einer Nießbrauchsbestellung auf den Nießbraucher übergeht, braucht an dieser Stelle jedoch noch nicht geklärt zu werden, denn vorrangiges Kriterium für die Zurechnung von Einkünften soll auch hier die Leistung eines der Nießbrauchbeteiligten gegenüber dem hierfür eine Dividende zahlenden Wertpapieraussteller bzw. der Aktiengesellschaft sein.

Will man nicht hier ausnahmsweise bereits die Ausübung der Mitwirkungsrechte aus der Mitgliedschaft als Leistung ansehen[26], so muß auch hier auf die Leistung der Kapitalüberlassung abgestellt werden. Diese ist bei Aktien nach der Zeichnung jedoch nicht mehr jederzeit disponibel bzw. kündbar. Im Gegenteil, gem. § 57 AktG ist eine Rücknahme der Aktien bzw. Rückgabe des Kapitals bis auf die vom Aktionär nicht zu beeinflussenden Sonderfälle der §§ 225 II, 271 AktG begriffsnotwendig ausgeschlossen. Die Aktie kann zwar börslich oder außerbörslich veräußert werden. Dieser Verkauf erfolgt aber an Dritte, die hierfür die o. a. Mitgliedschaftsrechte erwerben, und nicht an den ursprünglichen Kapitalempfänger, die AG. Dieser gegenüber erfolgt die Kapitalüberlassung durch den Emittenten auf Dauer und unkündbar. Nur auf dieses Leistungsverhältnis zwischen dem wertpapiermäßig Verpflichteten und dem Wertpapierinhaber sowie dem Nießbraucher kommt es bei einer Bewertung der entgoltenen Kapitalüberlassungsleistung an. Die Aktie muß daher trotz ihrer Fungibilität unter der Gruppe der Wertpapiere mit indisponibler Kapitalüberlassungsleistung

[26] Wenn man die Mitgliedschaft bzw. die Möglichkeit der Ausübung der hierdurch bedingten Mitwirkungsrechte bereits als Leistung des Aktionärs ansieht, so wäre diese Leistung disponibel, da sie jeweils bei der Übertragung des Wertpapiers von dem neuen Inhaber ausgeübt bzw. geleistet werden kann. Wie man sich hier entscheidet, kann jedoch dahingestellt bleiben, da es, wie noch zu zeigen sein wird (vgl. 2. Kap., A III 3), hinsichtlich der Einkünftezurechnung bei Aktien letztlich auf die Verteilung und Ausübung der Aktionärsrechte ankommt. Ich meine aber, daß man diese Betätigung nicht schon hier ohne weiteres als eine einkommensteuerrechtlich beachtenswerte Leistung heranziehen sollte, da die Dividende der Aktiengesellschaft hiervon unabhängig gezahlt wird und es sich somit nicht um Einkünfte aufgrund dieser Betätigung handelt.

subsumiert werden, sofern nicht einer der o. a. Sonderfälle vorliegt, die die Neuanlage und damit die Dispositionsmöglichkeiten dem Nießbraucher zuweisen.

3. Orderpapiere

Im folgenden sollen die Dispositionsmöglichkeiten der Kapitalüberlassungsleistung bei Orderpapieren mit jederzeitiger Kündigungsmöglichkeit untersucht werden. Hier kommt bei den sog. geborenen Orderpapieren

— der auf den Namen lautende Investmentanteilschein gem. § 8 I KAGG i. V. m. § 68 AktG,

— der Scheck gem. Art. 28 SchG und

— der Sichtwechsel gem. Art. 33 WG

in Betracht. Andere Wechsel sind erst bei Fälligkeit disponibel. Der Sonderfall einer Nießbrauchbestellung an einem bereits fällig gewordenen Wechsel soll an anderer Stelle untersucht werden[27]. Die mangelnde Disponibilität der Kapitalüberlassung bei Inhaberaktien gilt auch bei Namensaktien gem. §§ 10 I, 68 I AktG und Zwischenscheinen gem. § 68 AktG. Bei den handelsrechtlichen Wertpapieren gem. § 363 HBG, den sog. gekorenen Orderpapieren, fallen unter die hier zu untersuchende Fallgruppe der jederzeit disponiblen Wertpapiere

— die kaufmännische Anweisung gem. § 363 I 1 HGB, insbesondere Lieferschein und Effektenscheck,

— der kaufmännische Verpflichtungsschein gem. § 363 I 2 HGB sowie

— der Lagerschein[28] gem. §§ 363 II, 424 HGB.

Die anderen Güterpapiere wie Konnossement[29] und Ladeschein sind erst nach Verladung der Ware bzw. bei Ankunft im Bestimmungshafen disponibel[30], die Transportversicherungspolice erst bei Eintritt des Versicherungsfalles.

[27] In diesem Falle wäre eine Neuanlage mit den damit verbundenen Dispositionsmöglichkeiten des Nießbrauchers sofort möglich, so daß dann eine Einkünftezurechnung hinsichtlich des neu angelegten Kapitals beim Nießbraucher zu erfolgen hätte. Hierauf wird noch im Rahmen der erst während der Nießbrauchsdauer fällig werdenden Papiere eingegangen, vgl. 2. Kap., A IV.

[28] Der Lagerschein kann Inhaber-, Order- oder Rektapapier sein. Rektapapier ist er, wenn er nur einen bestimmten Empfänger bezeichnet, Inhaberpapier, wenn er auf den Inhaber lautet. Regelmäßig wird der Lagerschein an die Order gestellt, weshalb er auch hier abgehandelt wird. Vgl. zur weiteren Erläuterung Schlegelberger(-Hefermehl), § 363 Rdnr. 45.

[29] Für das Konnossement gilt das in Fn. 28 Gesagte sinngemäß, s. Schlegelberger(-Hefermehl), § 363 Rdnr. 40.

[30] Gegenüber dem Aussteller selbst; vorherige Abtretungen etc. sind natürlich möglich.

Da die hier hervorgehobenen, jederzeit disponiblen gekorenen Orderpapiere wie die oben angesprochenen Sichtwechsel und Schecks keine aus dem Wertpapier forderbaren Erträge bzw. Nutzungen abwerfen, ist auch eine Nießbrauchbestellung hieran in praxi ohne Belang. Weder der kaufmännisch Angewiesene noch der aus einem Lagerschein Verpflichtete zahlen dem jeweiligen Wertpapierinhaber ein Entgelt dafür, daß dieser die Waren abruft oder sie dort beläßt. Das Problem der Einkünftezurechnung stellt sich daher bei diesen Papieren nicht[31].

In diesem Zusammenhang ist hier nur der Namensinvestmentanteilschein zu berücksichtigen. Hier wird der Investmentgesellschaft Kapital überlassen, welches diese jederzeit zum Tageskurs zurückerstatten muß. Für diese Kapitalüberlassung löst der Fonds die Kupons für einen jährlich neu festzusetzenden Betrag ein.

Die Nießbrauchbestellung erfolgt bei Investmentanteilscheinen, die auf den Namen lauten, gem. § 1069 S. 1 BGB nach den für die Übertragung des Rechts geltenden Vorschriften. Hierbei vereinbart der Nießbrauchbesteller mit dem Indossatar, hier also dem Nießbraucher, daß ein Nießbrauch entstehen soll. Fraglich ist, inwieweit bei der Nießbrauchbestellung auch eine Besitzeinräumung hinsichtlich des Papiers zu erfolgen hat. Für eine Übertragung des Papiers ist auch die Übergabe des indossierten Papiers erforderlich. Hinsichtlich der Ertragsscheine wird man dies daher auch bei der Nießbrauchbestellung verlangen müssen; wobei hier angesichts der Wertung des § 1069 S. 1 BGB auch nicht auf die Möglichkeit einer Mitbesitzeinräumung gem. § 1081 II BGB zurückgegriffen werden kann.

Fraglich bleibt, ob auch die Übergabe des Wertpapierbogens für eine Nießbrauchbestellung erforderlich ist. Dem Wortlaut des § 1069 S. 1 BGB nach ist dies zu bejahen. Hierbei ist jedoch zu beachten, daß § 1069 S. 1 BGB dem Wesen nach eine Formvorschrift ist, die das Ziel hat, die dem Nießbrauch als sachenrechtlicher Rechtsposition anhaftenden Erträgnisansprüche den Formzwecken entsprechend zu sichern. Die Übergabe der Kupons einschließlich des Erneuerungsscheins ist daher bei entsprechender Nießbrauchsdauer auch notwendig. Der Bogen wird dagegen vom Nießbraucher für die Geltendmachung seiner Rechte nicht benötigt. Denn dieser repräsentiert quasi das Stammrecht des Investmentanteils im Gegensatz zu dem Ertragsrecht des Kupons. Der Bogen sollte daher auch beim Nießbrauchbesteller bzw. Wertpapiereigentümer verbleiben. Aus diesem Grunde erscheint mir hier eine teleologische Reduktion des

---

[31] Dies gilt zunächst hinsichtlich der positiven Einkünfte. Der Lagerhalter etc. wird auf der anderen Seite jedoch regelmäßig ein Entgelt verlangen, weshalb negative Einkünfte entstehen, die jedoch nur dem zugerechnet werden können, der diese Kosten als Dispositionsinhaber erbringt, also i. d. R. dem Nießbrauchbesteller.

§ 1069 S. 1 BGB angemessen, und zwar dergestalt, daß bei der Nießbrauchbestellung bei Orderpapieren auf die Übergabe des Bogens und, soweit die Nießbrauchsdauer den Kuponrest nicht übersteigt, auch auf die des Erneuerungsscheins verzichtet wird.

Die bei Orderpapieren von der Nießbrauchbestellung bei Inhaberpapieren unterschiedliche Regelung erschwert zwar den Erwerb vom Nichtberechtigten, auf die Dispositionsmöglichkeiten der Nießbrauchbeteiligten hat sie jedoch keinen Einfluß. Diese gestalten sich nach den allgemeinen Vorschriften der §§ 1068 ff. BGB. Die §§ 1081—84 BGB finden nur auf die Sondergruppe der blankoindossierten Orderpapiere Anwendung, die den Inhaberpapieren gleichzustellen ist.

Die Konsequenzen dieser unterschiedlichen gesetzlichen Regelung für Order- und blankoindossierte Orderpapiere ist jedoch gering: Die Sonderregelungen der §§ 1081 ff. BGB betreffen in erster Linie den Besitz und die Hinterlegung der Wertpapiermäntel und -bögen. Wie bereits dargelegt, ist bei dem Vergleich der Dispositionsbefugnisse jedoch primär auf die leistungsorientierten Vergleichsmerkmale abzustellen.

Diesbezüglich steht wie bei den Inhaberpapieren das Gros der Dispositionsmöglichkeiten den Nießbrauchbeteiligten gemeinsam zu. Ebenfalls vergleichbar sind die dem Nießbrauchbesteller und dem Nießbraucher einzeln zustehenden Dispositionsbefugnisse: die Aufhebung bzw. Änderung des Nießbrauchrechts gem. § 1071 II BGB auf der einen und die Bestimmung der Art der Neuanlegung des eingezogenen Kapitals gem. § 1079 BGB auf der anderen Seite.

Da auch hier die herausragende Dispositionsmöglichkeit, die Bestimmung der Art der Neuanlage, von der Einziehung abhängig und somit bedingt ist, kann sie auch hier nur im Falle des Bedingungseintritts berücksichtigt werden. Dann allerdings sind die Einkünfte dem Nießbraucher zuzurechnen. In den übrigen Fällen jedoch hat, wie bei den Inhaberpapieren, der Nießbrauchbesteller bei Orderpapieren ein jederzeit aktualisierbares Änderungsrecht dem Aussteller gegenüber. Hilfsweise gelten die von L. Schmidt angeführten, nicht leistungsorientierten Vergleichsmerkmale auch hier entsprechend der oben vorgenommenen Wertung.

Die Einkünfte beim Nießbrauch bei jederzeit disponiblen Orderpapieren sind daher dem Nießbrauchbesteller zuzurechnen, es sei denn, es liegt ein Fall der Wiederanlage des Kapitals vor.

4. *Rektapapiere*

Als jederzeit disponible Rektapapiere kommen in Betracht:

— qualifizierte Legitimationspapiere gem. § 808 BGB mit gesetzlicher Kündigungsfrist, insbesondere Sparbücher,

— Hypotheken-, Grund- und Rentenschuldbriefe[32] mit gesetzlicher Kündigungsfrist,

— Bürgerlich-rechtliche Anweisungen gem. § 783 BGB,

— nicht an Order gestellte kaufmännische Anweisungen und Verpflichtungsscheine gem. § 363 I 1, 2 HGB und Lagerscheine gem. § 363 II HGB, die nur einen bestimmten Empfänger bezeichnen, sowie

— Sichtwechsel und Schecks mit negativer Orderklausel[33].

Die Nießbrauchbestellung ist auch bei Rektapapieren gem. § 1069 BGB an die für die Übertragung geltenden Vorschriften gebunden.

Die Übertragung erfolgt bei Rektapapieren durch Abtretung gem. § 398 BGB, weshalb ein gutgläubiger Erwerb vom Nichtberechtigten bis auf die Ausnahmefälle von Hypothek und Grundschuld ausscheidet[34].

Umstritten ist, ob für die Rechtsübertragung und damit auch für die Nießbrauchbestellung neben der Abtretung des Rechts auch die Papierübergabe konstitutiv ist. Dies ist nur bei Hypothek, Grundschuld und Anweisung gem. §§ 1154 I 1, 1192 I und 792 I 3 BGB gesetzlich vorgeschrieben[35].

Da im übrigen der Eigentumsübergang bereits gem. § 952 BGB erfolgt, geht eine Mindermeinung[36] davon aus, daß eine Papierübergabe nicht erforderlich sei, sondern dem Neueigentümer gem. §§ 985, 952, 404 BGB, das heißt in unserer Fallkonstellation dem Nießbraucher, lediglich für die Geltendmachung des verbrieften Rechts ein Herausgabeanspruch aus dem Nießbrauchvertrag zustehe. Für diese Auffassung könnte die Tatsache sprechen, daß der Gesetzgeber ausdrücklich nur für einige Wertpapiere eine Übergabe vorgeschrieben hat. Dies läßt den Schluß zu, daß eine Papierübergabe sonst nicht erforderlich sei[37].

---

[32] Sofern diese nicht auf den Inhaber lauten.

[33] Kuxe sind als Rektapapiere nicht jederzeit disponibel. Sie können allerdings durch Anheimstellung disponibel werden. Vgl. hierzu 2. Kap., A III und IV 2.

[34] Sofern diese Papiere für den Umlauf bestimmt sind, ist ein Gutglaubensschutz in den §§ 892 f., 1138, 1155, 1157 BGB vorgesehen.

[35] Bzw. § 1117 BGB bei der Hypothekbestellung, der über § 1069 BGB auch auf die Nießbrauchbestellung Anwendung findet, vgl. Staudinger(-Scherübl), § 1117 Rdnr. 35; BGB-RGRK(-Rothe), § 1069 Rdnr. 1. Im Gegensatz dazu ist für Kuxe gem. § 105 ABG eine Übertragung ohne Übergabe des Kuxscheines zulässig.

[36] Vgl. hierzu Brox, Rdnr. 496.

Die herrschende Meinung[38] hält demgegenüber eine Übergabe für konstitutiv. Dies wird häufig mit dem sachenrechtlichen „Traditionsprinzip" begründet, wonach Rechtsschein und wahre Rechtszuständigkeit bei der Übertragung möglichst nicht getrennt werden sollen[39]. Angesichts der oben vorgenommenen Wertung des § 1069 BGB als Formvorschrift, die dem Nießbraucher die Erträge seines Nießbrauchrechts sichern soll, halte ich darüber hinaus die Kuponübergabe bei der Nießbrauchbestellung für erforderlich.

Diese Frage ist für die Einkünftezurechnung jedoch ohne größere Relevanz, da eine Besitzübergabe nach beiden Auffassungen zu erfolgen hat und man nur darüber streitet, ob diese die Voraussetzung oder lediglich ein Folgeanspruch aus dem Übertragungs- bzw. hier, dem Nießbrauchbestellungsvertrag ist. Außerdem ist die Innehabung des Besitzes kein leistungsorientiertes Dispositionsmerkmal und daher nur hilfsweise heranzuziehen.

Hinsichtlich der dynamischen Dispositionsmöglichkeiten ergibt sich das gleiche Bild wie bei den Orderpapieren, d. h. die §§ 1068 ff. BGB finden wiederum Anwendung[40].

Damit stehen dem Nießbrauchbesteller die einzigen, hier verwertbaren Dispositionsbefugnisse gem. § 1071 II BGB zu, es sei denn, das Wertpapier wird eingezogen und das Kapital neu angelegt. Die Leistung der Kapitalüberlassung wird somit auch hier bis auf den Sonderfall der Neuanlegung vom Nießbrauchbesteller erbracht. Daher sind auch bei Rektapapieren die Einkünfte dem Nießbrauchbesteller zuzurechnen.

Es hat sich somit gezeigt, daß es bei den jederzeit disponiblen Wertpapieren auf eine Unterscheidung nach der Art der Übertragung regelmäßig[41] nicht ankommt. Die Leistung der Kapitalüberlassung wird somit jeweils vom Nießbrauchbesteller ausgeübt, es sei denn, es liegen verbrauchbare Inhaberpapiere[41] vor oder das bedingte Neuanlagerecht des Nießbrauchers ist durch Einziehung des Kapitals realisierbar.

---

37 Zöllner in FS Raiser, S. 277 ff., 285.

38 BGH WM 1970, 245 (246); Ulmer, S. 77, 101 f.; Jacobi, in: Ehrenbergs Handbuch des ges. Handelsrechts, S. 200 f.; Baumbach/Hefermehl, WG, Art. 11 Rdnr. 5.

39 Hueck/Canaris, S. 76 f.

40 Hinsichtlich der Legitimationspapiere billigt die wohl herrschende Meinung [vgl. OLG Colmar, OLGR 26, 86 (87); Staudinger(-Promberger), § 1069 Rdnr. 23] dem Nießbraucher den Alleinbesitz zu. Da jedoch aus den bereits genannten Gründen (vgl. 2. Kap., A II 1 d aa) nicht auf den Besitz abzustellen ist, solange leistungsorientierte Vergleichsmerkmale vorliegen, soll hierauf nicht weiter eingegangen werden.

41 Der Sonderfall des Nießbrauchs an verbrauchbaren Sachen gem. § 1084 BGB wird in anderem Zusammenhang noch gesondert behandelt, vgl. 3. Kap., A VI am Ende.

III. Indisponibilität der Leistung der Kapitalüberlassung über die gesamte Nießbrauchsdauer

1. Die in Betracht kommenden Papiere

Die Unkündbarkeit des überlassenen Kapitals durch die Nießbrauchbeteiligten gegenüber dem Wertpapieraussteller ist bei Aktien, wie bereits dargestellt, immer gegeben, da eine Rückgabe des Kapitals bis auf die vom Aktionär nicht zu beeinflussenden Sonderfälle[42] begriffsnotwendig ausgeschlossen ist.

Bei den Kuxen[43] liegt eine ähnliche Situation vor. Auch hier sieht der gesetzliche Regelfall eine Kapitalüberlassung auf Dauer gegen Erwerb eines Mitgliedschaftsrechts durch den Gewerken vor. Dieser hat jedoch das Recht der sog. Abandonnierung bzw. Anheimstellung gem. § 130 ABG. Hierbei kann sich der Gewerke eventuellen, von der Gewerkenversammlung beschlossenen Nachschußpflichten bzw. Zubußen dadurch entziehen, daß er seine Kuxscheine der Gewerkschaft zum Zwecke der Versteigerung überreicht. Einen hierbei etwa erzielten Mehrerlös erhält dann der ehemalige Gewerke zurück[44]. Es erscheint jedoch verfehlt, in diesem Zusammenhang von einer disponiblen Kapitalüberlassungsleistung zu sprechen[45], denn zum einen wird der Gewerke, wenn überhaupt, i. d. R. nur einen geringen Teil seiner Kapitaleinlage zurückerhalten[46], zum anderen ist dessen Anheimstellungsrecht von einem entsprechenden Zubußebeschluß der Gewerkenversammlung abhängig[47]. Sowohl die Gewerken als auch die Aktionäre können somit bis auf die noch gesondert zu behandelnden Fälle der nachträglichen Disponibilität[48] nicht ohne fremdes Zutun und damit nicht unbedingt die Kapitalüberlassungsleistung beeinflussen.

---

[42] Vgl. §§ 225 II, 271 AktG.

[43] Bei der Übertragung und damit auch bei der Nießbrauchbestellung an Kuxen ist zu beachten, daß gem. § 105 ABG eine Übergabe des Kuxscheins nicht erforderlich ist.

[44] Miesbach/Engelhardt, Bergrecht, § 130 ABG — Art. 173 bay.BergG Anm. 8 a.

[45] Obgleich die Anheimstellung von Kuxen im Gegensatz zur Rückzahlung nach Kapitalherabsetzungen bei Aktien disponibel ist.

[46] Die Zubuße ist gem. § 102 ABG zur Erfüllung der Verbindlichkeiten der Gewerkschaft und zur Aufrechterhaltung des Betriebs nach dem Verhältnis der Kuxe zu zahlen. Hieraus folgt, daß sich die Gewerkschaft bei einem entsprechenden Beschluß der Gewerkenversammlung regelmäßig in Schwierigkeiten befindet. Vgl. aber Fn. 47.

[47] In der Praxis wird das Instrument der Zubuße jedoch häufig auch zur Kapitalerhöhung genutzt oder um kleinere Gewerken zur Preisgabe ihrer Kuxe zu veranlassen, vgl. Miesbach/Engelhardt, Bergrecht, § 102 AGB — Art. 146 bay.BergG Anm. 3 und Art. 139 bay.BergG Anm. 8 e.

[48] Vgl. 2. Kap., A IV 2.

Wertpapiere, die ein Mitgliedschaftsrecht verbriefen, können daher in aller Regel als hinsichtlich der Kapitalüberlassungsleistung indisponibel angesehen werden.

Diese Konstellation kann auch bei allen forderungsrechtlichen Wertpapieren angetroffen werden, sofern die vereinbarte Nießbrauchsdauer den frühestmöglichen Kündigungszeitpunkt überschreitet. Eine weitere Differenzierung erscheint jedoch angesichts des eben erhaltenen Zwischenergebnisses[49] unangebracht.

2. *Wertpapiere, die ein Forderungsrecht verbriefen*

Zunächst sollen am Beispiel eines qualifizierten Legitimationspapiers, hier eines über die vereinbarte Nießbrauchsdauer festgelegten Sparbuches, die Leistungs- und Dispositionsverhältnisse untersucht werden.

Die Nießbrauchbeteiligten erbringen hier zwar während der Dauer der Nießbrauchseinräumung die Leistung der Kapitalüberlassung. Es wird daher eine Leistung erbracht, für die der Wertpapieraussteller ein Entgelt entrichtet. Diese Leistung der Kapitalüberlassung ist aber seit der mit dem Wertpapieraussteller vertraglich vereinbarten Festlegung des Kapitals weder für den Nießbrauchbesteller noch für den Nießbraucher disponibel oder, um mit Ruppe zu sprechen, keiner hat die Möglichkeit, Marktchancen zu nutzen und Leistungen zu variieren oder zu verweigern, da sie vertraglich zur Kapitalüberlassung verpflichtet sind und ihnen im Regelfall kein Kündigungsrecht zusteht.

Denn sofern man bei der jeweiligen Kapitalüberlassung ein Dauerschuldverhältnis annimmt, so steht dem Nießbrauchbesteller zusammen mit dem Nießbraucher lediglich ein ggf. vertraglich vereinbartes[50] oder ein sonstiges außerordentliches Kündigungsrecht entsprechend §§ 626, 554 a BGB zu[51], mit der Möglichkeit der Neuanlage des Kapitals durch den Nießbraucher gem. §§ 1083 II, 1079, 1806 ff. BGB. Auf der anderen Seite kann auch der Nießbrauchbesteller das ihm gem. § 1071 II BGB zustehende Änderungsrecht bei einer mindestens für die Nießbrauchsdauer festgeschriebenen Kapitalüberlassung nicht wahrnehmen.

Sowohl der Nießbrauchbesteller als auch der Nießbraucher haben daher bei während der Nießbrauchsdauer unkündbaren Forderungen nur latente, nicht aber unbedingte, stets von ihnen realisierbare Disposi-

---

[49] Vgl. 2. Kap., A II 4 am Ende.

[50] Vgl. MünchKomm(-Westermann), § 609 Rdnr. 7.

[51] So auch die wohl h. M., BGH WM 1969, 335 (336); DB 1975, 2032; WM 1980, 380; Palandt(-Putzo), § 609 Anm. 4; BGB-RGRK(-Ballhaus), § 609 Rdnr. 16, jew. m. w. N. a. A.: Gernhuber, JZ 1959, 314 f.; Erman(-Schopp), § 609 Rdnr. 7.

tionsmöglichkeiten. Diese können daher nicht berücksichtigt werden, solange sie den Nießbrauchbeteiligten nicht auch tatsächlich zustehen.

Da die Kapitalüberlassung nicht variiert werden kann, können die ‚Ruppeschen Thesen' bei dieser Fallkonstellation nicht ohne weiteres weiterhelfen. Es wird zwar juristisch die Dauerleistung der Kapitalüberlassung erbracht, für die ja letztlich das Entgelt vom Wertpapieraussteller gezahlt wird, keiner der Nießbrauchbeteiligten hat jedoch gegenwärtig Dispositionsmöglichkeiten. Das Entgelt muß aber gleichwohl einem der Nießbrauchbeteiligten zugerechnet werden.

a) Das Merkmal der letzten Dispositionsmöglichkeit

Der Ausweg aus diesem Problemkreis der langfristigen Anlage von Kapital ist unter der vorläufigen Abstrahierung der Nießbrauchseinräumung zu suchen:

Dem unbelasteten Volleigentümer eines Wertpapiers wird der Wertpapierertrag unstreitig zugerechnet, auch in einer Zeit, in der er über keine Dispositionsmöglichkeiten verfügt. Eine Zurechnung muß daher auch ohne aktuelle, jedoch bereits ausgeübte und nunmehr fortwirkende Dispositionsmöglichkeiten erfolgen können, ohne daß auf latente oder bedingte Dispositionsbefugnisse zurückgegriffen werden müßte.

Wenn der Wertpapiereigentümer keine Dispositionsmöglichkeiten hat, ihm aber gleichwohl Erträge zufließen, so fragt sich, wofür der aus dem Wertpapier Verpflichtete diese Entgelte zahlt: doch für die Kapitalüberlassung, und hier insbesondere dafür, daß der Wertpapiereigentümer sich für eine vereinbarte Zeit seiner Dispositionsmöglichkeiten über das überlassene Kapital begeben hat, d. h. für eine zeitlich festgelegte Kapitalüberlassung bzw. für den vertraglichen Kündigungsverzicht.

Dieser Vertragsabschluß wurde vom Wertpapiereigentümer erbracht. Die Leistung der juristisch als Dauerschuldverhältnis zu charakterisierenden vertraglichen Begebung der Dispositionsmöglichkeiten für einen bestimmten Zeitraum stellt sich aufgrund der steuerlichen Wertung quasi als eine komprimierte Einzelleistung dar, die gegen ein ratenmäßig zu zahlendes Entgelt erbracht wird[52]. Das Entgelt wird somit für die Leistung der vorübergehenden Begebung der Dispositionsmöglichkeiten bezüglich des Kapitals gewährt.

---

[52] Ähnlich Stadie, S. 97, der bei Einkünften aus Kapitalvermögen die vom Nießbrauchbesteller erbrachte einmalige Leistung eines Geldbetrages als die auf Dauer Einnahmen auslösende Handlung ansieht und diesem daher auch zwingend die Einkünfte zurechnen will.

Übertragen auf den Fall der Nießbrauchbestellung heißt dies: Das Entgelt wird auch hier für die Leistung der Kapitalüberlassung gezahlt, die hier in Form einer zeitweisen Begebung der Dispositionsmöglichkeiten über das Kapital erbracht wird. Diese bis zum Ablauf des Kapitalüberlassungsvertrages letzte disponible Betätigung wurde vom Wertpapiereigentümer erbracht. Das ratenweise zu zahlende Entgelt stellt somit nur eine besondere Zahlungsweise dar und ist daher auch dem letzten Dispositionsberechtigten, dem Wertpapiereigentümer, für dessen Leistung des Vertragsabschlusses zuzurechnen. Die Einkünftezuordnung hätte daher beim Nießbrauchbesteller zu verbleiben.

Fraglich ist, ob dieses Ergebnis auch im Fall der Neuanlage des Kapitals durch den Nießbraucher berücksichtigt werden muß, denn dort werden nach Nießbrauchsablauf die Erträge auch langfristig festgelegten Kapitals unstreitig dem Eigentümer und ehemaligen Nießbrauchbesteller zugerechnet.

Die Berücksichtigung des Merkmals der letzten Dispositionsmöglichkeit bei der Einkünftezurechnung scheint daher im Falle einer gem. § 1079 S. 2 BGB vom Nießbraucher vorgenommenen und über die Nießbrauchsdauer hinaus festgelegten Neuanlage des Kapitals[53] dazu zu

[53] Ob der Nießbraucher überhaupt zu einer derartig langfristigen Anlage berechtigt ist, ist fraglich. Dem Nießbraucher steht gem. § 1079 S. 2 BGB das Recht der Bestimmung der Anlageart zu, wobei er durch die §§ 1079 S. 1, 1806 ff. BGB eingeschränkt ist. Interpretiert man den § 1079 S. 2 BGB restriktiv, so könnte der Nießbraucher im Innenverhältnis das Kapital auch nur für die Dauer des ihm verbleibenden Nießbrauchszeitraumes festlegen. Die weitere Anlage stünde dann im Innenverhältnis dem Nießbrauchbesteller zu. Fraglich ist aber, ob eine derartige Beschränkung des Nießbrauchers bei der Neuanlage des Kapitals zulässig ist. § 1079 BGB verweist auf die Mündelgeldvorschriften. Der Nießbraucher ist danach im Falle der Einziehung des Kapitals dem teilweise befreiten Vormund insofern gleichgestellt, als beide die Art der Neuanlage des Kapitals im Rahmen des § 1807 BGB bestimmen können. Der Nießbraucher unterliegt jedoch nicht der Kontrolle eines Gegenvormunds oder eines Vormundschaftsgerichts. Ansonsten können die Vorschriften aus dem Vormundschaftsrecht sinngemäß angewendet werden, da eine mündelsichere Anlage im Interesse des Nießbrauchbestellers vorzunehmen ist (Mot. III, S. 554 f.) und der Nießbraucher wegen seines dinglichen Ertragsanspruches die Art der Anlage bestimmen soll.

Die Anlagearten des § 1807 I Nr. 1 und 5 BGB lassen eine möglicherweise über die Nießbrauchsdauer hinausgehende Kapitalfestlegung zu, wohingegen die in § 1807 I Nr. 2—4 BGB genannten Papiere jederzeit zum Börsenkurs zu verkaufen sind. Der Vormund ist gem. § 1822 Nr. 5 BGB bei den das Mündel zu wiederkehrenden Leistungen verpflichtenden Verträgen, die länger als ein Jahr nach dem Eintritt der Volljährigkeit des Mündels fortdauern, an die Genehmigung des Vormundschaftsgerichts gebunden. Hierdurch soll die Selbstbestimmung des volljährigen Kindes gesichert werden (vgl. Weimar, MDR 1972, 928 [929]), d. h. im Falle des Nießbrauchs, die Dispositionsfähigkeit des Nießbrauchbestellers nach Ablauf des Nießbrauchs. Im übrigen ist der Vormund gehalten, das Kapital nicht langfristig festzulegen, wenn die Vormundschaft demnächst erlischt (Stöber, Der Deutsche Rechtspfleger, 1965, 100 [101]; wohl auch Mot. IV, S. 1114).

führen, daß diesem als Inhaber der letzten Dispositionsmöglichkeit die späteren Erträge auch noch nach Nießbrauchsende zugerechnet werden müßten. Dies trifft jedoch nicht zu, denn nach Ablauf der Nießbrauchsdauer überträgt der Nießbraucher den Besitz an den Kupons bzw. den Mitbesitz am Wertpapiermantel wieder vollständig auf den Nießbrauchbesteller und Wertpapiereigentümer. Hierdurch ist der Nießbrauchbesteller sowohl zivilrechtlicher Eigentümer und Besitzer als auch wirtschaftlicher Eigentümer i. S. d. § 39 AO. Fließen dem Eigentümer jedoch Erträge aus ihm gehörenden, unbelasteten Wertpapieren zu, so sind sie ihm auch unabhängig einer vom vorher Berechtigten für geraume Zeit erfolgten vertraglichen Dispositionsbegebung zuzurechnen. Das Vorliegen oder Nichtvorliegen von Dispositionsmöglichkeiten ist dann unerheblich. Dies ergibt auch ein Vergleich mit der Zurechnungssituation bei der Vollrechtsübertragung einer langfristig festgelegten Schuldbuchforderung.

Auf das Merkmal der letzten Dispositionsmöglichkeit bzw. auf die Zurechnung der Einkünfte beim Ausübenden der letzten Dispositionsmöglichkeit kann daher nur während der Nießbrauchsdauer abgestellt werden, d. h., solange die Eigentums- und Nutzungsrechte horizontal zwischen den Parteien gesplittet sind. Fallen Eigentum und Nutzungsrecht wieder in einer Person zusammen, so kommt es auf das Dispositionsrecht nicht mehr an. Bis zu diesem Zeitpunkt sollte aber auch bei den langfristig festgelegten Papieren auf die Ruppeschen Dispositionsmöglichkeiten abgestellt werden, die für diesen Fall allerdings in der angegebenen Weise zu modifizieren sind.

Das Ergebnis, daß bei fehlenden Dispositionsmöglichkeiten während der Nießbrauchsdauer auf den Inhaber der letzten Dispositionsmöglichkeit, eben der Begebung der Befugnis, Marktchancen über einen bestimmten Zeitraum nutzen zu können, abzustellen ist, kann daher aufrechterhalten werden. Nach diesem „unechten" Dispositionsmerkmal sind die Wertpapiererträge in diesen Fällen dem letzten Dispositionsberechtigten, d. h. in aller Regel dem Nießbrauchbesteller, im Fall der Neuanlage jedoch bis zum Ablauf der Nießbrauchsdauer dem Nießbraucher zuzurechnen[54].

Diese Bestimmungen gelten m. E. aufgrund der Regelung des § 1079 S. 1 BGB auch für den Nießbraucher mit der Folge, daß dieser eine über die Nießbrauchsdauer hinausgehende Festlegung des Kapitals im Innenverhältnis nicht vornehmen darf.

[54] Dieses Ergebnis stimmt allerdings teilweise nicht mit dem BFH-Urteil vom 9. 3. 1982 (VIII R 160/81, FR 1982, 439 ff.) überein, wo bei einem vergleichbaren Sachverhalt entschieden wurde, daß bei einem Vertrag zugunsten Dritter auf den Todesfall gem. §§ 328, 331 BGB die Zinsen eines abgezinsten Sparbriefes für die gesamte Laufzeit dem Begünstigten zuzurechnen sind. Hamacher, FR 1982, 591, hält dieses Urteil grundsätzlich auch bei Nießbrauchbestellungen für anwendbar. Dem Urteil kann m. E. aber nur gefolgt werden,

Da das untersuchte Merkmal der letzten Dispositionsmöglichkeit keine gegenwärtige Dispositions- bzw. Leistungsvariationsmöglichkeit im Sinne der von Ruppe dargelegten Grundsätze darstellt, ist zu überprüfen, ob bei den während der Nießbrauchsdauer indisponiblen, unkündbaren, forderungsrechtlichen Wertpapieren noch weitere Unterscheidungsmerkmale für die Einkünftezurechnung herangezogen werden können.

b) Die Haftungssphäre als Unterscheidungsmerkmal

Da aktuelle, positive leistungsorientierte Merkmale bei indisponiblen Wertpapieren nicht vorliegen und die statischen zivilrechtlichen Merkmale, wie Philipowski[55] zutreffend ausführt, sich für eine leistungsorientierte steuerliche Einkünftezurechnung nur schlecht eignen, liegt der Gedanke nahe, auf die aktuellen, aber negativen leistungsorientierten Merkmale, d. h. die Risiken, abzustellen.

Die Haftungssphäre stellt sich als das Gegenstück zu der aktiven Handlungs- und Dispositionssphäre dar: Wer auf der einen Seite Marktchancen nutzt und Leistungen variiert, wofür ihm ein Entgelt gezahlt wird, haftet auf der anderen Seite für seine eingesetzten Mittel mit dem entsprechenden Risiko[56]. Oder anders formuliert ließe sich sagen, daß die Haftung des Eigentümers für sein eingesetztes Kapital im weitesten Sinne ebenfalls eine Leistung darstellt, und zwar als Teil der Kapitalüberlassungsleistung, für die der Wertpapieraussteller ein Entgelt zahlt. Hierfür spricht beispielsweise auch die Natur des Zinses, in der auch eine Risikoentschädigung beinhaltet ist. So wird von Schuldnern, deren Bonität nicht gesichert ist, i. d. R. dieses Risiko durch einen höheren Zins entgolten.

Die Relevanz der Haftungssphäre und ihre leistungsorientierten Auswirkungen werden zumindest bei solchen Wertpapieren deutlich, die sich im Betriebsvermögen des Eigentümers bzw. Nießbrauchbestellers befinden: dort schlagen sich Kursänderungen in der Bilanz ebenso nieder wie Kapitalerträge über den Umweg des Gewinn- und Verlust-

---

wenn man bereits durch die Bestellung des Vertrages zugunsten Dritter die überwiegenden Dispositionsbefugnisse als auf den Begünstigten übertragen ansieht, denn nur in diesem Fall stünde das Urteil im angestrebten Einklang mit den Entscheidungen vom 13. 5. 1980 (VIII R 128/78; 63/79; 75/79; BStBl II 1981, 295 ff. [296, 298, 300]), in denen ausdrücklich auf die Verwirklichung der Tatbestandsmerkmale der jeweiligen Einkunftsart abgestellt wird.

[55] s. Philipowski, StuW 1979, 123.

[56] Bei der Beurteilung der Mitunternehmerschaft wird dieses Merkmal von Costede, StuW 1983, 315, herangezogen; vgl. zum Merkmal der Haftungssphäre auch BFH-Beschluß vom 29. 11. 1983, GrS 1/82, BStBl II 1983, 272 (276) sowie Uelner, StKongrRep 1979, 116, der die Haftungssphäre als Hilfsmittel zur Bestimmung des Inhabers einer Kapitalforderung anwendete, sowie Herrmann/Heuer/Raupach, EStG, § 20 Rdnr. 19.

kontos. Beide führen in gleicher Weise zu Gewinnänderungen und damit zur Änderung der Grundlage der Besteuerung.

Wenn man die Risikosphäre als negatives leistungsorientiertes Unterscheidungsmerkmal zumindest bei Wertpapieren im Betriebsvermögen heranziehen will, so ergibt sich folgendes Bild:

Die Wertpapierrisiken lassen sich grundsätzlich in das Bestands- und das Ertragsrisiko untergliedern. Die Risikounterweisung verbleibt im Falle der Nießbrauchseinräumung hinsichtlich des Bestandes bzw. des Wertes des Wertpapiers weiterhin beim Nießbrauchbesteller, der diesen auch fortlaufend bilanziert. Denn die ggf. durch Bilanzierung ausgewiesene Kursveränderung ist weder Frucht noch Gebrauchsvorteil des Wertpapiers[57]. Kursschwankungen während der Nießbrauchsdauer gehen daher zugunsten oder zu Lasten des Nießbrauchbestellers. Er trägt wie der unbelastete Eigentümer weiter das Bestandsrisiko.

Der Natur des Nießbrauches entsprechend stehen dem Nießbraucher während der Nießbrauchsdauer die Erträge des Wertpapiers zu. Dieser übernimmt daher mit der Nießbrauchbestellung das Risiko, daß ein Papier während der Nießbrauchsdauer überhaupt und, wenn ja, welchen Betrag ausschüttet oder erbringt. Ertragsschwankungen gehen daher zugunsten oder zu Lasten des Nießbrauchers, auf den somit das Ertragsrisiko übergeht.

Soviel zur grundsätzlichen Risikoverteilung. Fraglich ist nun, wie man das Bestands- und das Ertragsrisiko untereinander gewichtet.

Hier sind verschiedene Einflüsse mit zu berücksichtigen. Zum einen kann schon das Ertragsrisiko selbst bei verschiedenen Wertpapieren unterschiedlich groß sein. Bei Papieren mit unbestimmtem Ertrag, wie z. B. Investmentanteilen, ist das Ertragsrisiko naturgemäß größer als bei festverzinslichen Papieren.

Die Gewichtung zwischen Ertrags- und Bestandsrisiko ist wiederum sowohl bei festverzinslichen als auch bei den Papieren mit unbestimmtem Ertrag von der Nießbrauchsdauer abhängig, denn bei einer langfristigen Nießbrauchseinräumung können die Erträge den eigentlichen Wert des Stammpapiers übersteigen und damit das Hauptrisiko auf den Nießbraucher verlagern.

Bei festverzinslichen Papieren könnte man aufgrund der laufenden Ausschüttungen noch davon ausgehen, daß das Ertragsrisiko geringer zu bewerten ist als das Gesamtausfallrisiko. Bei Papieren mit unbestimmtem Ertrag kann dies in dieser Absolutheit schon nicht mehr

[57] s. OLG Bremen, DB 1970, 1436; gleiches gilt für einen ggf. bereits durch einverständlichen Verkauf realisierten Kursgewinn bzw. -verlust.

gelten, denn eine notleidend gewordene Gesellschaft wird in aller Regel keine Beträge mehr ausschütten, ggf. auch über eine Reihe von Jahren, auch wenn es nicht zur Auflösung kommt und die Gesellschaft sich wieder konsolidiert. Der Ertragsberechtigte wird dabei möglicherweise größere Einbußen hinnehmen müssen als der Inhaber des Stammrechts. Auf der anderen Seite würde letzterer im Falle der Auflösung einen höheren Betrag verlieren, da der Wert des Stammrechts den jährlichen Ertrag in der Regel um ein Vielfaches übersteigt.

Der Haftungsanteil von Nießbrauchbesteller und Nießbraucher ist daher je nach Bestimmbarkeit der Erträge und deren Verhältnis zur Dauer des Nießbrauchs unterschiedlich groß.

Allgemein läßt sich daher sagen: Sofern der über die Dauer der Nießbrauchseinräumung zu erwartende Gesamtertrag eines Papiers den erwarteten Bestandswert nach Ablauf der Nießbrauchsdauer übersteigt, trägt der Nießbraucher das Hauptrisiko, ansonsten der Nießbrauchbesteller. Die hierzu erforderliche Nießbrauchsdauer ist daher eine abhängige Größe. Eine zeitliche Fixierung wäre daher willkürlich und ist somit nicht weiter zu verfolgen[58].

Es darf in diesem Zusammenhang zwar nicht übersehen werden, daß auch die Disponibilität bzw. Kündbarkeit hier einen mittelbaren Einfluß auf die Risikohaftung hat. Während festangelegte Gelder einer Risikominderung nur im Rahmen einer außerordentlichen Kündigung zugänglich sind, können disponible Gelder ohne besondere Gründe gekündigt und damit eine Enthaftung leichter herbeigeführt werden. Gleichwohl wird man dem Element der Risikohaftung eine von den Dispositionsmöglichkeiten verselbständigte Bedeutung zubilligen können, da der Einfluß der Dispositionsbefugnisse auf die Risikoverteilung nur von mittelbarer und geringfügiger Natur ist.

Das Element der Risikohaftung als Vergleichsmerkmal der Einkünftezurechnung scheint daher je nach erwarteter Gesamtertragshöhe eine Zuordnung beim Nießbrauchbesteller oder beim Nießbraucher zu ermöglichen.

c) Die Überprüfung des Zwischenergebnisses anhand der Vergleichsfallmethode

Bei der Vorausabtretung trägt der Begünstigte das Ertragsrisiko für die Dauer der Abtretung, während das Bestandsrisiko beim Eigentümer verbleibt. Bei der Vollrechtsübertragung gehen sowohl das Bestands-

[58] So aber gleichwohl die 5-Jahres-Regelung der OFD'en Düsseldorf (vom 24. 6. 1981, BB 1981, 1257) und Münster (vom 29. 6. 1981, FR 1981, 353), wo jeweils auf EStR Abschn. 123 Abs. 1 S. 6 verwiesen wird.

wie auch das Ertragsrisiko auf den Zessionar bzw. neuen Eigentümer über. Beim Nießbrauch verbleibt das Bestandsrisiko beim Nießbrauchbesteller, das Ertragsrisiko geht für die Dauer des Nießbrauchs auf den Nießbraucher über.

Der Nießbrauch steht daher von der Risikozuweisung der Vorausabtretung nahe. Es kann jedoch, wie oben dargelegt, bei einer langen Nießbrauchsdauer das Ertragsrisiko das Bestandsrisiko insoweit übersteigen, daß der Wert eines Wertpapiers immer mehr vernachlässigt werden kann und letztlich nur noch als Anhängsel des Ertragswertes bzw. -risikos erscheint.

Diese Risikoänderung während eines längeren Zeitablaufs ist jedoch keine Besonderheit des Nießbrauchs. Auch bei einer entsprechend langfristigen Vorausabtretung der Erträgnisse übersteigt das Ertragsrisiko das Bestandsrisiko in der geschilderten Weise. D. h., die Langfristigkeit einer Vorausabtretung oder einer Nießbrauchseinräumung wirkt sich auf beide Institute in gleicher Weise aus. Diese Besonderheit ist daher zu abstrahieren. Als allgemeines Charakteristikum verbleibt somit folgendes: Der Nießbraucher wie der Begünstigte einer Vorausabtretung tragen das Ertragsrisiko, das Bestandsrisiko verbleibt beim Nießbrauchbesteller bzw. beim Ertragszedenten. Dagegen geht bei der Vollrechtsübertragung sowohl das Bestands- als auch das Ertragsrisiko auf den neuen Eigentümer über. Die Nießbrauchbestellung ist daher aus der Sicht der Risikomerkmale einer Vorausabtretung gleichzustellen.

Sollte man das Haftungsrisiko als quasi negative, leistungsorientierte Dispositionsmöglichkeit nicht als Vergleichsmerkmal für eine Zuordnung akzeptieren wollen[59], so wäre auf die statischen, nicht dispositionsorientierten Vergleichsmerkmale zurückzugreifen. Für eine Einkünftezuweisung nach diesen Merkmalen wäre die Disponibilität der Kapitalüberlassungsleistung jedoch irrelevant. Daher kann diesbezüglich auf das bei der jederzeit disponiblen Kapitalüberlassung gefundene Ergebnis verwiesen werden, wonach die Einkünfte dem Nießbrauchbesteller

[59] So Philipowski, DB 1978, 1149, mit der Begründung, daß Kursveränderungen bei festverzinslichen Wertpapieren keine einkommensteuerlichen Folgen auslösten, bei Wertpapieren im Privatvermögen zudem nur bei Realisierung von Kursgewinnen innerhalb der 6monatigen Spekulationsfrist des § 23 I Nr. 1 b EStG. Daher könne dieses Merkmal auch keine Auswirkungen auf die Zurechnung von Einkünften haben. Philipowski vernachlässigt hierbei aber, daß zum einen auch ein innerhalb der Spekulationsfrist realisierter Kursgewinn bei Wertpapieren im Privatvermögen und damit auch das Haftungsmerkmal durchaus einkommensteuerliche Auswirkungen haben kann, und zum anderen, daß vielfach einkommensteuerlich neutrale Merkmale wie der Besitz etc. bei der Feststellung, wer die Leistung der Kapitalüberlassung erbringt, als Indizien herangezogen werden können. Zur Verfassungsmäßigkeit des § 23 EStG vgl. im übrigen Littmann, EStG, § 23 Rdnr. 4 m. w. N.

mit Ausnahme des Falles der Neuanlage zuzurechnen sind. Bei den indisponiblen forderungsrechtlichen Wertpapieren sind daher die Erträge dem Nießbrauchbesteller zuzurechnen, wobei es dahingestellt bleiben kann, ob man auf die letzte Dispositionsmöglichkeit, die Risikozuweisung oder die zivilrechtlichen Vergleichsmerkmale abstellen will.

3. Wertpapiere, die ein Mitgliedschaftsrecht verbriefen

Als Papiere kommen hier die schon oben angesprochenen Aktien und Kuxe in Betracht.

Für die Nießbrauchbestellung sind ebenfalls die für die Übertragung geltenden Bestimmungen der §§ 1069 ff. BGB maßgeblich. Bei Aktien muß daher zwischen Inhaberaktien gem. § 10 AktG und Namensaktien gem. §§ 10 I, 68 I AktG unterschieden werden. Die bei der Nießbrauchbestellung bei Inhaber- und Orderpapieren genannten Voraussetzungen sind daher auch hier entsprechend anzuwenden. Bei dem Sonderfall der vinkulierten Namensaktie gem. § 68 II AktG ist zu beachten, daß eine Nießbrauchbestellung nur mit Zustimmung der Gesellschaft zulässig ist.

Für Kuxe gelten die Ausführungen über die Nießbrauchbestellung an Rektapapieren mit der Besonderheit, daß gem. § 105 I AGB, § 1069 BGB ein grundsätzliches Schriftformerfordernis besteht und gem. § 105 II AGB die Übergabe des Kuxscheines für die Übertragung und damit auch für die Nießbrauchbestellung konstitutiv ist.

Bei Aktien kann die vom Anteilszeichner an die Gesellschaft geleistete Kapitalüberlassung nicht zurückgefordert werden[60]. Dies gilt eingeschränkt auch für Kuxe[61], sofern diese nicht anheimstellungsfähig werden. Während die anheimstellungsfähigen Kuxe noch gesondert mit den Wertpapieren, bei denen eine Änderung der Disponibilität während der Nießbrauchsdauer eintritt, behandelt werden[62], entspricht die Zurechnungsproblematik bei den übrigen Kuxen der der Aktien.

Nach der Konstituierung der Gesellschaft ist das überlassene Kapital Eigenkapital der Gesellschaft, dessen Mitglied der Wertpapiereigen-

---

[60] Vgl. § 57 AktG, bis auf den Sonderfall der Liquidation gem. § 225 II AktG, der aber nicht vom Aktionär selbst herbeigeführt werden kann und daher nicht zu berücksichtigen ist, und der Umwandlung gem. § 357 I AktG.

[61] Neben den Kapitalrückzahlungsgründen des Aktienrechts, die entsprechend auch bei Kuxen gelten (vgl. Miesbach/Engelhardt, § 139 bay.BergG — § 94 ABG Anm. 6 a ff.), besteht dort die bedingte Rückforderungsmöglichkeit des Kapitals bei anheimstellungsfähigen Kuxen (vgl. 2. Kap., A IV 2) sowie eine mögliche Kapitalrückzahlung bei der Ausbeute, die häufig nicht nur den Gewinnanteil, sondern daneben auch nicht mehr benötigtes Betriebsvermögen umfaßt (vgl. Stuhrmann in Blümich/Falk, EStG, § 20 V).

[62] Vgl. 2. Kap., A IV 1 und 2.

tümer ist. Diesem stehen daher statt des Rückforderungsrechts verschiedene Mitgliedschaftsrechte zu.

Die Nacherwerber dieser Wertpapiere leisten daher gegenüber der Gesellschaft keine Kapitalüberlassung, sie sind der Gesellschaft nicht verpflichtet. Die Dividende wird von der Gesellschaft daher nicht für eine Kapitalüberlassungsleistung des Nacherwerbs gezahlt. Es besteht nur ein einseitiges Schuldverhältnis aus dem Wertpapier, das die Gesellschaft verpflichtet. Der Nacherwerber ist demgegenüber der Gesellschaft nicht leistungsverpflichtet.

Fraglich ist, ob die wertpapiermäßig verpflichtete Gesellschaft überhaupt für eine Leistung des Wertpapiereigentümers oder nur aufgrund der wertpapiermäßigen Verpflichtung ein Entgelt zahlt.

Die Dividende wird i. d. R. vom Vorstand vorgeschlagen und von der Hauptversammlung beschlossen gem. §§ 83, 119 I Nr. 2 AktG. Für diese Beschlußfassung, ohne die die Dividende nicht ausgezahlt werden kann, ist zwar die Stimmrechtsausübung zumindest eines Aktionärs erforderlich. Gleichwohl wird die Dividende nicht für die Ausübung dieser Obliegenheit des Aktionärs anteilsmäßig gezahlt. Die Stimmrechtsausübung ist nur das technische Mittel, um das zu zahlende Entgelt freizugeben, und somit ein organisatorisches Mittel der Selbstverwaltung, nicht aber der Grund, wofür solvendi causa die Dividende gezahlt wird. Die Aktiengesellschaft schüttet daher nur aufgrund ihrer wertpapierrechtlichen Verpflichtung, nicht aber aufgrund irgendeiner ihr gegenüber erbrachten „Leistung" des Aktionärs die Dividende aus. Das Entgelt wird daher auch ohne eine Leistung des Wertpapierinhabers oder eines der Nießbrauchbeteiligten gegenüber der Gesellschaft gezahlt. Diese erbringen eine Kaufkraftüberlassung nur gegenüber dem Kapitalmarkt als solchem.

Auf der anderen Seite stellen die Aktionärs- oder Gewerkenrechte, insbesondere das Stimmrecht auf der Hauptversammlung, aber nicht zu unterschätzende Dispositionsbefugnisse dar, da der Stimmberechtigte als Hauptversammlungsteilnehmer mittelbar über dieses gesellschaftliche Organ auch die Aktiengesellschaft, d. h. hier den Vorstand, steuern und so Leistungen variieren kann etc.

Es liegt mithin ein Fall der Innehabung von Dispositionsmöglichkeiten vor, wobei sich der Inhaber der Dispositionsbefugnisse zwar betätigen und wirtschaftlichen Einfluß nehmen kann, ohne daß diese Betätigung aber als Leistung gewertet werden könnte, für die die Gesellschaft das Entgelt zahlt. Während in den bis jetzt behandelten Fällen die Untersuchung der Dispositionsmöglichkeiten der Entscheidung der Frage diente, wer die Kapitalüberlassungs- bzw. die Leistung, für die ein Entgelt gezahlt wird, erbringt und wem dieses Entgelt damit steuerlich zugerechnet werden kann, so haben wir hier nur die Hilfsmittel für die Zuordnung, nicht aber die die Zuordnung erst verursachende Leistung, für die das Entgelt gezahlt wird. Mit anderen Worten: Es liegt nur das Zuordnungsmittel, nicht aber der Zuordnungszweck vor.

Weshalb aber wird die Dividende einem Aktionär zugerechnet? Will man an der eingangs aufgestellten These, dem Steuergrundsatz, nach dem eine Einkünftezurechnung aufgrund irgendeiner Leistung im weitesten Sinne erfolgen soll und es auf den tatsächlichen Zufluß der Entgelte nicht ankommt, festhalten, ohne die Erträge einer Aktie auf Dauer dem Emittenten zurechnen zu müssen, so muß man die Kapitalüberlassungsleistung des Erstaktionärs auch den späteren Aktionären zurechnen, da diese beim Erwerb dem jeweiligen Vorbesitzer gegenüber Leistungen erbringen[63]. Diese Leistungskette der Refinanzierung des Erstinhabers stellt zwar nur eine Hilfskonstruktion dar, um über den Kapitalmarkt eine Leistungsbeziehung zwischen dem Nacherwerber und damit auch dem Nießbrauchbeteiligten und der Aktiengesellschaft herzustellen, die sich in praxi als Fiktion erweist.

Wenn man sich aber vergegenwärtigt, daß diese Konstruktion einer Leistungsbeziehung nur dazu dient, eine Brücke zu den vorhandenen leistungs-, nicht aber gegenleistungsorientierten Dispositionsmöglichkeiten zu bilden, so sollte man dogmatische Bedenken zurückstellen. Dies gilt um so mehr, da andere, einsichtigere Konstruktionen dem Wertpapierinhaber die Dividendeneinkünfte steuerlich zuzurechnen, nicht ersichtlich sind, will man nicht auf das eingangs kritisierte personenunabhängige Institut der „Einkunftsquelle" abstellen. Da sich aber auch dort bei der Frage, wer die Einkunftsquelle nach der Nießbrauchbestellung bewirtschaftet, die gleichen Probleme stellen, kann eine weitere Erörterung dahingestellt bleiben. Auch bei Aktien kann daher eine subjektive Einkünftezurechnung nach der Innehabung der überwiegenden Dispositionsmöglichkeiten vorgenommen werden.

a) Dispositionsmöglichkeiten

Als solche kommen die Disposition über den Gewinnanteil, die Liquidationsquote samt Neuanlage[64], das Bezugsrecht auf neue Aktien

[63] So Scharff, S. 136, und Philipowski, StuW 1979, 121, dessen These, die Kapitalüberlassung an eine AG sei wegen der Rückzahlungspflicht bei Kapitalherabsetzungen nur vorübergehender Natur, wohl eine Überinterpretation des § 225 I AktG darstellt.

[64] Die Frage, ob der Nießbraucher auch einen Anspruch auf Verkauf der Aktie und Neuanlage des Kapitals haben kann, ist streitig, dürfte aber nur bei einer drohenden gegenwärtigen Gefahr eines nachhaltigen Kursverfalls

sowie die Ausübung des Stimmrechts nebst Frage-, Auskunfts- und Anfechtungsrecht in Betracht. Da eine Zuordnung dieser Rechte teilweise außerordentlich umstritten ist[65], erscheint eine gesonderte Untersuchung der Ausübungsbefugnisse angezeigt.

aa) Der Gewinnanteil

Der Gewinnanteil steht als Nießbrauchsgegenstand dem Nießbraucher zu, der dieses Recht unmittelbar der Gesellschaft gegenüber geltend machen kann, wenn diese über die Ausschüttung entschieden hat[66]. Dieser Gewinnanteil ist gewöhnlich im Veranlagungszeitraum des Zuflusses zuzurechnen[67].

Der Gewinnanteil umfaßt auch etwaige, während der Nießbrauchsdauer anfallende Boni oder Nachzahlungen der Gesellschaft[68] auf Vorzugsaktien, da gem. § 101 Ziff. 2 BGB nur auf den Zeitpunkt der Fälligkeit der Nießbrauchsfrüchte abzustellen ist[69]. Diese zeitgerechte Zuordnung hat starke Auswirkungen auf den Gewinnanteil, je nachdem, ob die Gesellschaft den Betriebsgewinn während der Nießbrauchsdauer voll ausweist und auch ausschüttet oder eher thesauriert. Einige Autoren[70] haben daher entsprechend § 1039 BGB nach einem Ausgleich zwischen übermäßigem und unzureichendem Fruchtbezug beim Stammrechtsinhaber und beim Nießbraucher gesucht. Da der Nießbrauch jedoch nicht am Betriebsvermögen oder am Betriebsergebnis der Gesellschaft, sondern an einem Mitgliedschaftsrecht begründet wird, gebühren dem Nießbraucher auch die Erträge des Mitgliedschaftsrechts und nicht die des Unternehmens[71]. Die Entscheidung, welcher Anteil des

---

gem. § 1083 I BGB zu bejahen sein, vgl. MünchKomm(-Petzoldt), § 1083 Rdnr. 1; Philipowski, DB 1978, 1149; BGB-RGRK(-Rothe), § 1083 Rdnr. 1 m. w. N. auch für die Gegenansicht.

[65] Vgl. die Übersicht bei Staudinger(-Promberger), Anh. §§ 1068, 1069 Rdnr. 93 ff.

[66] Staudinger(-Promberger), Anh. zu §§ 1068, 1069 Rdnr. 94 i. V. m. 84 m. w. N.

[67] Littmann, EStG, § 20 Rdnr. 4 a m. w. N.; kann auf den Gewinnverteilungsbeschluß jedoch kein Einfluß mehr gewonnen werden oder ist nur ein Alleingesellschafter vorhanden, so ist der Gewinnanteil im betreffenden Geschäftsjahr des Beschlusses zugeflossen, wobei es auf den Zeitpunkt der eigentlichen Auszahlung dann nicht ankommt, vgl. Wiedemann, S. 404 m. w. N.

[68] Bei den Kuxen wird diese Problematik insofern verschärft, da die Gewerkschaften als Ausbeute häufig nicht nur den Gewinn ausschütten, sondern auch das verteilen, was für den Betrieb entbehrlich geworden ist, vgl. Stuhrmann in Blümich/Falk, EStG, § 20 V.

[69] Eine Ausnahme gilt für ein vor der Nießbrauchbestellung existierendes, selbständiges Nachbezugsrecht, vgl. Wiedemann, S. 404 f.

[70] Boesebeck, ZBlHR 1929, 12 (20 ff.); v. Godin, S. 99; Rauch, S. 96 ff., 100 f.

[71] So überzeugend Wiedemann, S. 404. Hiergegen richtet sich die Kritik von Scharff (S. 33 ff.), der zutreffend nach dem Grundsatz „salva rerum substantia“ davon ausgeht, daß dem Nießbraucher zwar alle Früchte zu-

Betriebsgewinnes ausgeschüttet werden soll, wird von der Gesellschaft selbst getroffen. Inwieweit diese durch eine entsprechende Stimmrechtsausübung beeinflußt werden kann, wird noch zu klären sein.

Festzuhalten bleibt in diesem Zusammenhang, daß dem Nießbraucher der jeweilige, periodengerecht zur Ausschüttung vorgesehene Gewinnanteil zusteht, wobei dieser hinsichtlich der jeweiligen Höhe das Ertragsrisiko trägt.

bb) Die Liquidationsquote

Die Liquidationsquote steht als Restsubstanzwert dem Nießbrauchbesteller zu, der jedoch entsprechend § 1079 BGB dem Nießbraucher hieran ein neues Nießbrauchsrecht zu bestellen hat[72]. Dies heißt jedoch, daß der Nießbraucher im Falle der Liquidation der Gesellschaft über die Art der Neuauflage des Liquidationserlöses bestimmen kann. Nach dem oben zur Neuanlage von Kapital Gesagtem stehen daher dem Nießbraucher im Liquidationsfall die überwiegenden Dispositionsmöglichkeiten zu, da er dann Leistungen variieren kann etc.

---

stehen, jedoch nur unter Schonung der Substanz. Durch einen nur an dem Mitgliedschaftsrecht orientierten Substanzbegriff werde dieser Grundsatz ausgehöhlt, wenn man nicht auch das betreffende Bezugsobjekt, die AG, berücksichtige. Scharff (S. 34 f.) spricht sich daher für einen Ausgleichsanspruch aus, der aber aus Zweckmäßigkeitserwägungen nur dann zu gewähren sei, wenn er eine Höhe habe, „die zu dem Aufwand der annähernd exakten Feststellung des wirtschaftlichen Ertrags in einem angemessenen Verhältnis" stünde. Ob sich mit Hilfe dieser Formel eine hinreichende Rechtssicherheit erzielen läßt, muß bezweifelt werden. M. E. sollte daher trotz der von Scharff zutreffend angesprochenen möglichen Gefahr einer Substanzaushöhlung gleichwohl an dem am reinen Mitgliedschaftsrecht orientierten Substanzbegriff festgehalten werden, zumal da, wie § 254 AktG zeigt, in praxi eher der umgekehrte Fall einer geringeren Ausschüttung vorliegen wird. Bei der Verteilung der Dispositionsbefugnisse sollte diese, immer nur einen Bruchteil der Dividende berührende Problematik daher unbeachtet bleiben. Gleiches gilt für die sog. verdeckten Gewinnausschüttungen an den Aktionär, die als Unterfall der Einlagenrückgewähr anzusehen sind (Barz in Großkomm. AktG, § 57 Anm. 3). Hierunter wird jede von der Gesellschaft außerhalb der ordnungsgemäßen Gewinnausschüttung an einen Aktionär gewährte Zuwendung verstanden (Barz in Großkomm. AktG, § 57 Anm. 4; Lutter in Kölner Komm. AktG, § 57 Anm. 3, 5). Da jedoch das Vermögen der AG durch § 57 I AktG geschützt werden soll, ist nach dieser Vorschrift jede Einlagenrückgewähr bzw. verdeckte Gewinnausschüttung verboten (Barz in Großkomm. AktG, § 57 Anm. 3 m. w. N.). Aus diesem Grunde scheidet eine Teilhabe des Nießbrauchers an derartigen Zuwendungen von vornherein aus. Eine entsprechende Zuweisung erübrigt sich daher (vgl. hierzu die überzeugenden Ausführungen bei Scharff, S. 44 m. w. N.).

[72] Im Falle der Liquidation wird eine gewisse Quote des Stammkapitals bzw. der ursprünglichen Einlage wieder zurückgezahlt und damit ein der Kündigung ähnlicher Effekt erreicht. Gleichwohl handelt es sich bei Aktien und Kuxen im Prinzip um auf Dauer indisponible Wertpapiere.

cc) Das Bezugsrecht auf neue Aktien

Das Bezugsrecht auf neue Aktien gem. § 186 AktG stellt ebenfalls ein Dispositionsrecht dar, da es dem Ausübungsberechtigten die Möglichkeit gibt, durch Nachzahlungen oder deren Verweigerung seinen Anteil an der Gesellschaft beizubehalten oder negativ zu verändern und mit der Zeichnung neuer Anteile eine Kapitalüberlassungsleistung zu erbringen. Das Bezugsrecht stellt jedoch keine dem Ausübungsberechtigten unbedingt zustehende Dispositionsmöglichkeit dar, sondern bedarf der Voraussetzungen der §§ 182 ff. AktG. Diese sind daher nur zu berücksichtigen, wenn bereits eine Kapitalerhöhung beschlossen worden ist.

Wenn für diesen Fall keine ausdrückliche Abrede zwischen den Nießbrauchbeteiligten im Innenverhältnis stattgefunden hat, stellt sich die im älteren Schrifttum umstrittene Frage, ob das Bezugsrecht dem Eigentümer und Nießbrauchbesteller oder dem Nießbraucher zusteht.

Die früher herrschende Meinung[73] entschied diese Frage zugunsten des Nießbrauchers und begründete dies teilweise damit, daß die neue Aktie eine Frucht der Stammaktie bzw. das Bezugsrecht ein Gebrauchsvorteil sei. Nach der heute ganz herrschen Auffassung[74] kann dagegen allein der Wertpapiereigentümer über das Bezugsrecht disponieren. Diese Auffassung verdient den Vorzug, da zu dem Substanzwert von Wertpapieren auch deren Beteiligungsverhältnis zum Grundkapital der Aktiengesellschaft gehört. Denn es hätte für den Eigentümer erhebliche Folgen, bei einer Kapitalerhöhung vom Neuerwerb ausgeschlossen zu sein und dadurch u. U. entscheidende Mehrheits- oder Schachtelbeteiligungen einzubüßen[75]. Der Umfang der Beteiligung ist daher als Teil des dem Wertpapier innewohnenden Substanzwertes anzusehen. Durch den Bezug junger Aktien erwirbt der Eigentümer ein neues Mitgliedschaftsrecht, wodurch sein Anteil an der Gesellschaft und die ihm persönlich zustehenden Mitgliedschaftsrechte gewahrt werden.

Die mit der Ausgabe junger Aktien eventuell für den Nießbraucher verbundenen Nachteile, die sich aus der den Ertrag schmälernden Ausgabe günstiger Bezugsrechte ergeben können, werden dagegen nicht durch den eigentlichen Bezug berührt, sondern stehen bereits mit dem Kapitalerhöhungsbeschluß fest.

---

[73] Vgl. die bei Staub(-Pinner), § 282 HGB Anm. 11 wiedergegebenen Nachweise.

[74] BGHZ 58, 316 (319); OLG Bremen, DB 1970, 1436; Scharff, S. 48 m. w. N.; Teichmann/Koehler, § 153 AktG Anm. 2 b; Hilger, S. 86 f.; Baumbach/Hueck, AktG, § 186 Rdnr. 4; Wiedemann, S. 405 ff.; Staudinger(-Promberger), Anh. zu §§ 1068, 1069 Rdnr. 97 m. w. N.; nach Heidecker, NJW 1956, 895, hat der Nießbraucher jedoch einen Anspruch darauf, daß der Nießbrauchbesteller überhaupt eine Entscheidung trifft.

[75] So auch Wiedemann, S. 405.

Die Auswirkungen betreffen somit nur die Substanz des Mitgliedschaftsrechts, so daß die Ausübung des Bezugsrechts daher nach dem Grundsatz „salva rerum substantia" dem Eigentümer und Nießbrauchbesteller allein zusteht. Dieser kann von dem Bezugsrecht entweder Gebrauch machen oder es verkaufen.

Hier aber beginnt die in der heutigen Diskussion eigentliche Problemstellung: die Frage, ob dem Nießbraucher die neuen Aktien oder der Verkaufserlös des Bezugsrechts als Ertrag des Wertpapiers zustehen, ob ihm hieran ein Nießbrauchsrecht zu bestellen ist oder aber diese Rechte vollständig dem Wertpapiereigentümer gebühren.

Bei der Ausübung des Bezugsrechts ist zu unterscheiden, ob die Kapitalerhöhung aus Gesellschaftsmitteln oder gegen Einlagen erfolgt. Bei der gem. §§ 207 ff. AktG möglichen Kapitalerhöhung aus Gesellschaftsmitteln kann die Gesellschaft ihr Grundkapital durch die Umwandlung von Rücklagen erhöhen. Die Ausgabe von Gratisaktien stellt sich somit nicht als eine wie auch immer geartete Ausschüttung, sondern lediglich als ein bilanzmäßiger Passivtausch dar[76]. Während die Altaktie bzw. das frühere Mitgliedschaftsrecht Grundkapital und Rücklagen erfaßte, wird nunmehr das Eigenkapital in zusätzliche nominale Mitgliedschaftsanteile aufgeteilt. Die Gesamtbeteiligung des Aktionärs am Eigenkapital der Gesellschaft bleibt somit unverändert.

Ebenso verhält es sich bei der Kapitalerhöhung, die gemischt oder vollständig gem. §§ 182 ff. AktG aus Einlagen finanziert wird. Hier findet zwar eine effektive Kapitalerhöhung statt, die im ersteren Fall noch durch einen Passivtausch ergänzt wird. Auch hier stellt das Bezugsrecht jedoch keinen Ertrag der Aktie dar. Die Frage, ob die Gesellschaft statt der Ausgabe vergünstigter Bezugsrechte eine höhere Dividende hätte ausschütten sollen, steht auf einem anderen Blatt. Sie ist von der Gesellschaft und nicht von einem der Nießbrauchbeteiligten zu entscheiden.

Im Zusammenhang mit dem Nießbrauch ist nun im einzelnen umstritten, ob die Beteiligung des Nießbrauchers an den Neuanteilen durch die Bestellung eines Nießbrauchs an den neuen Aktien oder an dem Bezugsrecht selbst[77] stattfinden soll oder aber der Nießbrauch an solchen Jungaktien, die aufgrund einer Kapitalerhöhung aus Gesellschaftsmitteln geschaffen worden sind[78], schon kraft Gesetzes entstehen soll.

---

[76] So auch Wiedemann in Großkomm. AktG, Vorb. § 207 Anm. II; Scharff, S. 47.

[77] Vgl. hierzu Staudinger(-Promberger), Anh. zu §§ 1068, 1069 Rdnr. 98 m. w. N.

[78] Baumbach/Hueck, § 186 AktG Anm. 5; Erman(-Ronke), § 1081 Rdnr. 10.

Die herrschende Meinung[79] geht davon aus, daß der Aktionär bei Ausübung des Bezugsrechts u. U. durch Zukauf einzelner Bezugsrechte und ferner durch die Entrichtung des Bezugspreises Kapital zuführen muß. Aus diesem Grunde sei der Ertrag der jungen Aktien aufzuteilen, indem ein Nießbrauch nur an dem Teil bestellt werden sollte, der dem Wert des Bezugsrechts im Verhältnis zum Gesamtwert der neuen Aktien entspricht.

Andere lehnen Rechte des Nießbrauchers an den jungen Aktien bzw. dem Bezugsrechtserlös grundsätzlich ab[80] oder gewähren eine Nießbrauchsbestellung nur am Verkaufserlös[81].

Dieser Streit führt jedoch bei der hier zu beantwortenden Frage nach den Dispositionsmöglichkeiten über das Bezugsrecht nur bedingt weiter. Die Frage ist nicht, wie dem Nießbraucher bei einer zumindest teilweise aus Gesellschaftsmitteln finanzierten Kapitalerhöhung durch Erweiterung des Nießbrauchs geholfen werden kann. Dies führt überdies nicht zu einer Erhöhung des Nießbrauchsertrags, da sich die Gesellschaft nach einer innenfinanzierten Kapitalerhöhung i. d. R. erst konsolidieren muß. Die primäre Frage bleibt vielmehr: Wer disponiert über den Bezug neuer Aktien? Und dies bleibt nach der zutreffenden herrschenden Meinung der Nießbrauchbesteller, und zwar unabhängig davon, wie die Kapitalerhöhung im konkreten Fall finanziert wird.

Die Entscheidung darüber, ob und wie das Bezugsrecht ausgeübt werden soll, verbleibt daher für den Fall, daß nichts anderes vereinbart wurde, beim Nießbrauchbesteller. Es ist aber nur zu berücksichtigen, wenn eine Kapitalerhöhung tatsächlich stattfindet.

dd) Das Stimmrecht

Durch die Ausübung des Stimmrechts kann der Aktionär auf die Entscheidungen der Gesellschaft und damit auf deren Betätigung am wirtschaftlichen Verkehr Einfluß nehmen. Die Stimmrechtsausübung ist damit auch die Dispositionsmöglichkeit, deren Zuordnung für die Einkünftezurechnung von entscheidender Bedeutung ist.

Diese Dispositionsmöglichkeit ist zwar in ihrer Auswirkung bei geringen Aktienanteilen nur infinitesimal und wird in diesen Fällen vom Wertpapiereigentümer wie vom Nießbraucher nicht unmittelbar zur Leistungsvariation genutzt werden können. Je größer jedoch die Beteiligung ist, um so größeren Einfluß kann die Stimmrechtsausübung auf die Gesellschaft haben. Hier werden dann die unterschiedlichen

[79] Bernicken, S. 71; Meilicke, BB 1961, 1281 f.; Scharff, S. 56 f.; Wiedemann, S. 408 m. w. N.

[80] Guntz, AG 1958, 177 (180).

[81] Murray, S. 68 f., allerdings auf GmbH-Anteile bezogen.

Interessen von Eigentümer und Nießbraucher hinsichtlich der Gewinnverwendung besonders deutlich.

Gleichwohl ist auch bei geringen Mitgliedschaftsanteilen dieses Dispositionsmerkmal zu berücksichtigen, denn hier ist nicht auf den absoluten Umfang der Dispositionsbefugnisse, sondern auf deren Verteilung zwischen den Nießbrauchbeteiligten abzustellen[82]. Allerdings, je geringer die Beteiligung, desto geringer sind auch die Möglichkeiten des Stimmberechtigten, Leistungen zu variieren etc.; bei der Existenz eines Mehrheitsgesellschafters können sie bei den meisten Abstimmungspunkten möglicherweise ganz entfallen. Einen dementsprechend unterschiedlichen Anteil kann daher dieses Dispositionsmerkmal bei der Einkünftezurechnung haben.

Die Ausübung des Stimmrechts kann als ein dem Berechtigten unbedingt zustehendes Recht angesehen werden. Zwar ist die Ausübung von einer Befragung der Aktionäre und daher i. d. R. von einer Hauptversammlung abhängig. Da jedoch Ausschüttungen nur aufgrund von HV-Beschlüssen erfolgen, liegt diese Voraussetzung bei der Ausschüttung von Wertpapiererträgen und der dann problematischen Zuordnung regelmäßig vor.

Wegen der Bedeutung der Zuweisung der Stimmrechtsausübung und der Tatsache, daß diese sowohl vom Gesetzgeber[83] wie von der höchstrichterlichen Rechtsprechung[84] ausdrücklich nicht vorgenommen worden ist, ist die Frage, welchen Einfluß die Nießbrauchbestellung auf die Ausübung des Stimmrechts hat, außerordentlich umstritten[85].

Das Meinungsspektrum ist hierbei vielschichtig. Das Ausübungsrecht wird entweder dem Nießbrauchbesteller, nach anderer Auffassung beiden Nießbrauchbeteiligten gemeinsam oder getrennt nach der Art der Abstimmungsfrage, oder aber dem Nießbraucher zugesprochen.

Ausgangspunkt einer Zuordnung ist die Frage, inwieweit man das Stimmrecht als Mitgliedschaftsrecht ansieht, bei dessen Ausübung zur Verwaltung der Gesellschaft auch Bestimmungen über Bestandsfragen der Mitgliedschaft selbst möglich und erforderlich sind, oder aber das Stimmrecht lediglich als Nutzungsrecht wertet und die Bestimmung über die Nutzungen als Ausfluß der allgemeinen Rechtsverwaltung ansieht. Im ersteren Fall müßte, da der Bestand bzw. die Substanz des Aktionärsrechts berührt wird, der Wertpapiereigentümer bzw. Nieß-

---

[82] So auch Scharff, S. 137.

[83] Mot. III, S. 556.

[84] Vgl. RG JW 1934, 976 (977).

[85] Vgl. die Übersicht bei Peters, S. 15 ff., sowie die aktuelle Zusammenfassung bei Staudinger(-Promberger), Anh. zu §§ 1068, 1069 Rdnr. 99 ff.

brauchbesteller allein ausübungsberechtigt sein, im anderen Fall eines ausschließlichen Nutzungsrechts der Nießbraucher.

Man könnte daher zu dem Ergebnis kommen, daß je nach Tagesordnungspunkt entschieden werden muß, ob die Frage auf den Bestand bzw. die Substanz der Gesellschaft Einfluß hat oder lediglich die allgemeine Verwaltung berührt und danach das Recht zur Stimmrechtsausübung von Fall zu Fall dem Nießbraucher oder dem Eigentümer zusprechen[86]. Diese Lösung kommt zwar dem Grundgedanken des Nießbrauchrechts, der Überlassung der Nutzungsrechte unter Behalt der Substanzrechte, am nächsten, ist aber schon materiellrechtlich nicht durchführbar, da die einzelnen Abstimmungspunkte meist sowohl das Substanz- wie auch das Nutzungsrecht betreffen. Ferner sind die mit einer wechselnden Berechtigung zur Stimmausübung verbundenen gesellschaftsrechtlichen Probleme verfahrensmäßig kaum lösbar. Eine derartige, wechselnde Stimmrechtszuordnung ist daher nicht praktikabel[87].

Der häufigen Untrennbarkeit von Substanz- und Nutzungsfragen bei Abstimmungspunkten, die das aktionärsrechtliche Mitgliedschaftsrecht teils in seiner Substanz, teils in seiner Nutzbarkeit betreffen, versucht insbesondere die Auffassung Rechnung zu tragen, die den Nießbrauchbeteiligten die Ausübung des Stimmrechts gemeinsam zusprechen will[88]. Auch für diese Theorie spricht, daß sie der eingangs erwähnten horizontalen Teilung des Eigentumsrechts und der engen Wechselwirkung zwischen Substanz- und Nutzungsrecht weitgehend Rechnung trägt. Die Schwierigkeiten liegen aber auch hier im praktischen Bereich. Das gesellschaftsrechtliche Verfahrensproblem einer gemeinschaftlichen Zuordnung kann zwar durch die Bestellung eines gemeinschaftlichen Vertreters gem. § 69 I AktG analog gelöst werden[89].

Fraglich bleibt aber, wie dieser Vertreter im konkreten Fall abstimmen soll. Da Gewinne entweder ausgeschüttet oder als Rücklagen der Substanz zugeführt werden, sind die Interessen von Eigentümer bzw. Nießbrauchbesteller und Nießbraucher hinsichtlich der Gewinnverwendung meist diametral, wodurch eine Entscheidungsfindung in vielen Fällen blockiert werden kann[90].

---

[86] KG, OLGR 37, 8 (8 f.); Fleck in FS Fischer, S. 125 f., zum Nießbrauch an GmbH-Anteilen.

[87] So auch Scharff, S. 97, und Superczynski, S. 65 f.

[88] Heck, Sachenrecht, § 120 Nr. 11; Peters, S. 26 ff.; Zöllner in Kölner Komm. AktG, § 134 Rdnr. 15; Baumbach/Hueck, AktG, § 134 Anm. 4; Staudinger (-Spreng), 11. Aufl., §§ 1081, 1082 Rdnr. 1.

[89] Staudinger(-Spreng), 11. Aufl., §§ 1081, 1082 Rdnr. 1.

[90] Je längerfristig der Nießbrauch bestellt worden ist, um so mehr gleichen sich zumindest zu Nießbrauchsbeginn die Positionen der Beteiligten an; vgl. Wiedemann, S. 409 f., 411.

Man könnte diesen Konflikt scheinbar lösen, indem man den gemeinschaftlichen Vertreter anweist, das Stimmrecht bei der Hälfte der Aktien im Sinne des Nießbrauchbestellers, also eher thesaurierend, und die andere Hälfte im Sinne des Nießbrauchers, also vorwiegend ausschüttungsorientiert, abzugeben.

Doch auch dies ist kein gangbarer Lösungsweg, da zum einen die hier angenommene Quote von 50 % immer willkürlich ist. Außerdem gibt es Tagesordnungspunkte, die fast ausschließlich die Interessen nur eines der Nießbrauchbeteiligten betreffen. Des weiteren sehen die §§ 1036 II, 1041; 1065, 1068 II BGB eine Bewirtschaftung des Nießbrauchgegenstandes vor, die die Interessen beider Beteiligten berücksichtigt. Das heißt, die Stimmen müssen einheitlich von einem der Beteiligten abgegeben werden, dieser hat allerdings bei der Ausübung auch die Interessen des jeweils anderen zu berücksichtigen, eine Stimmenaufteilung führt nicht weiter.

Fraglich bleibt, wem die Ausübung nun zu überlassen ist. Nach dem eben zur gegenseitigen Interessenberücksichtigung Gesagten, kann das nur derjenige sein, dessen Interessen häufiger und stärker von der Stimmrechtsausübung berührt werden.

Die Auffassung, die dem Nießbraucher allein die Ausübung des Stimmrechts zubilligt, wird aber in erster Linie damit begründet, daß das Stimmrecht ein Verwaltungsrecht sei und diese gem. § 1036 II BGB dem Nießbraucher zustünden[91]. Dem ist entgegenzuhalten, daß § 1036 II BGB auf den Sachnießbrauch abstellt und daher nur beschränkt auf Beteiligungsrechte paßt[92]. Beim Sachnießbrauch muß der Nießbraucher die Nutzungen durch die Bewirtschaftung und Verwaltung erst schaffen und ermöglichen, beim Nießbrauch an Rechten nimmt die Verwaltung einen wesentlich geringeren Platz ein. Man wird daher zwar den in den §§ 1036, 1068 II BGB zum Ausdruck gebrachten gesetzgeberischen Wil-

[91] Godin/Wilhelmi, § 134 AktG Anm. 4; Stockinger, S. 38 f.; sowie die bei Staudinger(-Promberger) in Anh. §§ 1068, 1069 Rdnr. 100 zitierte Literatur. Superczynski, S. 69 ff., 75 geht darüber hinaus von einer generellen Bevorzugung des Nießbrauchers durch die Bestimmungen des BGB aus und begründet dies mit § 1036 I BGB, da der Nießbraucher durch den Besitz eine stärkere Position im Außenverhältnis bekäme und der Nießbrauchbesteller der Gefahr des Verlustes an gutgläubige Dritte ausgesetzt werde. Damit habe der Nießbraucher die Möglichkeit, auch substanzbezogene Verwaltung auszuüben, auch wenn er hierzu nicht berechtigt sei. Superczynski (S. 75 ff.) folgert hieraus eine Stimmrechtszuweisung beim Nießbraucher. Dem wird von Scharff (S. 103 f.) zu Recht entgegengehalten, daß das Recht zum Besitz nur Mittel zur Wahrnehmung des Nutzungsrechts sei und sich weitere Rückschlüsse hieraus nicht ziehen ließen. Dem kann hinzugefügt werden, daß gerade bei Inhaberpapieren im Gegensatz zum Sachnießbrauch gem. § 1036 I BGB dem Nießbraucher gem. § 1081 I 1 BGB am Papier selbst nur ein Mitbesitzrecht eingeräumt wird.

[92] So bereits Wiedemann, S. 409, 411 f.

len zu berücksichtigen haben und dem Nießbraucher auch an Wertpapieren ein Verwaltungsrecht zubilligen müssen[93]. Die Frage bleibt aber, ob man die Ausübung des Stimmrechts in erster Linie als Verwaltungsrecht oder aber als Mitgliedschaftsrecht ansieht. Hier schließt sich der Kreis; auch der Ansatz des überwiegenden Interesses muß von dieser Fragestellung ausgehen.

Das Stimmrecht ist nach dem bereits eingangs Gesagten das essentielle Einwirkungsrecht bei Mitgliedschaftspapieren, das Mittel, mit dem die Gesellschafter Einfluß auf die Gesellschaft und die Substanz ihres Mitgliedschaftsrechts selbst nehmen können. Es geht damit über eine reine Verwaltung hinaus[94]. Für diese Auffassung der überwiegenden Meinung[95] spricht auch, daß das Schutzbedürfnis eines nur finanziell an der Mitgliedschaft Beteiligten nicht den Gesellschafter als Mitunternehmer verdrängen kann[96]. Die Berücksichtigung der jeweils anderen Interessen ist zudem aus der Position des Eigentümers einfacher, da dieser nur bei Fragen der Gewinnverteilung Rücksichten nehmen muß, während die sonstigen Fragen der Unternehmensführung und -kontrolle die Interessenssphäre des Nießbrauchers kaum berühren[97].

An diesem Ergebnis ändert sich auch dann nichts, wenn man bei der Charakterisierung des Nießbrauchs von einer Teilrechtsübertragung ausgeht. Auch dann kann eine Zuordnung nur im Rahmen der gesellschaftsrechtlichen Schranken in Betracht kommen[98]. Das Stimmrecht wird, wie bereits erörtert, auch bei den Fragen auszuüben sein, die das Vollrecht in seiner Substanz betreffen. Soweit reicht das dem Nießbraucher übertragene Teilrecht jedoch nicht[99].

Da somit eine Zuordnung der Stimmrechtsausübung beim Nießbraucher nicht angemessen und erforderlich ist, ist sie weiter dem Aktionär bzw. Nießbrauchbesteller zuzurechnen. Eine Verlagerung findet daher durch die Nießbrauchbestellung nicht statt. Der Nießbrauchbesteller hat

---

[93] So Barz in Großkomm. AktG, § 134 Anm. 6, der ferner auf die französische und schweizerische Rechtslage verweist.

[94] Anders Superczynski, S. 84, 86, 98 f., der aus den beiden Nießbrauchbeteiligten zustehenden und teilweise substantielle Fragen betreffenden Anfechtungsrechten (vgl. 2. Kap., A III 3 a ee) den Rückschluß zieht, der Nießbraucher müsse an diesen Fragen auch das allgemeine Stimmrecht haben.

[95] Erman(-Ronke), BGB, § 1081 BGB Anm. 7 m. w. N.; Teichmann/Koehler, AktG, § 114 Anm. 2 c; Wiedemann, S. 414 Fn. 1 m. w. N.; Scharff, S. 105 und S. 94 Fn. 408 m. w. N.

[96] Wiedemann, S. 413.

[97] Auf das Frage- und Auskunftsrecht des Nießbrauchers wird noch gesondert einzugehen sein, vgl. 2. Kap., A III 3 a ee und Fn. 104.

[98] Der Aktionär kann die Stimmrechtsausübung de facto zwar jedem überlassen, etwa durch unvollständige Abstimmungsorders, gleichwohl wird ihm die Ausübung zugerechnet.

[99] So auch Murray, S. 87.

jedoch bei der Ausübung des Stimmrechts gem. § 1065 BGB darauf zu achten, daß er hierbei Rechte des Nießbrauchers, insbesondere hinsichtlich der Gewinnverwendung, nicht verletzt bzw. schmälert. Die Ausübung des Stimmrechts stellt sich daher als Dispositionsmöglichkeit des Nießbrauchbestellers dar, die aber durch die nießbrauchvertraglichen Bindungen im Innenverhältnis eingeschränkt ist.

ee) Die sonstigen Aktionärsrechte

Als sonstige Aktionärsrechte kommen das Anfechtungs- sowie das Teilnahme- und das Auskunftsrecht in Betracht, wobei jedoch nur die verschiedenen Anfechtungsrechte[100] dem Berechtigten Dispositionsbefugnisse verleihen, da dieser hierdurch Beschlüsse der Gesellschaft rückgängig machen kann[101].

Das Anfechtungsrecht korrespondiert in gewisser Weise mit dem Stimmrecht, weshalb einige Autoren[102] es ebenfalls dem Nießbrauchbesteller zuweisen. Anders als das Stimmrecht braucht das Anfechtungsrecht jedoch nicht einheitlich und von einer Person ausgeübt zu werden. Zudem ist es nur bei gesetzes- oder satzungswidrigen Beschlüssen relevant. In diesem Fall ist die Interessenlage allerdings anders als bei der Stimmrechtsausübung zu beurteilen, denn hier hat der Nießbraucher aus seinem Nießbrauchsvertrag einen Schutzanspruch darauf, daß bei der Gesellschaft, deren Erträge ihm zufließen, eine gesetzes- und satzungsmäßige Beschlußfassung erfolgt. Dieses Interesse hat ebenfalls der Aktionär und letztlich auch die Gesellschaft selbst, so daß das Anfechtungsrecht beiden Nießbrauchbeteiligten einzeln zuzuweisen ist[103].

Es kann daher bei der Gewichtung der Dispositionsmöglichkeiten nicht zugunsten eines der Nießbrauchbeteiligten gewertet werden[104].

---

[100] Vgl. §§ 243, 251, 254, 255, 257 i. V. m. § 245 AktG.

[101] Für Gewerken besteht ein entsprechendes Anfechtungsrecht gem. §§ 115 f. AGB, wenn ein Gewerkschaftsbeschluß der Gewerkschaft zum Nachteil gereicht.

[102] Weider, S. 58; Hesselmann, GmbH-Rdsch 1959, 21 (22) m. w. N.

[103] So die wohl herrschende Meinung: Baumbach/Hueck, AktG, § 245 Rdnr. 2; Wiedemann, S. 420; Murray, S. 105 m. w. N.; Scharff, S. 112 f., sowie die Autoren, die dem Nießbraucher die Stimmrechtsausübung zubilligen.

[104] Das Teilnahmerecht steht, da es gem. § 245 I AktG zur Ausübung des Anfechtungsrechts erforderlich ist, ebenfalls beiden Beteiligten zu; das Auskunftsrecht ist als notwendiges Kontrollrecht und Vorstufe des Anfechtungsrechts dem stimmrechtslosen Nießbraucher neben dem Aktionär ebenfalls zuzubilligen, vgl. Scharff, S. 113 ff.

b) Verwertung der gefundenen Dispositionszuweisungen mit Hilfe der Vergleichsfallmethode

Die Überprüfung der eben gewonnenen Ergebnisse mit Hilfe der Vergleichsfallmethode zeigt folgendes:

Der dem Nießbraucher zustehende *Gewinnanteil* steht ebenfalls dem Begünstigten einer Vorausabtretung sowie dem neuen Eigentümer bei einer Vollrechtsübertragung zu. Der Gewinnanteil erlaubt daher keine eindeutige Zuordnung.

Die dem Nießbrauchbesteller zustehende und für den Nießbraucher zur Neuanlage disponible *Liquidationsquote* gestattet schon eher eine Zuordnung. Der Begünstigte einer Vorausabtretung kann bei fehlenden Abreden lediglich einen Anspruch auf erneute Einräumung einer Vorausabtretung der Erträge eines vom Eigentümer neu zu beschaffenden Gegenstandes haben. Der Begünstigte einer Vollrechtsabtretung kann dagegen wie der Nießbraucher disponieren, wenn er den ihm in diesem Falle allerdings selbst zustehenden Liquidationserlös neu anlegt. Der Umfang des Neuanlagerechts ist beim Vollrechtseigentümer zwar im Gegensatz zum Nießbraucher, der die Mündelgeldvorschriften einhalten muß, uneingeschränkt. Gleichwohl steht der Nießbraucher hinsichtlich des nur bedingten und daher nur im Fall der Liquidation zu beachtenden Dispositionsrechts dem Volleigentümer näher als dem Begünstigten einer Vorausabtretung.

Die Entscheidung über den *Bezug junger Aktien* steht dem Aktionär und Nießbrauchbesteller wie dem Vollrechtseigentümer zu. Der Begünstigte einer Vorausabtretung hat hierbei wie der Nießbraucher keine Entscheidungskompetenz. Für den Fall einer Kapitalerhöhung ist der Nießbraucher daher diesbezüglich dem Begünstigten einer Vorausabtretung gleichzustellen.

Die *Ausübung des Stimmrechts* steht dem Aktionär oder Nießbrauchbesteller zu, der im Innenverhältnis jedoch auch die Belange des Nießbrauchers zu wahren hat. Der Vollrechtseigentümer braucht diese Rücksichten nicht zu üben. Der Begünstigte einer Vorausabtretung hat dagegen keinerlei Rechte, ein Stimmrecht auszuüben, ebenso wie der Nießbraucher, der sich jedoch stärker als der Vorausabtretungsbegünstigte im Innenverhältnis berücksichtigt weiß.

Eine eindeutige Zuordnung zu einem der Vergleichsfälle ist daher nur schlecht möglich. Man wird aber sagen können, daß die positive Möglichkeit der Stimmrechtsausübung, die lediglich durch gewisse Rücksichtnahmen eingeschränkt ist, letztlich der unbedingten Stimmrechtsausübung des Vollrechtsinhabers nähersteht als der völlige Ausschluß des Begünstigten einer Vorausabtretung. Die Stellung des Nießbrauchers ist daher eher mit der eines Vorausabtretungsbegünstigten vergleichbar als mit der eines Vollrechtseigentümers.

Die *weiteren Aktionärsrechte* stehen jedem der Nießbrauchbeteiligten zu[105] und bieten daher keine Unterscheidungs- bzw. Vergleichsmöglichkeit.

Die Dispositionsmöglichkeiten des Nießbrauchers sind somit mit Ausnahme des Falles der Neuanlage des Liquidationserlöses nicht größer als die des Aktionärs bzw. Nießbrauchbestellers. Im Gegenteil, die einzige regelmäßige Disposition, die Ausübung des Stimmrechts, steht dem Nießbrauchbesteller zu, allerdings eingeschränkt durch die o. a. Bindungen im Innenverhältnis. Die Wertpapiererträge sind daher, wenn keine besonderen Abreden getroffen worden sind und keine Gesellschaftsliquidation erfolgt, dem Aktionär und Nießbrauchbesteller weiter zuzurechnen[106]. Dies nicht unbedingt deshalb, weil die Dispositionsbefugnisse diesem eindeutig und beherrschend zugeordnet sind, sondern eher, weil die bescheidenen Dispositionsmöglichkeiten keine Verlagerung der Einkünftezurechnung zum Nießbraucher begründen.

c) Die Berücksichtigung der Risikoverteilung im Vergleichsfallverfahren

Dieses Ergebnis kann jedoch durch eine Untersuchung der Risikozuweisung zwischen Nießbraucher und Nießbrauchbesteller erhärtet werden. Diese Haftungssphäre der Dispositionsbefugnisse sollte zwar, wie oben[107] erwähnt, nur dann hilfsweise herangezogen werden, wenn keine Dispositionsbefugnisse vorliegen. Da im vorliegenden Fall der präsente, ohne Rücksichtnahme auszuübende Dispositionsbereich gerade bei kleinen Aktienanteilen äußerst gering sein kann, soll die Verteilung der Risiken hier aber hilfsweise mit berücksichtigt werden.

Das Kursrisiko der Aktie verbleibt während der Nießbrauchsdauer beim Nießbrauchbesteller ebenso wie beim unbelasteten Vollrechtseigentümer und führt bei Wertpapieren, die zum Betriebsvermögen gehören, zu einer Beeinflussung des Jahresbetriebsergebnisses. Das Ertragsrisiko geht während der Nießbrauchsdauer auf den Nießbraucher über. Es kann zwar, wie bereits dargelegt, bei einer langfristigen Nießbrauchseinräumung das Kursrisiko übersteigen. Dies ist jedoch keine Besonderheit des Nießbrauchs, denn auch das Ertragsrisiko des Begünstigten einer Vorausabtretung kann bei einer entsprechend langfristigen Ertragsabtretung das Kurs- bzw. Substanzrisiko übersteigen. Der Nieß-

[105] Vgl. 2. Kap., A III 3 a ee.

[106] So auch Scharff, S. 136 f.

[107] Vgl. 2. Kap., A III 2 b.

braucher und der Begünstigte einer Vorausabtretung stehen sich daher hinsichtlich der Risikoverteilung gleich. Eine Berücksichtigung der Risikozuweisung unterstreicht daher das Ergebnis einer Einkünftezurechnung beim Nießbrauchbesteller.

d) Die Dauer der Einkünftezurechnung beim Nießbraucher nach einer Neuanlage des Kapitals

Soviel zu den einzelnen Dispositionsmöglichkeiten und der allgemeinen Risikozuweisung. Es stellt sich nunmehr die Frage, wie lange der Einfluß einer ggf. erfolgten Neuanlage durch den Nießbraucher und der daraufhin bei ihm erfolgten Wertpapierertragszurechnung vorhält, wenn die Neuanlage wiederum in mitgliedschaftlichen Papieren erfolgt ist und die Stimmrechtsausübung wieder durch den Nießbrauchbesteller erfolgt. Das heißt: Wie lange hält die Disposition der Neuanlage vor, wann überwiegt wieder die jährliche Stimmrechtsausübung und führt zu einer Änderung der Ertragszurechnung?

Die völlige Neuanlage des Liquidationserlöses stellt am Markt eine wesentlich umfassendere Disposition dar als die teilgebundene Möglichkeit der Stimmrechtsausübung. Daher sind die Erträge in den ersten Jahren weiter dem Nießbraucher zuzurechnen. Der Lösungsweg, nun einen Stichtag zu bestimmen, nach dem die Erträge wieder dem Aktionär zugerechnet werden sollen, erscheint jedoch willkürlich und daher verfehlt[108], ebenso ein Stichtag, an dem die gezogenen Erträge den Kurswert oder den Einkaufswert der Neuanlage übersteigt[109]. Berücksichtigt man auf der anderen Seite, daß die Neuauflage das Kapital zumindest bis auf weiteres festlegt und demgegenüber die doch eher geringe Dispositionsmöglichkeit der durch das Innenverhältnis teilgebundenen Stimmrechtsausübung, so kommt man zu dem Ergebnis, daß die letztere deutlich geringer zu bewerten ist und vernachlässigt werden kann.

Die Wertpapiererträge sind daher im Falle der Wiederanlage des Liquidationserlöses dem Nießbraucher für die gesamte vereinbarte Rest-Nießbrauchsdauer zuzurechnen. Erst das Ende der Nießbrauchsdauer oder eine Kündigungsmöglichkeit des Nießbrauchbestellers gibt diesem wieder eine beachtenswerte Dispositionsmöglichkeit.

---

[108] Vgl. hierzu die zutreffende Kritik der im 3. Kap., Fn. 75 zitierten Autoren an der 5-Jahres-Regelung der Verwaltung.

[109] Zu welchem Wert soll der Gesamtertragswert ins Verhältnis gesetzt werden?

e) Ergebnis

Die überwiegenden präsenten Dispositionsbefugnisse stehen auch bei Aktien dem Nießbrauchbesteller bzw. Eigentümer zu. Im Falle der Neuanlage des Kapitals sind die hieraus fließenden Wertpapiererträge jedoch bis zum Nießbrauchsende dem Nießbraucher zuzurechnen.

IV. Wertpapiere, bei denen eine Änderung der Disponibilität während der Nießbrauchsdauer eintritt

Bei einigen der jederzeit disponiblen und bei den während der Nießbrauchsdauer indisponiblen Wertpapieren kann im Laufe der Nießbrauchsdauer eine Änderung der Disponibilität eintreten. Diese Papiere wechseln dann zwischen den bereits angesprochenen Gruppen. Fraglich ist dabei, welche Auswirkungen dies auf die Einkünftezurechnung hat.

Als Papiere, bei denen die Kapitalüberlassungsleistung zunächst für eine gewisse Dauer fest vereinbart wird, die dann aber während der Nießbrauchsdauer kündbar bzw. durch Zeitablauf disponibel werden können, kommen z. B. in Betracht:

- ausgeloste Inhaberschuldverschreibungen[110],
- fällig werdende Inhaberschecks,
- fällig werdende Wechsel[111],
- qualifizierte Legitimationspapiere, deren Kündigungsfrist während der Nießbrauchsdauer abläuft,
- zur Liquidation gelangende Mitgliedschaftspapiere sowie
- anheimstellungsfähige Kuxe[112] und
- Wandelschuldverschreibungen gem. § 221 AktG, die im Anschluß noch gesondert behandelt werden.

Auf der anderen Seite stehen die zunächst disponiblen, dann aber während der Nießbrauchsdauer indisponibel werdenden Kapitalüberlassungen wie

---

[110] Dem Aussteller von Inhaberschuldverschreibungen kann ein Kündigungsrecht eingeräumt werden, das dieser i. d. R. durch Auslosung in Anspruch nimmt.

[111] Die Kapitalüberlassungsleistung wird bei diesem Papier allerdings nicht unbedingt dem Wertpapieraussteller gegenüber erbracht, sondern dieser erbringt zunächst die Kapitalüberlassung gegenüber dem Bezogenen, bei Weiterverkauf dann die Indossanten gegenüber dem Aussteller bzw. den Vorindossanten. Insoweit ist auch ein Wechsel bereits vor Verfall jederzeit disponibel.

[112] Gem. § 130 ABG, vgl. hierzu 2. Kap., A III 1.

— Papiere ohne Kündigungsfrist, die eingezogen und deren Kapitalwert für eine gewisse Zeit mit Kündigungsfrist neu angelegt wird.

1. *Die allgemeine Ertragszurechnung bei wechselnder Disponibilität der Kapitalüberlassungsleistung*

Bei den hier angesprochenen Wertpapiergruppen haben insbesondere die ausgelosten Inhaberschuldverschreibungen und die fällig gewordenen Sparbucheinlagen eine praktische Relevanz.

Hinsichtlich der Nießbrauchbestellung und der Verteilung der Dispositionsmöglichkeiten vor dem Änderungsstichtag kann auf die bereits bei den disponiblen bzw. indisponiblen Wertpapieren gemachten Ausführungen verwiesen werden.

a) Bei den zunächst indisponiblen Wertpapieren sind die Nießbrauchbeteiligten einander gem. §§ 1076, 1078 BGB verpflichtet, vom Zeitpunkt der Redisponibilität an, die aus verschiedenen Gründen wie Zeitablauf, Auslosung oder Auflösung der Gesellschaft erfolgen kann, bei der Einziehung des Kapitals mitzuwirken[113]. Das eingezogene Kapital muß anschließend gem. § 1079 S. 1 BGB wieder verzinslich nach den für die Anlegung von Mündelgeld geltenden Vorschriften angelegt werden. Hierbei bestimmt der Nießbraucher gem. § 1079 S. 2 BGB die Art der Neuanlage.

Damit steht dem Nießbraucher, wie schon in anderem Zusammenhang erläutert, die entscheidende Dispositionsbefugnis zu. Daher sind die Einkünfte aus dem neu angelegten Kapital bis zum Ende der vereinbarten Nießbrauchsdauer auch dem Nießbraucher zuzurechnen.

b) Dies gilt entsprechend, wenn der Nießbraucher zunächst disponible Papiere neu anlegt und hierbei im Rahmen der §§ 1807 ff. BGB eine Anlage mit Kündigungsfristen wählt.

c) Die Erträge von zunächst disponiblen, dann aber kündbar gewordenem und neu angelegtem Kapital sind daher ebenso wie die Erträge von erst durch die Art der Neuanlage indisponibel gewordenem Kapital grundsätzlich vom Zeitpunkt der Neuanlage an dem Nießbraucher zuzurechnen.

2. *Die Ertragszurechnung bei anheimstellungsfähigen Kuxen*

Mit dem Beschluß der Gewerkenversammlung, eine Zubußeforderung zu erheben, tritt bei den sonst hinsichtlich der Leistung der Kapital-

[113] § 1076 BGB bezieht sich zwar nur auf verzinsliche Forderungen, unverzinsliche Forderungen können hier jedoch vernachlässigt werden, da sich bei ihnen das Problem der Einkünftezurechnung nicht stellt und an derartigen Forderungen i. d. R. nur ein Sicherungsnießbrauch bestellt wird.

überlassung indisponiblen Kuxen insofern eine Änderung der Disponibilität ein, als diese nunmehr an die Gewerkschaft zurückgegeben werden können und diese den bei der Versteigerung des Kuxes etwa erzielten Mehrerlös herauszugeben hat.

Hinsichtlich dieses Kapitalanteils kann die Kapitalüberlassung somit gekündigt werden. Bei anheimstellungsfähig werdenden Kuxen sind daher zwei zusätzliche Dispositionsbefugnisse zu beobachten: erstens die Entscheidung über die Anheimstellung selbst und im Anschluß daran die Entscheidung über die Art der Neuanlage des Kapitals.

Während die Disposition über die Art der Neuanlage des Kapitals dem Nießbraucher gem. § 1079 S. 2 BGB eindeutig zugewiesen ist, kann die zeitlich wie logisch vorausgehende Frage, welchem der Nießbrauchbeteiligten die Entscheidung über die Anheimstellung zusteht, nicht so eindeutig beantwortet werden.

Die Disposition über das Anheimstellungsrecht kann keiner der Nießbrauchbeteiligten ohne das Zutun des jeweils anderen ausüben: der Nießbraucher nicht, da dieser keine Mitgliedschaftsrechte ausüben kann und nicht in das Gewerkenbuch eingetragen ist, aber auch der Gewerke bzw. Nießbrauchbesteller nicht, da er den zu übergebenden Kux nicht allein besitzt. Jeder der Nießbrauchbeteiligten kann daher zwar die Anheimstellung verhindern, nicht jedoch positiv darüber disponieren.

Auf den ersten Blick scheint daher die Lösung angemessen, beiden Nießbrauchbeteiligten die Disposition über die Anheimstellung gemeinsam zuzuweisen, zumal da die bei dem vergleichbaren Problem der Stimmrechtszuweisung in erster Linie gegen eine derartige Lösung sprechende Handlungsunfähigkeit der Gesellschaft hier nicht vorläge. Denn im Gegensatz zu der Situation bei der Stimmrechtsausübung in der Hauptversammlung werden hier die Gesellschaft und ihre Organe durch eine positive oder negative Entscheidung über die Anheimstellung nicht in ihrer Selbstverwaltung betroffen.

Auf der anderen Seite ist jedoch zu bedenken, daß die Frage der Anheimstellung nicht wie die Fragen bei der Stimmrechtsausübung sowohl das Substanz- wie auch das Nutzungsrecht betrifft. Durch die Entscheidung über die Anheimstellung wird zwar auch das Nießbrauchrecht mit betroffen, in erster Linie handelt es sich aber um eine reine Entscheidung über das Mitgliedschaftsrecht selbst, das mit der Anheimstellung erlischt.

Die Disposition über das Anheimstellungsrecht steht damit dem Nießbrauchbesteller allein zu, die anschließende Entscheidung über die Art der Neuanlage des rückerstatteten Kapitals dem Nießbraucher.

Fraglich ist daher, welches dieser Dispositionsrechte bei anheimstellungsfähigen Kuxen überwiegt. Von dem Zeitpunkt an, an dem der Kux für den Gewerken anheimstellungsfähig geworden ist, d. h. von dem Beschluß der Gewerkenversammlung[114] angefangen bis zu Zahlung, Erlaß oder Aufrechnung durch den Gewerken[115] kann dieser jederzeit und unbedingt über die Anheimstellung entscheiden. Man könnte daher die Auffassung vertreten, hier wie beim jederzeit widerrufbaren Nießbrauch[116] dem Besteller die Wertpapiere stets zuzurechnen, zumal da die Anheimstellung die spätere Wiederanlage erst ermöglicht. Dem ist jedoch entgegenzuhalten, daß beim jederzeit widerrufbaren Nießbrauch der Besteller durch den Widerruf den Nießbrauch beendet und alle Dispositionsbefugnisse zurückerhält.

Mit der Anheimstellung beendet der Besteller dagegen weder den Nießbrauch noch stärkt er seine Position im Hinblick auf die Dispositionsbefugnisse über die Kapitalüberlassung. Vielmehr verzichtet der Besteller hiermit auf die von ihm gewählte Anlageart und überläßt deren Bestimmung dem Nießbraucher.

Die Dispositionsbefugnis über die Anheimstellung wirkt daher nicht über den Zeitpunkt der Neuanlage des Kapitals hinaus. Wird der Kux anheimstellungsfähig, so werden die Dispositionsbefugnisse des Nießbrauchbestellers kurzfristig gestärkt: Die Wertpapiererträge sind ihm daher von der Anheimstellungsfähigkeit an zuzurechnen. Anschließend ist zu differenzieren: Wird kein über die Nachbuße hinausgehender Mehrerlös bei der Versteigerung erzielt und kommt es daher nicht zu einer Neuanlage des Kapitals, so ist der Nießbrauch beendet. Wird dagegen ein Überschuß erzielt, so sind die Wertpapiererträge aus dem dann neu angelegten Kapital dem Nießbraucher zuzurechnen.

3. *Die Zurechnung der Erträge bei Wandelschuldverschreibungen*

Bei den Wandelschuldverschreibungen ist die Sachlage insofern differenziert, da es sich um Inhaberschuldverschreibungen handelt, die für eine vorher festgelegte Zeit indisponibel sind. Nach diesem Zeitablauf wird das Kapital aber wieder disponibel.

Bei den Wandelschuldverschreibungen ist jedoch zu unterscheiden, ob es sich um solche handelt, die ein Umtauschrecht beinhalten, bei dem die Anleihe gegen Aktien eingetauscht werden kann, oder um solche,

---

[114] Miesbach/Engelhardt, Bergrecht, § 130 ABG — Art. 173 bay.BergG Anm. 3.

[115] Miesbach/Engelhardt, Bergrecht, § 102 ABG — Art. 146 bay.BergG Anm. 3 h.

[116] Vgl. 3. Kap., A V 1.

die ein Bezugsrecht einräumen. Bei letzteren kann der Anleiheinhaber das Bezugsrecht ausüben, den Bezugspreis entrichten und Aktionär werden und daneben seine nunmehr um das Bezugsrecht verminderte Anleihe behalten.

a) Wandelschuldverschreibungen mit Umtauschrecht

Zunächst zu den Wandelschuldverschreibungen, die ein Umtauschrecht beinhalten. Hier stellt sich die Frage, wer über die Wahrnehmung des Umtauschrechts entscheidet. Diese Dispositionsmöglichkeit ist mit derjenigen über den Bezug neuer Aktien vergleichbar. In beiden Fällen ist über den Erwerb junger Aktien und Mitgliedschaftsrechte gegen Bezahlung des Bezugspreises bzw. einem entsprechenden Verzicht auf Forderungen gegen die Gesellschaft zu entscheiden. Aus diesem Grunde wird die Ausübung des Umtauschrechts auch für diesen Fall dem Nießbrauchbesteller zugewiesen[117].

Die Ausübung des Bezugsrechts durch den Altaktionär und des Umtauschrechts durch den Inhaber der Wandelschuldverschreibung weist allerdings zwei wesentliche Unterschiede auf: hinsichtlich der Mitgliedschaft an der Gesellschaft sowie der Herkunft des Kapitals, mit dem der Bezugspreis bzw. der Umtausch bewirkt wird. Bei Aktien wurde die Bezugsrechtszuweisung zum Nießbrauchbesteller vorrangig mit einer sonst drohenden Verschlechterung seiner Mitgliedschaftsanteile begründet[118]. Der Inhaber einer Wandelschuldverschreibung ist demgegenüber aber noch kein Aktionär. Man wird allerdings sagen können, daß er aufgrund der Zeichnung der Wandelanleihe und des zu deren Ausgabe notwendigen Beschlusses der Hauptversammlung der Gesellschaft bereits eine Anwartschaft auf die Mitgliedschaft erworben hat. Diese würde durch den Umtausch, also ohne eine weitere Zustimmung etc. der Gesellschaft, zum Vollrecht erstarken.

Es liegt daher nahe, die Stellung des Anwartschaftsberechtigten mit der des Vollmitglieds zu vergleichen und deshalb für den Fall der Nießbrauchbestellung ohne Sondervereinbarungen auch hier dem Nießbrauchbesteller das Umtauschrecht zuzuweisen. Hiergegen scheint jedoch zu sprechen, daß der Nießbrauchbesteller bei der Ausübung des Umtauschrechts massiv in den Nießbrauchsgegenstand, die Wandelanleihe, eingreifen und diesen praktisch auf Dauer neu anlegen würde, während er bei Ausübung des Bezugsrechts den eigentlichen Nießbrauchsgegenstand, die Altaktien, unberührt ließe. Dem ist aber entgegenzuhalten, daß der Nießbrauchsgegenstand bei Wandelschuldverschreibungen mit Umtauschrecht und fehlender Sondervereinbarung

117 Scharff, S. 58.

118 Vgl. 2. Kap., A III 3 a cc.

von vornherein nur eine Anleihe darstellt, die von ihrer Intention her in Aktien getauscht werden soll. Aus diesem Grunde ist daher das Nießbrauchsrecht von Anfang an entsprechend reduziert.

Man wird daher im Ergebnis der wohl herrschenden Meinung zustimmen müssen und dem an den einzutauschenden Aktien bereits anwartschaftsberechtigten Nießbrauchbesteller die Ausübung des Umtauschrechts zuzubilligen haben. In diesem Fall verbleibt die überwiegende Dispositionsbefugnis beim Nießbrauchbesteller, dem daher auch die Wertpapiererträge zuzurechnen sind.

b) Wandelschuldverschreibungen mit Bezugsrecht

Auch bei den Wandelschuldverschreibungen, die ein Bezugsrecht beinhalten, steht dessen Ausübung dem Nießbrauchbesteller zu. Im Gegensatz zu dem eben erörterten Umtauschrecht stellt hier der Bezug jedoch nicht die einzige Dispositionsmöglichkeit dar, sofern die Wandelschuldverschreibung fällig geworden ist. Denn hier wird nicht wie beim Umtausch auch über die Schuldverschreibung selbst verfügt. Diese bleibt vielmehr zunächst bestehen, wird aber bei Fälligkeit gem. § 1067 BGB von den Nießbrauchbeteiligten eingezogen. Der Nießbrauchbesteller bestimmt daher nicht wie beim Umtausch mittelbar auch über die weitere Anlage des Kapitals und kann ferner bei der Kapitalbeschaffung für die Ausübung des Bezugsrechts nicht auf den Kapitalwert der Schuldverschreibung zurückgreifen.

Im Gegensatz zu dem dem Nießbrauchsrecht an Wandelschuldverschreibungen mit Umtauschrecht immanenten Gesamttausch des Nießbrauchsgegenstandes verbleibt hier nur das Bezugsrecht beim Nießbrauchbesteller, während das Recht der Bestimmung der Neuanlage des Kapitals nach Fälligkeit der Schuldverschreibung auf den Nießbraucher übergeht. Hierbei wird der Nießbraucher nur durch die Mündelgeldbestimmungen eingeschränkt.

Die Dispositionsbefugnisse sind daher bei Fälligkeit unterschiedlich verteilt. Die dem Nießbraucher zustehende Neuanlage des Kapitals stellt hierbei eine umfassendere Dispositionsmöglichkeit dar als die dem Nießbrauchbesteller zustehende Entscheidung über die Ausübung des Bezugsrechts, da nur durch die erstere direkt eine Kapitalüberlassungsleistung variiert wird.

Bei Wandelschuldverschreibungen mit Bezugsrecht sind daher nach der Einziehung der Schuldverschreibung die aus der Neuanlage fließenden Erträge dem Nießbraucher zuzurechnen.

4. Ergebnis

Die Erträge von Wertpapieren, deren Disponibilität sich während der Nießbrauchsdauer verändert, sind in diesem Falle aufgrund der starken Dispositionsmöglichkeit der Neuanlage des Kapitals grundsätzlich dem Nießbraucher zuzurechnen, sofern keine Sonderabrede existiert. Eine Ausnahme gilt ferner für Wandelschuldverschreibungen, die ein Umtauschrecht beinhalten. Hier sind die Erträge dem Nießbrauchbesteller zuzurechnen.

V. Auswirkungen besonderer Abreden bezüglich der Verteilung der Dispositionsbefugnisse zwischen den Nießbrauchbeteiligten

Da die Verteilung der Dispositionsbefugnisse das entscheidende Kriterium bei der Zurechnung von Einkünften ist, stellt sich die Frage, inwieweit durch Parteivereinbarung ein Abweichen von der gesetzlichen Verteilung der Dispositionsbefugnisse möglich und einkommensteuerwirksam ist.

1. Die grundsätzliche Zulässigkeit von Dispositionsabreden beim Wertpapiernießbrauch

Während die gesetzlichen Vorschriften, die die Entstehung[119] und den Gegenstand[120] des Nießbrauchs oder die Rechtsverhältnisse des Eigentümers, des Nießbrauchers oder des Nießbrauchbestellers gegenüber Dritten regeln[121], aufgrund des Typenzwangs des Sachenrechts unstreitig nicht dispositiv sind und nur ausdrücklich im Gesetz genannte Ausnahmen, wie z. B. der Ausschluß einzelner Nutzungen gem. § 1030 II BGB, als zulässig angesehen werden[122], sind die Bestimmungen, die das durch den Nießbrauch begründete gesetzliche Schuldverhältnis betreffen, welches die schuldrechtlichen Beziehungen zwischen den Nießbrauchbeteiligten selbst[123] regeln, grundsätzlich abdingbar[124].

Die Verteilung der Dispositionsbefugnisse ist daher insoweit abweichenden Parteivereinbarungen zugänglich, als diese nicht das Wesen

---

[119] Erman(-Ronke), Vor § 1030 Rdnr. 17; Staudinger(-Promberger), Vorbem. zu §§ 1030 ff. Rdnr. 7 f.

[120] MünchKomm(-Petzoldt), Vor § 1030 Rdnr. 16.

[121] MünchKomm(-Petzoldt), Vor § 1030 Rdnr. 16; Erman(-Ronke), Vor § 1030 Rdnr. 17; Staudinger(-Promberger), Vorbem. zu §§ 1030 ff. Rdnr. 9, jew. m.w.N.

[122] Staudinger(-Promberger), Vorbem. zu §§ 1030 ff. Rdnr. 9.

[123] Hier in erster Linie die Beziehungen des Nießbrauchers zum Eigentümer, in Ausnahmefällen (vgl. §§ 1067, 1086 ff. BGB) auch zum Eigentümer.

[124] MünchKomm(-Petzoldt), Vor § 1030 Rdnr. 13 f.; BGB-RGRK(-Rothe), § 1030 Rdnr. 7; Staudinger(-Promberger), Vorbem. zu §§ 1030 ff. Rdnr. 10, 12, 15; Erman(-Ronke), Vor § 1030 Rdnr. 16.

des Nießbrauchs betreffen[125]. Hierunter ist vorrangig der Grundsatz der Substanzerhaltung zu verstehen, der in den §§ 1037 ff., 1041 ff. BGB niedergelegt ist. Sofern daher Dispositionsbefugnisse vereinbart werden, die die Entstehungsvoraussetzungen, eine Änderung oder eine übermäßige Fruchtziehung aus dem Nießbrauchsgegenstand betreffen oder die Pflicht des Nießbrauchers zur Erhaltung und Rückgabe des Nießbrauchgegenstandes nach Ablauf der Nießbrauchsdauer ausschließen, so sind derartige Abreden nicht von dinglicher Wirkung.

Die hier zu untersuchenden, weil einkommensteuerwirksamen Dispositionsbefugnisse beim Wertpapiernießbrauch betreffen jedoch in erster Linie Dispositionen über die Leistung der Kapitalüberlassung. Diese Befugnisse über die Veränderung des Bezugsobjekts des Nießbrauchs bzw. über die Verwaltung, Kündigung, Einziehung und Neuanlage des Kapitals sind in den §§ 1071, 1077—79, 1081 ff. BGB geregelt.

Gem. § 1071 I S. 1, II BGB ist eine Aufhebung oder Änderung des dem Nießbrauch unterliegenden Rechts bei einer entsprechenden Zustimmung des Nießbrauchers bereits von Gesetzes wegen vorgesehen. Hiernach kann also die Stellung des Eigentümers und Nießbrauchbestellers durch Vereinbarung mit dem Nießbraucher, die sowohl in Form einer Einwilligung wie auch einer Genehmigung erfolgen kann, zulässigerweise gestärkt werden. Ohne eine derartige Zustimmung ist eine entsprechende Verfügung des Eigentümers dem Nießbraucher gegenüber relativ unwirksam[126].

Auch die die Kündigung, Einziehung und Neuanlegung des Kapitals betreffenden Vorschriften der §§ 1077—79 BGB werden allgemein als dispositiv angesehen[127]. Hiernach ist es zulässig, daß dem Nießbraucher über die gesetzlich vorgesehenen Befugnisse hinaus ein Recht zur freien, selbständigen Verwaltung des Nießbrauchgegenstandes eingeräumt wird. Hierbei ist lediglich der Grundsatz der Substanzerhaltung vom Nießbraucher zu beachten. Andererseits können die Dispositionsbefugnisse des Nießbrauchers aber auch wirksam auf den bloßen Zinsgenuß beschränkt werden[128].

Gleiches gilt für die Sonderregelungen der §§ 1081 ff. BGB[129, 130] bei Inhaber- oder blankoindossierten Orderpapieren. Auch hier können ab-

---

[125] BGB-RGRK-(Rothe), § 1030 Rdnr. 7; Staudinger(-Promberger), Vorbem. zu §§ 1030 ff. Rdnr. 9 f., jew. m. w. N.

[126] Heute ganz h. M., vgl. Staudinger(-Promberger), § 1071 Rdnr. 2; Erman (-Ronke), § 1071 Rdnr. 2; MünchKomm(-Petzoldt), § 1071 Rdnr. 2, jew. m.w.N.

[127] Vgl. Mot. III, S. 551; KGJ 40 (1911), 275 (276); BGB-RGRK(-Rothe), § 1077 Rdnr. 4 m. w. N.

[128] Vgl. BGB-RGRK(-Rothe), § 1071 Rdnr. 4.

[129] Lediglich § 1081 II BGB ist, da es sich um eine die Entstehung des Nießbrauchs betreffende Norm handelt, nicht dispositiv, vgl. Staudinger(-Prom-

weichende Vereinbarungen über den Besitz und insbesondere über die Einziehung und Neuanlage des Kapitals getroffen werden.

Die zivilrechtlichen Nießbrauchsregelungen lassen somit eine weitgehende Verlagerung der Dispositionsbefugnisse zwischen den Nießbrauchbeteiligten zu. Welche Auswirkungen dies auf die einkommensteuerliche Einkünftezurechnung hat, wird im folgenden zu klären sein, wobei in erster Linie die in der Praxis relevante Dispositionsverlagerung auf den Nießbraucher interessieren soll.

2. Die Übertragung von Dispositionsbefugnissen bei Wertpapieren mit disponibler Kapitalüberlassungsleistung

Die Abrede einer abweichenden Verteilung der Dispositionsbefugnisse zwischen den Nießbrauchbeteiligten kann bei Wertpapieren, die hinsichtlich der Leistung der Kapitalüberlassung jederzeit disponibel sind, so ausgestaltet werden, daß der Begünstigte zusätzliche, präsente Dispositionsbefugnisse erhält.

Hier ist in erster Linie an die Vereinbarung eines alleinigen Kündigungsrechts des Nießbrauchers zu denken, die bei nicht Inhaber- oder blankoindossierten Orderpapieren durch Abbedingung des § 1077 II 1 BGB, bei den übrigen Papieren durch eine entsprechende ausdrückliche Vereinbarung zu erreichen ist.

Hierdurch wird der Nießbraucher ermächtigt, mit Wirkung für den Eigentümer bzw. Nießbrauchbesteller über das mit dem Nießbrauch belastete Recht selbst zu disponieren. Während der Sachnießbraucher aufgrund des nicht dispositiven § 1041 BGB verpflichtet ist, die mit dem Nießbrauch belastete Sache zu erhalten, ist dies beim Nießbrauch an Forderungsrechten nicht der Fall. Hier kann der Nießbraucher ggf. das dem Nießbrauch unterliegende Recht durch Kündigung aufheben bzw. dieses Rechtsverhältnis zum Wertpapieraussteller beenden. Durch eine entsprechende Vereinbarung kann dem Nießbraucher daher praktisch die vollständige[131] und damit auch die überwiegende Dispositionsbefugnis eingeräumt werden.

---

berger), Vorbem. zu §§ 1030 ff. Rdnr. 7; MünchKomm(-Petzoldt), Vor § 1030 Rdnr. 16, jew. m. w. N.

[130] § 1081 BGB wird von RG Recht 1911, Nr. 1144; Palandt(-Bassenge), § 1081 Anm. 1, als dispositiv angesehen, während BGB-RGRK(-Rothe), § 1081 Rdnr. 4; Soergel(-Baur), § 1081 Rdnr. 1; Erman(-Ronke), Vor § 1030, die §§ 1081 ff. BGB für abdingbar erachten. Nach MünchKomm(-Petzoldt), § 1081 Rdnr. 1, kann eine derartige Abrede bereits konkludent durch die Einräumung des Alleinbesitzes an den Nießbraucher vereinbart werden.

[131] Eine derartige Vereinbarung entspricht damit bei jederzeit disponiblen forderungsrechtlichen Wertpapieren schon weitgehend einem Dispositionsnießbrauch, vgl. 3. Kap., A IV.

Eine von der gesetzlichen Verteilung der Besitzverhältnisse abweichende Regelung der Besitzverhältnisse an Wertpapieren kann ebenfalls zwischen den Nießbrauchbeteiligten vereinbart werden. Da der Anlaß bzw. Grund der Einkünftezurechnung jedoch eine entgoltene Betätigung ist, die sich vorrangig am Merkmal der Dispositionsbefugnisse widerspiegelt, können die eher statischen Merkmale des Besitzes nur indirekt über eine dadurch bedingte Erweiterung der Dispositionsbefugnisse Auswirkung auf die Einkünftezurechnung haben[132].

Durch eine entsprechend weitreichende Einräumung von Dispositionsbefugnissen, die ihrerseits jedoch nicht vor Ablauf der Nießbrauchsdauer kündbar sein darf[133], können daher einem der Nießbrauchbeteiligten, insbesondere dem Nießbraucher, die überwiegenden Dispositionsbefugnisse abweichend von der gesetzlichen Regelung zugewiesen werden. Hierdurch sind diesem Nießbrauchbeteiligten dann auch die Wertpapiererträge zuzurechnen.

3. Die Einräumung von erweiterten Dispositionsbefugnissen bei Wertpapieren mit indisponibler Kapitalüberlassungsleistung

a) Dispositionsabreden bei forderungsrechtlichen Wertpapieren

Sofern die Kapitalüberlassungsleistung eines forderungsrechtlichen Wertpapiers indisponibel ist, stehen den Nießbrauchbeteiligten keine diesbezüglichen Dispositionsbefugnisse zu[134]. Sie können sich daher auch nicht wirksam Dispositionsbefugnisse einräumen bzw. diese untereinander übertragen.

Wirksame Abreden können die Nießbrauchbeteiligten daher nur bzgl. der Besitzverhältnisse am Wertpapier treffen. Hier kann z. B. dem Nießbraucher der Alleinbesitz an einem Wertpapier eingeräumt werden. Dies führt jedoch m. E. nicht zu einer Änderung bei der Zurechnung der Werpapiererträge, da die Kapitalüberlassung weiter vom Inhaber der letzten Dispositionsbefugnis geleistet wird, mit der das Kündigungsrecht hinsichtlich des Kapitals befristet begeben wurde. Der Nieß-

---

132 Vgl. 1. Kap. und 2. Kap., A II 1 d.

133 Widrigenfalls stünden diese Dispositionsbefugnisse dem so Ermächtigten nicht unbedingt zu, sondern wären jeweils von der Nichtkündigung des nach der gesetzlichen Dispositionsverteilung Berechtigten abhängig, der diese Befugnisse dann jederzeit wieder an sich ziehen könnte und diese damit nur delegiert.

134 Ausnahmen gelten jedoch, wenn die Überlassungsleistung während der Nießbrauchslaufzeit wieder disponibel wird, z. B. wenn die Voraussetzungen einer außerordentlichen Kündigung vorliegen, vgl. 2. Kap. IV.

braucher kann zwar durch die Innehabung des Alleinbesitzes die tatsächliche Gewalt über das Wertpapier ausüben. Die vom Wertpapieraussteller entgoltene Kapitalüberlassung wird jedoch durch den Besitz des Wertpapiers nicht beeinflußt, solange sich an der Inhaberschaft an dem Wertpapier nichts ändert.

Bei forderungsrechtlichen Wertpapieren mit während der Nießbrauchsdauer indisponibler Kapitalüberlassungsleistung kann die Einkünftezurechnung somit nicht durch Dispositionsabreden der Nießbrauchbeteiligten beeinflußt werden.

b) Dispositionsabreden bei mitgliedschaftsrechtlichen Wertpapieren

Im Gegensatz zu den für die Nießbrauchbestellung konstitutiven Regelungen über Neuanlagerechte, Besitzeinräumung etc. sind die verschiedenartigen Mitwirkungsrechte des Aktionärs von den gesetzlichen Nießbrauchsbestimmungen nicht berührt und daher gesonderten Vereinbarungen zwischen den Nießbrauchbeteiligten in besonderem Maße zugänglich.

Die ohne besondere Abreden beim Nießbrauchbesteller verbliebenden Dispositionsmöglichkeiten der Entscheidung über die Wahrnehmung des Bezugsrechts sowie die Ausübung des Stimmrechts führten zu einer entsprechenden Einkünftezurechnung. Fraglich ist nun zunächst, ob eine Übertragung dieser Dispositionsbefugnisse auf den Nießbraucher überhaupt möglich ist, und ferner, ob dies zu einer Änderung der Einkünftezurechnung führt.

Die Dispositionsübertragung erscheint grundsätzlich möglich in der Form der Abtretung sowie durch Bestellung eines alleinigen Vertreters.

Die Abtretung der Dispositionsbefugnisse wird bei mitgliedschaftsrechtlichen Papieren von einigen Autoren[135] mit der Begründung abgelehnt, der Nießbrauchbesteller dürfe ihm zustehende subjektive Rechte nicht dem Nießbraucher überlassen[136]. Für diese Auffassung spricht, daß

[135] KG OLGR 10, 69 (69 f.), Soergel(-Baur), § 1030 Rdnr. 19 sowie Staudinger(-Spreng), 11. Aufl., § 1030 Rdnr. 8, lehnen allerdings nur die Vereinbarung einer wesentlichen und umfassenden Übertragung der Dispositionsbefugnisse ab, die schon weitgehend dem Dispositionsnießbrauch entspricht. Wo die Grenze von der zulässigen Übertragung von Dispositionsbefugnissen zum Dispositionsnießbrauch liegen soll, wird jedoch nicht deutlich gemacht.

[136] Speziell zur Frage der Übertragung der Geschäftsführerbefugnisse auf Dritte, BGHZ 36, 292 (293). Aufgrund ihrer Auffassungen von einer Aufspaltung des Mitgliedschaftsrechts durch den Nießbrauch sowie des sachenrechtlichen Typenzwangs halten einige Autoren (Murray, S. 90 f., Superczynski, S. 88 f.) eine Stimmrechtsvereinbarung für bedenklich. Murray bezieht sich jedoch bei seinen Ausführungen auf die mit Wertpapieren nur bedingt vergleichbare Sachlage bei der GmbH. Gegen diese Auffassungen überzeugend Scharff (S. 109 f. m. w. N.).

eine Stimmrechtsdelegation bei den übrigen Mitgesellschaftern eine gewisse Rechtsunsicherheit hinsichtlich der Person des nunmehr Ausübungsberechtigten hervorrufen kann. Dem ist jedoch entgegenzuhalten, daß die Mitaktionäre bei Inhaberpapieren im Gegensatz zu den nicht wertpapierrechtlichen Gesellschaftern z. B. bei OHG oder GmbH an die Person des Rechtsinhabers keine besonderen Anforderungen stellen und eine Legitimation nur durch eine Vorlage des Wertpapiers erfolgt. Daher kann der Eigentümer und Nießbrauchbesteller den Nießbraucher bereits durch eine Überlassung des Alleinbesitzes legitimieren. Nach dem Grundsatz per majore ad minus muß dies auch für die Abtretung lediglich der Dispositionsbefugnisse gelten, sofern sich der Nießbraucher hinreichend der Gesellschaft gegenüber gem. § 134 III 2. 3 AktG legitimieren kann.

Bei Inhaberaktien ist demnach eine Übertragung der Dispositionsmöglichkeiten ohne weiteres möglich. Bei Kuxen und Namensaktien stellt die Gesellschaft höhere Anforderungen an die Person ihrer Mitglieder, denn bei dieser Wertpapierform ist der Legitimationsnachweis nicht mehr nur durch Vorlage zu erbringen, er erfolgt vielmehr „aus dem Papier". Die Wahl dieser Wertpapierform kann verschiedene Gründe haben, i. d. R. wird eine gewisse Kontinuität der Mitglieder erwünscht, man nähert sich hierbei der Interessenlage bei den nichtwertpapierrechtlichen Gesellschaften wie OHG oder GmbH etwas an. Die Ausübung der Dispositionsbefugnisse durch den „gesellschaftsfremden" Nießbraucher berührt daher in stärkerem Maße die Belange der Gesellschaft, als dies bei einem durch Inhaberaktien legitimierten Nießbraucher der Fall ist. Daher wird man bei Kuxen und Namensaktien besondere Dispositionsabreden nur dann als zulässig ansehen können, wenn der konkrete Gesellschaftsvertrag dies erlaubt. Dieses gilt insbesondere für vinkulierte Namensaktien, bei denen eine gesonderte Zustimmung der Gesellschaft einzuholen ist.

Eine Übertragung der Dispositionsmöglichkeiten auf den Nießbraucher ist somit grundsätzlich möglich[137]. Der Eigentümer und Nießbrauchbesteller kann daher die Befugnis zur Ausübung des Stimmrechts wirksam auf den Nießbraucher übertragen, wobei dieser aber aufgrund der §§ 1041, 1068 II BGB gehalten ist, die Interessen des Eigentümers

[137] So auch RGZ 157, 52 (55); BGB JR 1954, 59; KG OLGR 37, 8 (9); BFH-Urteil vom 17. 7. 1957, II 143/55 U, BStBl III 1957, 294; (allerdings teilweise auf die Dispositionsübertragung auf den Pfandgläubiger bezogen): Heck, § 120 Nr. 11; Wiedemann, S. 416 Fn. 3 m. w N.; Scharff, S. 109; Barz in Großkomm. AktG, § 134 Anm. 41 m. w. N. Die ablehnenden Stimmen (KG JW 1932, 757; Hachenburg(-Schilling), GmbHG, § 15 Anh. I Anm. 20, sowie die bei Wiedemann, S. 416 Fn. 3 angegebenen Stellen) beziehen sich auf die Dispositionsübertragung bei der GmbH und sind wegen der dort schärferen Anforderungen an die Personen der Mitgesellschafter hier nur bedingt heranzuziehen.

an der Erhaltung des Nießbrauchsgegenstandes bei der Ausübung zu berücksichtigen. In diesem Rahmen ist die Übertragung dieser Dispositionsbefugnis zulässig.

Sie kann auch konkludent erfolgen, beispielsweise durch Überlassung der Aktien in den Alleinbesitz des Nießbrauchers[138]. Ebenso kann der Nießbrauchbesteller auch bereits bei Nießbrauchsbeginn die ihm im Falle einer Kapitalerhöhung zustehende Befugnis abtreten, über den Bezug neuer Aktien zu entscheiden.

Die Übertragung dieser Dispositionsbefugnisse bewirkt im Innenverhältnis zwischen den Nießbrauchbeteiligten[139] eine derartige Verlagerung der Dispositionsmöglichkeiten auf den Nießbraucher, daß sie auch die dem Nießbrauchbesteller im Außenverhältnis noch zustehenden Mitgliedschaftsrechte überlagern, weil der Nießbrauchbesteller dann nur noch Weisungen des Nießbrauchers ausführen und dieser somit disponieren würde.

Offen bleibt, ob diese Verlagerung der Dispositionsbefugnisse auch zu einer Veränderung der Einkünftezurechnung führt. Dies wird von einigen Autoren[140] angezweifelt, da diese Dispositionsbefugnisse bei begrenztem Aktienbesitz insgesamt zu unbedeutend seien, um eine Änderung der Einkünftezurechnung herbeizuführen. Ein Abstellen auf den absoluten Umfang der Dispositionsmöglichkeiten erscheint jedoch verfehlt. Wie bereits eingangs erläutert, ist bei der Grundfrage jeder steuerlichen Zurechnung auf die entgoltene Leistung im weitesten Sinne bzw. auf die Dispositionsbefugnisse abzustellen. Diese aber sind naturgemäß bei jeder Einkunftsart verschieden und bilden immer nur ein Hilfsmittel der Zurechnung. Daher ist bei der Einkünftezuweisung zwischen den Nießbrauchbeteiligten auch auf die Verteilung der Dispositionsbefugnisse bei der konkreten Einkunftsart abzustellen. Hier aber zählt nur ein relatives Überwiegen, nicht aber der Umfang der Dispositionsbefugnisse an sich. Die Verlagerung der Dispositionsbefugnisse hat daher grundsätzlich auch Auswirkungen auf die Einkünftezurechnung[141].

---

[138] Staudinger(-Promberger), Anh. zu §§ 1068, 1069 Rdnr. 99 hinsichtlich der Inhaberpapiere.

[139] Oder bei der Besitzübertragung von Inhaberpapieren ggf. auch im Außenverhältnis.

[140] Kurz, DStZ /A 1977, 448 (450); Hoyer, BB 1980, 1461 (1467); Scharff, S. 137, führt diese Auffassungen wohl zutreffend darauf zurück, daß hier die Ausführungen Ruppes (in Tipke, S. 29), wonach dieser als Zurechnungssubjekt von Einkünften denjenigen ansehen will, welcher über Vermögenswerte derart disponieren kann, daß er die *Höhe* der Einkünfte beeinflussen kann, restriktiv aufgefaßt wurden.

[141] So auch Philipowski, StuW 1979, 122, und Scharff, S. 137 f.

Zu einer Zurechnung beim Nießbraucher können die Abreden jedoch nur dann führen, wenn die Dispositionsbefugnisse dem Nießbraucher nunmehr präsent und unbedingt zustehen[142], d. h. die Entscheidung über die Ausübung des Bezugsrechts nur im Falle der Kapitalerhöhung und die Stimmrechtsausübung nur dann, wenn dieses Recht für die Nießbrauchsdauer unbedingt und unwiderruflich übertragen worden ist. Nur in diesem Fall sind die Variationsmöglichkeiten auf den Nießbraucher übergegangen.

Abreden zwischen den Nießbrauchbeteiligten hinsichtlich der Ausübung von Mitgliedschaftsrechten führen somit zu einer Änderung der Einkünftezurechnung, bei Kuxen und Namensaktien jedoch nur, sofern sie nach dem Gesellschaftsvertrag zulässig und für die Nießbrauchsdauer unbedingt und unwiderruflich abgeschlossen sind.

B. Zurechnung der Erträge aus dem Wertpapiernießbrauch unter Berücksichtigung eines eventuell für die Nießbrauchbestellung gezahlten Entgelts

Erfolgt eine Nießbrauchbestellung unentgeltlich, so sind nur die Erträge der Wertpapiere einem der Nießbrauchbeteiligten zuzurechnen. Wird dagegen für die Nießbrauchbestellung ein Entgelt gezahlt, so stellt sich neben der Problematik der Zurechnung dieses Entgelts die weitere Frage, ob hierdurch auch die für die Zurechnung der Wertpapiererträge ermittelten Ergebnisse beeinflußt werden.

I. Der Einfluß der Entgeltlichkeit der Nießbrauchbestellung auf die Zurechnung der Wertpapiererträge

Der BFH[143], die Verwaltungspraxis[144] und Teile des Schrifttums[145] messen der Frage der Entgeltlichkeit oder Unentgeltlichkeit der Nießbrauchbestellung erhebliche Bedeutung zu und scheinen sie sogar zu dem entscheidenden Zurechnungskriterium zu erheben:

So werden die Wertpapiererträge beim unentgeltlichen Zuwendungsnießbrauch[146] grundsätzlich dem Nießbrauchbesteller zugerechnet, auch wenn sie dem Nießbraucher zufließen.

---

[142] Vgl. 2. Kap., A II 1 b bb.

[143] BFH Urteil vom 14. 12. 1976, BStBl II 1977, 115 (116 f.).

[144] Vgl. u. a. Erlaß des BMF vom 23. 11. 1983 IV B 1 — S. 2253 — 103/83, BB 1984, 38 (42).

[145] Vgl. Enders, MDR 1983, 545; Hoyer, BB 1980, 1462 f.; Huxol, FR 1980, 310 ff.; Brandenburg, Rdnr. 209 f.

[146] Die Fälle des Vorbehalts- und des Vermächtnisnießbrauchs werden noch gesondert im 3. Kap., A I und II behandelt.

Ist die Nießbrauchbestellung dagegen entgeltlich, so wird dieses Entgelt dem Nießbrauchbesteller gem § 20 II Nr. 2 EStG zugerechnet, da der Nießbraucher lediglich eine Forderung einziehe, so daß die Wertpapiererträge bei ihm nicht zu versteuern seien[147].

Diese Regelung kann jedoch in mehrfacher Hinsicht nicht befriedigen: Zum einen wird nicht deutlich, weshalb bei der Zurechnung der Wertpapiererträge ausschlaggebend sein soll[148], ob ein Entgelt für die Nießbrauchbestellung vereinbart wird. Das Entgelt für die Nießbrauchbestellung und die Erträge aus dem Wertpapier sind zwei verschiedene Zahlungsansprüche, die auf unterschiedlichen rechtlichen und tatsächlichen Gründen beruhen. Während die Wertpapiererträge einen Zahlungsanspruch aus dem Wertpapier verkörpern, stellt sich die Entgeltlichkeit oder Unentgeltlichkeit der Vereinbarung über die Nießbrauchbestellung nur als dessen möglicher Reflex dar.

Entgelt und Ertrag sind daher von ihrer Anspruchsgrundlage her betrachtet voneinander unabhängig. Fraglich bleibt aber, ob sie sich hinsichtlich der Dispositionsbefugnisse beeinflussen können.

Erfolgt die Nießbrauchbestellung unentgeltlich, so stellt sich diese gem. §§ 516 ff. BGB als eine Zuwendung bzw. als eine Schenkung des Nießbrauchbestellers an den Nießbraucher dar. Die Parteien eines Schenkungsvertrages unterliegen jedoch besonderen Haftungsprivilegien, Obhuts- und Sorgfaltspflichten. So kann der Schenker bei eigener Verarmung gem. § 528 I 1 BGB die Herausgabe des Geschenkes verlangen oder bei einer schweren Verfehlung bzw. grobem Undank des Beschenkten die Schenkung gem. § 530 BGB widerrufen. Hierdurch entfällt dann die causa der Nießbrauchbestellung. Sofern eine Verarmung des Nießbrauchbestellers oder eine schwere Verfehlung bzw. grober Undank des Nießbrauchers tatsächlich vorliegen, stehen dem Nießbrauchbesteller wegen der Kondizierbarkeit des Nießbrauchrechts daher erweiterte Dispositionsbefugnisse zu.

Da diese Dispositionsbefugnisse dem Nießbrauchbesteller nur bedingt zustehen, sind sie bei der Verteilung der Dispositionsbefugnisse beim Zuwendungsnießbrauch auch erst dann zu berücksichtigen, wenn sie vorliegen[149]. Sofern Verarmung oder schwere Verfehlung bzw. grober Undank nicht vorliegen, und dies wird angesichts der engen[150] Tat-

---

[147] BFH Urteil vom 12. 12. 1969, VI R 301/67, BStBl II 1970, 212 (213 f.) sowie Fn. 144.

[148] Diesbezügliche Zweifel äußert auch Littmann, EStG, § 20 Rdnr. 11.

[149] In diesem Fall kann der Nießbrauchbesteller den Nießbrauch jederzeit kondizieren. Er hat daher die Möglichkeit, den Nießbrauch zu beenden und das Vollrecht wieder zu erlangen. Hinsichtlich der dann vorzunehmenden Ertragszurechnung vgl. 3. Kap., A V 1.

[150] Palandt(-Putzo), § 528 Anm. 2, § 530 Anm. 2, jew. m. w. N.

bestandsvoraussetzungen der §§ 528, 530 BGB meist der Fall sein, ändert sich an der Verteilung der Dispositionsbefugnisse jedoch nichts. Eine generelle Differenzierung bei der Ertragszurechnung nach dem Merkmal der Entgeltlichkeit oder Unentgeltlichkeit ist daher abzulehnen. Erträge und Entgelte sind daher getrennt und unabhängig voneinander bestimmten Steuersubjekten zuzurechnen.

Ein Abstellen auf die Entgeltlichkeit oder Unentgeltlichkeit der Nießbrauchbestellung bei der Zurechnung der Wertpapiererträge beschert zudem unnötige Abgrenzungsschwierigkeiten[151] und vermag Zwischenstufen, wie etwa ein besonders geringes Entgelt für eine Nießbrauchbestellung an umfangreichen Wertpapierbeständen, ebenfalls nur pauschal einzustufen[152]. Dies mag mit ein Grund dafür gewesen sein, weshalb der BFH[153] die Zurechnung der Wertpapiererträge beim entgeltlichen Nießbrauch ausdrücklich offengelassen und sich diesbezüglich nur zum unentgeltlichen Nießbrauch geäußert hat.

Beim unentgeltlichen Nießbrauch sind die Wertpapiererträge nach der BFH-Rechtsprechung[153] demjenigen zuzurechnen, der den Tatbestand der Einkünfteerzielung verwirklicht. Dies ist, wie bereits dargelegt[154], der richtige Ansatzpunkt. Im Ergebnis muß es jedoch nicht

---

[151] So soll ein entgeltlich bestellter Nießbrauch dann vorliegen, wenn der Wert der Nutzungsüberlassung und der Wert der Gegenleistung wirtschaftlich gegeneinander abgewogen sind. Hierbei sind die von den Nießbrauchbeteiligten jeweils insgesamt zu erbringenden Leistungen gegenüberzustellen (BMF Schreiben vom 23. 11. 1983, BB 1984, 38 (39), Tz 6 ff., 55 f.). Bei dieser Regelung, durch die das FA an die Rolle eines Obergutachters gedrängt wird, sind Einordnungsschwierigkeiten und -streitigkeiten vorhersehbar. Die Tatsache, wie sehr hier der Teufel im Detail steckt, zeigt sich beispielsweise an der Einordnung des Vorbehaltsnießbrauchs in dieses Schema. Hierbei soll es sich nach der Rechtsprechung des BFH (BFH Urteil vom 28. 7. 1981, VIII R 124/76, BStBl II 1982, 378 [379]) um einen unentgeltlichen Nießbrauch handeln. Es erscheint jedoch der Fall denkbar, daß für die Einräumung eines Vorbehaltsnießbrauchs noch ein Entgelt vom neuen Eigentümer gezahlt wird (vgl. Plückebaum, FR 1982, 289 f.). Ferner ergeben sich teilweise Nachweisprobleme, die die Rechtsprechung unter Zuhilfenahme von Entgeltlichkeitsvermutungen, z. B. bei der Nießbrauchbestellung unter nahen Angehörigen (BFH Urteil vom 24. 8. 1972, BStBl II 1973, 111; BMF Schreiben vom 23. 11. 1983, BB 1984, 38 [39] Tz 8) oder unter Fremden dann, wenn Leistung und Gegenleistung nicht in einem deutlichen Mißverhältnis zueinander stehen (BMF Schreiben vom 23. 11. 1983, BB 1984, 38 [39] Tz 7). Die Problematik wirkt sich schließlich im Zusammenhang mit dem Kostentragungsgedanken in voller Schärfe auch auf die Frage der Afa-Berechtigung aus, vgl. Meyer, DStR 1984, 639, 641. Diese Schwierigkeiten erkennt auch Hoyer, BB 1980, 1462, an, der aber gleichwohl an dem Unterscheidungsmerkmal der Entgeltlichkeit festhalten will. Eine derart schematische Lösung wird von Costede, Zweifelsfragen, S. 60, abgelehnt.

[152] Der Zuwendungsnießbrauch ist nach der Verwaltungspraxis steuerrechtlich in vollem Umfang entweder entgeltlich oder unentgeltlich (BMF Schreiben vom 23. 11. 1983, BB 1984, 38 [39] Tz 6 f., 56), Zwischenstufen sind in diesem Einteilungsschema nicht möglich.

[153] BFH Urteil vom 14. 12. 1976 VIII 146/73, BStBl II 1977, 115 (116 f.).

immer der Nießbrauchbesteller sein, der sich final wirtschaftlich betätigt und Dispositionsbefugnisse innehat; in bestimmten Fällen kann dies bei verschiedenen Wertpapieren auch der Nießbraucher sein.

Bei der Zurechnung der Erträge nach dem Prinzip der Verwirklichung des Tatbestands der Einkünfteerzielung hat sich der BFH in seinem Leitsatz[155] zwar nur auf den unentgeltlichen Nießbrauch bezogen. Die Gründe lassen jedoch erkennen, daß bei der Zurechnung zwischen dem entgeltlichen und dem unentgeltlichen Nießbrauch kein Unterschied besteht[156].

Für den entgeltlich bestellten Nießbrauch kann daher nichts anderes gelten[157]. Auch hier sind die Wertpapiererträge demjenigen Nießbrauchbeteiligten zuzurechnen, der den Tatbestand der Einkünfteerzielung verwirklicht[158], d. h. demjenigen, der die überwiegenden Dispositionsbefugnisse ausübt und so mit dem Nießbrauchsgegenstand am wirtschaftlichen Verkehr teilnimmt.

II. Zurechnung des für die Nießbrauchbestellung gezahlten Entgelts

Wem nun beim entgeltlichen Nießbrauch das dem Nießbrauchbesteller hierfür gezahlte Entgelt zuzurechnen ist, ist eine ganz andere Frage. Der BFH[159] rechnet dieses Entgelt gem. § 20 II Nr. 2 EStG dem Nießbrauchbesteller zu. Das ist zutreffend, da das Entgelt für eine Leistung des Nießbrauchbestellers, eine Verfügung über sein Kapitalvermögen, gezahlt wird, und ist auf der Basis des vom BFH heute vertretenen Einkünftebegriffs[160] auch weitgehend unstreitig[161].

---

[154] Vgl. 1. Kap., A und B.

[155] BFH Urteil vom 14. 12. 1976 VIII 146/73, BStBl II 1977, 115.

[156] So auch Söffing, FR 1977, 213 ff.; Schulze zur Wiesche, GmbH-Rdsch 1977, 153, 158; Scharff, S. 138 f. m. w. N.

[157] Bise, StbJb 1977/78, 193; für eine Gleichbehandlung von entgeltlichem und unentgeltlichem Nießbrauch auch Stuhrmann in Blümich/Falk, EStG, § 20 IV 6; Söffing in Tipke, S. 132; Petzoldt, BB 1977, 1594.

[158] So im Ergebnis auch Ruppe in Tipke, S. 26; Hoyer, BB 1980, 1468; Kahrs, DB 1981, 2200; Vogel, BB 1977, 1089; Kruse, AG 1980, 219; Uelner, StKongrRep 1979, 108; Philipwoski, StuW 1979, 114.

[159] BFH Urteil vom 12. 12. 1969, VI R 301/76, BStBl II 1970, 212 (213 f.).

[160] Vgl. 1. Kap., B.

[161] Vgl. die allerdings auf Einkünfte aus Vermietung und Verpachtung bezogenen gleichlautenden Verfügungen der OFD'en Stuttgart, Freiburg und Karlsruhe vom 8. 9. 1976, Tz. 3.2.1., DStZ /B 1976, 66 ff.; sowie die bei Stockinger, S. 222 Fn. 2 angegebenen Literaturhinweise; kritisch nur für den Fall des Nießbrauchs an einem GmbH-Anteil bei eigentumsähnlicher Position des Nießbrauchers, Littmann, EStG, § 20 Anm. 131 a sowie Herrmann/Heuer/Raupach, EStG, § 20 Anm. 369. Andere Teile des Schrifttums (Hilger, S. 99 f.; Söffing, FR 1975, 418 f.; Felix, StKongrRep 1975, 420), die die Wertpapier-

Man wird hier allerdings je nach der Verteilung der Dispositionsbefugnisse differenzieren müssen: Verbleiben die überwiegenden Befugnisse beim Nießbrauchbesteller, wovon der BFH regelmäßig ausgeht, so wird dieser das Entgelt gem. § 20 II Nr. 2 EStG zu versteuern haben; überträgt der Besteller dagegen die überwiegenden Dispositionsbefugnisse auf den Nießbraucher, so erfolgt die Besteuerung des Entgelts beim Besteller gem. § 20 II Nr. 1 EStG[162]. In jedem Fall aber ist dem Nießbrauchbesteller das ihm für die Nießbraucheinräumung gewährte Entgelt gem. § 20 II EStG zuzurechnen[163].

Daraus ergibt sich beim entgeltlichen sowie beim unentgeltlichen Wertpapiernießbrauch folgende Zurechnung: Die Wertpapiererträge sind je nach der Verteilung der Dispositionsbefugnisse i. d. R. dem Nießbrauchbesteller, in Ausnahmefällen dem Nießbraucher zuzurechnen. Sofern für die Nießbrauchbestellung ein Entgelt gezahlt wird, hat der Nießbrauchbesteller dies zu versteuern.

Die Konsequenz, daß die Wertpapiererträge dem Nießbrauchbesteller oder dem Nießbraucher zuzurechnen sind, und sofern für die Nießbraucheinräumung ein Entgelt gezahlt wird, auch dieses ggf. daneben noch vom Nießbrauchbesteller zu versteuern ist, wird jedoch im Ergebnis einhellig abgelehnt[164].

Kurz[165] und Schulze zur Wiesche[166] ziehen zwar zunächst auch die eben genannte Konsequenz und rechnen dem Nießbrauchbesteller grundsätzlich sowohl das für die Nießbraucheinräumung gezahlte Entgelt als auch, bei entsprechenden Dispositionsbefugnissen, die Wertpapiererträge zu. Sie vermeiden jedoch eine erhöhte Steuerbelastung des Bestellers dadurch, daß sie die dem Nießbraucher zufließenden Wertpapiererträge als Werbungskosten des Nießbrauchbestellers ansehen.

Ob die dem Nießbraucher zufließenden Erträge für den Besteller einer entgeltlichen Nießbraucheinräumung Werbungskosten darstellen, erscheint jedoch zweifelhaft[167].

---

erträge dem Nießbraucher zurechnen, sehen das von diesem an den Nießbrauchbesteller gezahlte Entgelt dagegen als einkommensteuerlich neutrale Vermögensumschichtung des Nießbrauchbestellers an.

[162] Hermann/Heuer/Raupach, EStG, § 20 Anm. 369; Scharff, S. 150; Littmann, DStR 1970, 211.

[163] Insofern kann dahingestellt bleiben, ob man eine Differenzierung für notwendig erachtet oder eine solche ablehnt, für letzteres in anderem Zusammenhang wohl Söffing, FR 1975, 419.

[164] Littmann, EStG, § 20 Rdnr. 11 m. w. N.; ferner Söffing, FR 1977, 213; Petzoldt, BB 1977, 1594; Stadie, S. 98 begründet dies mit dem sog. Surrogationsprinzip.

[165] Kurz, DStZ /A 1977, 451.

[166] Schulze zur Wiesche, GmbH-Rdsch 1977, 153, 158.

Werbungskosten sind gem. § 9 I Nr. 1 S. 1 EStG dauernde Lasten, soweit sie mit einer Einkunftsart in wirtschaftlichem Zusammenhang stehen. Zwischen dem Entgelt für die Nießbrauchbestellung und den Wertpapiererträgen besteht zwar insofern ein wirtschaftlicher Zusammenhang, als der Verzicht des Nießbrauchbestellers auf die Erträge die Voraussetzung für die Zahlung eines Entgelts durch den Nießbraucher ist. Die Wertpapiererträge stellen jedoch keine werbungskostenspezifischen Ausgaben dar, sondern eine potentielle Einnahme, auf die zugunsten des Entgelts verzichtet wird. Ausgaben oder Aufwendungen sind aber konstitutives Element der Werbungskosten, d. h. der Steuerpflichtige muß sich bestimmter Güter in Geldeswert entäußern[168]. Dies ist aber nicht der Fall, wenn ihm lediglich Einnahmen entgehen. Entgangene Einnahmen können daher nicht als Werbungskosten angesehen werden[169].

Kurz und Schulze zur Wiesche ist daher nur soweit zuzustimmen, als sie die Wertpapiererträge und das Entgelt für die Nießbraucheinräumung beim Besteller für grundsätzlich zurechenbar halten. Soweit sie jedoch, um eine mögliche Besteuerung sowohl der Erträge als auch des Entgelts beim Nießbrauchbesteller zu umgehen, die Wertpapiererträge als Werbungskosten des Nießbrauchbestellers ansehen, vermag dieser Lösungsweg nicht mehr zu überzeugen.

Warum aber dieses Bemühen, eine mögliche Besteuerung von Wertpapiererträgen und Entgelt beim Nießbrauchbesteller zu vermeiden, welches bei der grundsätzlichen Ablehnung der herrschenden Meinung um den Preis eines systemwidrigen Abweichens von einer konsequenten Einkünftezurechnung nach dem Prinzip der Leistungsfähigkeit geschieht und bei dem Lösungsweg von Kurz und Schulze zur Wiesche die fragwürdige Konstruktion von Wertpapiererträgen als Werbungskosten des Nießbrauchbestellers zur Folge hat?

Dies wäre dann gerechtfertigt, wenn durch die oben geschilderte Konsequenz derselbe Lebenssachverhalt zweimal besteuert bzw. unmittelbar und originär bezogene Einkünfte aus demselben Kapitalvermögen zweimal besteuert werden würden[170].

---

[167] So auch Stuhrmann in Blümich/Falk, EStG, § 20 IV 6; ablehnend auch Scharff, S. 149.

[168] Bordewin in Lademann/Lenski/Brockhoff, EStG, § 9 Rdnr. 2; Littmann, EStG, § 9 Rdnr. 22.

[169] Allg. Meinung, vgl. BFH Urteil vom 15. 12. 1977, BStBl II 1978, 216; BFH Urteil vom 21. 10. 1980, BStBl II 1981, 160; Gericke in Hartmann/Böttcher/Nissen/Bordewin, EStG, § 9 Rdnr. 3; Bordewin in Lademann/Lenski/Brockhoff, EStG, § 9 Rdnr. 2; Flockermann in Klein/Flockermann/Kühr, EStG, § 9 Anm. 15, Stichwort: „Entgangene Einkünfte".

[170] Der BFH (Urteil vom 12. 12. 1969, VI R 301/67, BStBl II 1970, 212 [214]) hat für diesen Fall eine Entscheidung ausdrücklich offengelassen.

Ob dies hier der Fall ist, erscheint jedoch fraglich. Zwar hat der Nießbrauchbesteller mit ein und demselben Wertpapier zwei Einkunftstatbestände verwirklicht: Hinsichtlich des Entgelts für die Nießbrauchbestellung den § 20 II Nr. 2 EStG und bezüglich der Wertpapiererträge den § 20 I Nr. 1, 8, 9 EStG.

Mit den Wertpapiererträgen einerseits und dem eventuell gezahlten Entgelt andererseits wird jedoch jeweils ein anderer und hiervon unabhängiger Erwerbsvorgang mit unterschiedlichem Einkunftstatbestand und somit ein anderer Lebenssachverhalt besteuert.

Auch erscheint die Konsequenz nicht untragbar: Wenn man zunächst den Fall betrachtet, daß die Wertpapiererträge aufgrund der Verteilung der Dispositionsbefugnisse dem Nießbraucher zuzurechnen sind und ein für die Nießbraucheinräumung bezahltes Entgelt dem Nießbrauchbesteller, so zeigt sich, daß sich für den Nießbraucher das gezahlte Entgelt als Werbungskosten bzw. Betriebsausgaben für die Erzielung der Wertpapiererträge als Einkünfte aus Kapitalvermögen bzw. Gewerbebetrieb darstellt[171]. Der Nießbrauchbesteller kann dagegen nach diesem Sachverhalt keine Absetzungen vornehmen.

Das steuerliche Endergebnis der konsequenten Lösung: Der Nießbrauchbesteller versteuert das erhaltene Entgelt, der Nießbraucher die über das Entgelt hinausgehenden Wertpapiererträge, erscheint sachgerecht, so daß zumindest bei dieser Konstellation nicht von der Zurechnung nach dem Prinzip der Leistungsfähigkeit bzw. der finalen wirtschaftlichen Betätigung abgewichen werden muß.

Nun zum Normalfall der Zurechnung der Wertpapiererträge beim Nießbrauchbesteller, der daneben noch das Entgelt zu versteuern hätte. Dies Ergebnis mag auf den ersten Blick unbillig anmuten, scheint doch die entgeltliche Nießbrauchbestellung für den Nießbrauchbesteller nur eine Art bilanziellen Aktivtausches zu bedeuten[172]: Er bekommt ein Entgelt und büßt dafür die Wertpapiere bzw. die ihm daraus zufließenden Erträge ein.

Bei näherer Betrachtung stellt sich die Situation jedoch anders dar: Grundsatz des Steuerrechts ist das Prinzip der Leistungsfähigkeit. Nicht derjenige ist steuerpflichtig, dem Erträge letztendlich zufließen, sondern derjenige, der den Tatbestand der Einkünfteerzielung verwirklicht, d. h. derjenige, der sich wirtschaftlich betätigt und disponieren kann.

In der vorliegenden Konstellation bekommt der Nießbrauchbesteller ein Entgelt für die Nießbraucheinräumung, welches dieser auch unstrei-

---

171 Vgl. Mittelbach, 2. Aufl., S. 31 f.; Littmann, DStR 1970, 211.

172 So auch Bise, StbJb 1977/78, S. 193.

tig zu versteuern hat. *Daneben* hat er aber auch noch die überwiegende Dispositionsmöglichkeit über die Wertpapiere behalten[173]. Er hat also beides, das Entgelt für die Nießbrauchbestellung und die Dispositionsbefugnis über die Wertpapiere[174]. Dadurch hat er seine Stellung im wirtschaftlichen Verkehr erweitert und seine Einfluß- und Entscheidungsmöglichkeiten vergrößert. Er ist daher auch entsprechend leistungsfähiger, und diese vergrößerte wirtschaftliche Leistungsfähigkeit kann steuerlich abgeschöpft werden.

Der Nießbrauchbesteller hat daher neben dem Entgelt auch die Wertpapiererträge zu versteuern, sofern er die überwiegenden Dispositionsbefugnisse behält.

III. Ergebnis

Die Frage der Entgeltlichkeit oder Unentgeltlichkeit der Nießbrauchbestellung hat daher auf die Zurechnung der Wertpapiererträge keinen Einfluß. Diese werden anhand der Verteilung der Dispositionsbefugnisse und der Teilnahme am wirtschaftlichen Verkehr einem der Nießbrauchbeteiligten zugerechnet. Ein für die Nießbraucheinräumung gezahltes Entgelt hat in jedem Fall der Nießbrauchbesteller zu versteuern, bei entsprechender Verteilung der Dispositionsbefugnisse ggf. auch neben den Wertpapiererträgen.

---

[173] Aus diesem Grunde ist eine derartige Konstellation auch nicht mit einer Vollrechtsübertragung vergleichbar.

[174] Insofern kann daher nicht pauschal auf das Surrogationsprinzip verwiesen werden. Die Wertpapiererträge werden formal zwar durch das für die Wertpapierüberlassung gezahlte Entgelt ersetzt; i. S. einer wirtschaftlichen Betätigung bzw. i. S. einer steuerlichen Leistungsfähigkeit kann das für die Wertpapierüberlassung gezahlte Entgelt jedoch nicht vollständig die durch die erweiterten Dispositionsbefugnisse erhöhte Leistungsfähigkeit kompensieren: der Nießbrauchbesteller behält weiter bzgl. der für ihn nunmehr zwar im Ergebnis ertragskupierten, nicht jedoch hinsichtlich der Wahrnehmung von Marktchancen etc. vollständig beschnittenen Wertpapiere die überwiegenden Dispositionsmöglichkeiten bei.

Drittes Kapitel

Sonderfälle und -probleme beim Wertpapiernießbrauch

Nachdem im vorigen Kapitel der Versuch einer allgemeinen Zurechnung der Erträge beim Wertpapiernießbrauch unternommen worden ist, stellt sich nunmehr die Frage, ob die hierbei gefundenen Ergebnisse auch Geltung beanspruchen können, wenn Besonderheiten in der Art des Nießbrauchs oder der Nießbrauchbeteiligten vorliegen. Derartige Besonderheiten haben sich in der steuerlichen Praxis nicht so sehr aufgrund besonderer rechtlicher oder steuerlicher Zuordnungsschwierigkeiten als problematisch erwiesen, sondern vor allem deshalb, weil hier ein Problem hinzutritt, welches zwar nicht nießbrauchsspezifisch ist, gleichwohl aber weitreichende praktische Bedeutung hat: Bei den oben angedeuteten Sonderfällen ist die Gefahr einer Steuerverkürzung durch nur steuerlich angezeigte aber nicht tatsächlich durchgeführte Verlagerungen von Einkünften zwischen einander familienrechtlich verbundenen Nießbrauchbeteiligten mit unterschiedlicher Tarifbelastung besonders groß[1].

Dadurch wird das eigentliche Problem der einkommensteuerrechtlichen Zurechnung beim Wertpapiernießbrauch von den Problemen der Unbeachtlichkeit von Scheingeschäften gem. §§ 41 II, 42 AO, der Nichtberücksichtigungsfähigkeit von Zuwendungen an Unterhaltsberechtigte gem. § 12 Ziff. 2 EStG und des tatsächlichen Nachweises der Einkünfteerzielung des Nießbrauchers überlagert.

Die Lösung des Zurechnungsproblems kann daher bei all diesen Sonderfällen nur in zwei Schritten erfolgen: erstens der grundsätzlichen einkommensteuerrechtlichen Zurechnung der Wertpapiererträge nach dem Prinzip der Leistungsfähigkeit und zweitens der Erörterung der Frage, wie diese nachzuweisen sind und in welcher Form einem möglichen Mißbrauch dieser rechtlichen Gestaltungsmöglichkeiten begegnet werden sollte.

---

1 Ähnlich Kruse, Jb der Fachanwälte für Steuerrecht 1977/78, 82 f.; L. Schmidt, StbJb 1975/76, 153 f.

A. Besondere Nießbraucharten und -formen

I. Vorbehaltsnießbrauch

Eine besondere Art der Nießbrauchbestellung ist der sog. Vorbehaltsnießbrauch, bei dem der Vollrechtseigentümer das Eigentum überträgt und sich gleichzeitig den Nießbrauch hieran vorbehält.

1. *Zur allgemeinen Ertragszurechnung beim Vorbehaltsnießbrauch*

a) Die Behandlung in Rechtsprechung und Literatur

Die einkommensteuerrechtliche Behandlung des Vorbehaltsnießbrauchs ist nicht eindeutig geklärt.

Der BFH hat in der seine bisherige Rechtsprechung ändernden Entscheidung vom 14. 12. 1976[2] die Zurechnung der Wertpapiererträge beim Nießbrauchbesteller für den Fall des Vorbehaltsnießbrauchs offengelassen. Es sprach daher einiges dafür, das der BFH diesbezüglich an seiner früheren Rechtsprechung, der Zurechnung der Erträge beim Nießbraucher, festhalten wollte, was durch die Urteile vom 28. 7. 1981[3] zum unentgeltlichen Vorbehaltsnießbrauch auch bestätigt wurde[4].

Die Finanzverwaltung[5] und die überwiegende Literatur[6] rechnet beim Vorbehaltsnießbrauch die Wertpapiererträge dem neuen Eigentümer zu, gewährt diesem allerdings die Möglichkeit, die ihm zuzurechnenden, aber dem Nießbraucher und früheren Eigentümer zufließenden Beträge als dauernde Last abziehen zu können, und erfaßt die Erträge beim Nießbraucher als wiederkehrende Bezüge nach § 22 Nr. 1 EStG.

Die ganz herrschende Meinung[7] kommt somit beim Vorbehaltsnießbrauch mit unterschiedlicher Begründung im Ergebnis zu einer Ertragszurechnung beim Vorbehaltsnießbraucher.

---

[2] BFH Urteil vom 14. 12. 1976, VIII R 146/73, BStBl II 1977, 115.

[3] BFH Urteile vom 28. 7. 1981, VIII R 35/79 und VIII R 124/76, BStBl II 1982, 378 (379), 380 (380).

[4] Zu den durch diese Urteile hervorgerufenen erforderlichen Änderungen hinsichtlich der nunmehr nicht nur vom Eigentümer geltend zu machenden Afa, vgl. Plückebaum, FR 1982, 285 ff.

[5] OFD Münster, Verfügung vom 29. 6. 1981, DB 1981, 1640 (1643); OFD Düsseldorf, Verfügung vom 24. 6. 1981, BB 1981, 1257 (1260).

[6] Mihatsch, FR 1979, 607; Scharff, S. 162 sowie die in Fn. 3 zitierten Literaturstellen; anders jetzt Brandenburg, Rn. 208.

[7] Theil, BB 1982, 1543 (1545); Söffing, FR 1982, 246; Enders, MDR 1983, 546; BMF Erlaß vom 23. 11. 1983, BB 1984, 38 (42) Tz 55 sowie, allerdings auf den Fall des Vorbehaltsnießbrauchs an Grundstücken bezogen, BFH VIII R 124/76, BB 1981, 1991 und BFH VIII R 35/79, BB 1981, 1992; im Ergebnis auch Schmidt, FR 1977, 462, der die Wertpapiererträge als Folgewirkung der ur-

b) Die besondere Problemstellung beim Vorbehaltsnießbrauch

Die Behandlung des Vorbehaltsnießbrauchs ist deshalb so brisant, weil es sich hier im Ergebnis zwar um einen Nießbrauch wie jeden anderen handelt, durch das Institut des Vorbehaltsnießbrauchs jedoch die Wirkung der Ertragszurechnung beim Zuwendungsnießbrauch scheinbar ins Gegenteil verkehrt werden kann.

Diese Umgehungsmöglichkeit scheint das ganze Zurechnungssystem beim Wertpapiernießbrauch in Frage zu stellen, weshalb eben versucht wird, die Zurechnungskriterien des Zuwendungsnießbrauchs unter Vorbringung mehr oder weniger zutreffender Argumente nicht oder nur abgewandelt auf den Vorbehaltsnießbrauch anwenden zu müssen. Es fragt sich daher, welche Differenzen zwischen Zuwendungs- und Vorbehaltsnießbrauch bestehen, und ferner, ob diese ggf. ein Abweichen von den allgemeinen Zurechnungskriterien rechtfertigen.

Der Zuwendungs- und Vorbehaltsnießbrauch unterscheiden sich in der Art ihrer Entstehung: Während beim Zuwendungsnießbrauch der Eigentümer und Nießbrauchbesteller gem. § 1030 I BGB eine ihm gehörende Sache mit dem Nutzungsrecht des Nießbrauchers belastet, im übrigen aber das Eigentum behält, ist es beim Vorbehaltsnießbrauch im Ergebnis umgekehrt: der ehemalige Eigentümer verliert sein Eigentumsrecht, behält aber das Nutzungsrecht.

Zur Erreichung dieses Ergebnisses bieten sich zwei Lösungsmöglichkeiten an:

1. Der bisherige Eigentümer überträgt das Volleigentum unter der Bedingung einer zu seinen Gunsten vorzunehmenden Nießbrauchbestellung auf den Zessionar[8] oder
2. der bisherige Volleigentümer überträgt nur das um das Ertragsrecht kupierte Eigentum an den Zessionar[9, 10].

---

sprünglichen Kapitalüberlassung des ehemaligen Eigentümers ansieht und sie diesem als nachträgliche Einkünfte aus Kapitalvermögen zurechnen will; auf der Basis der Grundsätze des BFH Urteils vom 14. 12. 1976 zweifelnd, Hoyer, BB 1980, 1461 (1467); Stuhrmann, DStR 1984, 9. Gegen eine Ungleichbehandlung von Zuwendungs- und Vorbehaltsnießbrauch wendet sich Petzoldt, BB 1977, 1595.

[8] Sog. Auflagetheorie, wonach die Verpflichtung des Erwerbers zur Nießbrauchbestellung als Auflage betrachtet wird: vertreten von der älteren Rechtsprechung, z. B. BFH Urteil vom 17. 7. 1957, II 143/55, BStBl III 1957, 294, sowie u. a. von Hilger, S. 2; Scharff, S. 14.

[9] Sog. Zurückbehaltungstheorie, BFH Urteil vom 21. 2. 1967, VI 263/65, BStBl III 1967, 311 (311 f.); Söffing, FR 1975, 414 ff., sowie die bei Stockinger, S. 183 Fn. 1 zitierten Entscheidungen und Schrifttumsnachweise.

[10] Welche dieser Konstruktionen vorliegt, ist im Einzelfall durch Auslegung zu entscheiden, vgl. Fendt, S. 122 f.

Während der erste Weg umständlich ist, da zwei Verfügungen getroffen werden müssen und durch das beim Zessionar kurzzeitig entstehende Volleigentum Pfändungsrisiken auftreten, spricht für die zweite Lösung, daß sie einfacher und wirklichkeitsnäher ist. Sie wird daher heute auch vorwiegend praktiziert[11].

Probleme liegen aber in der rechtlichen Konstruktion dieser Lösung:

— Will man lediglich das um die Nutzungs- und Dispositionsrechte kupierte Eigentum übertragen, so handelt es sich bei diesem Gebilde nicht mehr um einen Nießbrauch i. S. d. § 1030 I BGB[12]. Denn konstitutives Element des Nießbrauchs ist die Belastung einer Sache mit einem für einen Begünstigten eingeräumten dinglichen Nutzungsrecht und nicht die Übertragung eines mit einem Nutzungsrecht belasteten Eigentums.

— Geht man dagegen davon aus, daß der Volleigentümer sich einen Eigentümernießbrauch bestellt und anschließend das belastete Eigentum überträgt, so ist die Zulässigkeit und der rechtliche Bestand einer derartigen Konstruktion beim Wertpapiernießbrauch fraglich.

Während die Bestellung eines Eigentümernießbrauchs im älteren Schrifttum[13] hinsichtlich aller Nießbrauchsgegenstände einhellig abgelehnt wurde, wird ein solcher heute bei Grundstücken von der überwiegenden Meinung[14] aufgrund des § 889 BGB bejaht, zumindest dann, wenn ein rechtliches Interesse des Eigentümers besteht[15]. Bei Fahrnis und Rechten wird ein solcher Eigentümernießbrauch jedoch fast[16] einhellig abgelehnt[17].

Dies wird teilweise[18] damit begründet, daß bei der Bestellung eines solchen Nießbrauchs keine Formerfordernisse zu beachten seien und der Bestand daher nur von der internen Willensrichtung des Eigentümers abhänge. Damit sei aber das für das Sachenrecht geltende Publizitätsprinzip verletzt.

---

[11] Vgl. BFH Urteile vom 28. 7. 1981, VIII R 35/79, VIII R 124/76, BStBl II 1982, 378 (379); 380 (380); Huxol, FR 1980, 309 f.; Stuhrmann, DStR 1984, 9 m. w. N. sowie die Nachweise bei Stockinger, S. 183 Fn. 1, 2.

[12] So auch Söffing, FR 1975, 419 f.

[13] Vgl. hierzu die Nachweise bei MünchKomm(-Petzoldt), § 1030 Rdnr. 21.

[14] OLG Düsseldorf, NJW 1961, 561; LG Stade, NJW 1968, 1678; MünchKomm(-Petzoldt), § 1030 Rdnr. 21; BGB-RGRK(-Rothe), § 1030 Rdnr. 5; Costede, Zweifelsfragen, S. 61.

[15] Palandt(-Bassenge), § 1030 Anm. 3 m. w. N.

[16] Anders nur Harder, NJW 1969, 278; ders., DNotZ 1970, 269 ff.

[17] Vgl. Fn. 14.

[18] Staudinger(-Promberger), § 1030 Rdnr. 25, 21 ff.

Derartige Bedenken könnte man beim Vorbehaltsnießbrauch an Wertpapieren zwar mittels einer anschließenden Besitzübertragung ausräumen.

Bevor man jedoch sämtliche rechtliche Bedenken zurückstellen und mit Harder die Zulässigkeit eines Eigentümernießbrauchs auch an Rechten annehmen will, ist noch zu berücksichtigen, daß dem Bestand eines solchen Nießbrauchs die §§ 1063 I, 1068 I BGB entgegenstehen. Nach diesen Vorschriften erlischt der Nießbrauch an beweglichen Sachen und Rechten, wenn er mit dem Eigentum in derselben Person zusammentrifft. Gem. §§ 1063 II, 1068 I BGB gilt der Nießbrauch nur dann als nicht erloschen, soweit der Eigentümer ein rechtliches Interesse am Fortbestehen des Nießbrauchs hat.

Ein solches rechtliches Interesse wird dann bejaht[19], wenn im Range gleich- oder nachstehende Nutzungsberechtigte vorhanden sind oder die Sache mit einem Pfandrecht belastet ist[20], da die Inhaber der anderen Sicherungs- oder Nutzungsrechte sonst aus dem Fortfall des Nießbrauchs ungerechtfertigte Vorteile ziehen würden.

Dies ist beim Vorbehaltsnießbrauch jedoch nicht der Fall[21].

Die Konstruktion eines Eigentümernießbrauchs ist daher bei Wertpapieren nicht durchzuführen, so daß für den zweiten Lösungsweg eher auf die Übertragung des um die Nutzungs- und Dispositionsrechte kupierten Eigentums zurückgegriffen werden sollte.

Verfährt man daher nach dem erstgenannten Lösungsweg, der Übertragung unter der Auflage einer Nießbrauchbestellung, so scheint die Zurechnung der Wertpapiererträge wie beim Zuwendungsnießbrauch erfolgen zu müssen, wobei hier allerdings weitere Probleme hinsichtlich des Zwecks und der Dauer der Nießbrauchbestellung zu prüfen wären.

Bei der von der herrschenden Meinung vertretenen Lösungsvariante, die, will man nicht den bei Wertpapieren bedenklichen Weg über die Bestellung eines Eigentümernießbrauchs gehen, zivilrechtlich gesehen keine Nießbrauchbestellung ist, scheinen dagegen die für die Zurechnung der Wertpapiererträge beim Zuwendungsnießbrauch entwickelten Grundsätze nicht anwendbar.

Fraglich ist jedoch, ob diese unterschiedliche Entstehung von Zuwendungs- und Vorbehaltsnießbrauch und die daraus folgende andere

---

[19] Erman(-Ronke), § 1063 Rdnr. 1; Soergel(-Baur), § 1030 Rdnr. 2, 3, jew. m. w. N.

[20] Vgl. §§ 1242 II 2, 1247 S. 2 BGB.

[21] Die Motive (Mot. III, S. 531) gehen davon aus, daß ein solches rechtliches Interesse beim Nießbrauch an beweglichen Sachen niemals und beim Nießbrauch an Rechten nur dann vorhanden sei, wenn gleich- oder nachrangige Sicherungsrechte erhalten bleiben sollen.

zivilrechtliche Einordnung auch eine differenzierte steuerrechtliche Einkünftezurechnung rechtfertigt.

Denn nicht die juristische Konstruktion, in diesem Falle § 1030 I BGB direkt beim Zuwendungs- und analog beim Vorbehaltsnießbrauch ist für die Einkünftezurechnung entscheidend[22], sondern, wie bereits dargelegt[23], wer sich im Veranlagungszeitraum hinsichtlich eines Steuergegenstandes betätigt, hierüber disponiert und damit den Steuertatbestand verwirklicht. D. h., auch hier ist bei der Zurechnung nur darauf abzustellen, wer sich bei dem konkreten Vorbehaltsnießbrauch wirtschaftlich betätigt, also die Dispositionsbefugnisse innehat und am wirtschaftlichen Verkehr teilnimmt.

Hierauf könnte die unterschiedliche Genese von Zuwendungs- und Vorbehaltsnießbrauch jedoch Einfluß haben. Die entscheidende Frage ist somit auch hier, wer beim Vorbehaltsnießbrauch die überwiegenden Dispositionsbefugnisse innehat und ausübt.

c) Die Verteilung der Dispositionsbefugnisse beim Vorbehaltsnießbrauch

Die Verteilung der Dispositionsbefugnisse unter den Nießbrauchbeteiligten scheint beim Vorbehaltsnießbrauch grundsätzlich nicht anders auszusehen als beim Zuwendungsnießbrauch, denn es ist jeweils ein Ertragsberechtigter und ein mit diesem Ertragsrecht belasteter Eigentümer vorhanden.

Hieraus ist zunächst aber nur folgendes zu schließen:

1. Eine generelle Zurechnung der Wertpapiererträge bei einem der Nießbrauchbeteiligten ist beim Vorbehaltsnießbrauch ebensowenig wie beim Zuwendungsnießbrauch vorzunehmen.
2. Die Dispositionsbefugnisse können auch beim Vorbehaltsnießbrauch je nach Parteivereinbarung oder Situation unterschiedlich verteilt sein.

Andererseits sind beim Vorbehaltsnießbrauch zwei Besonderheiten hinsichtlich der Verteilung und der Ausübung der Dispositionsbefugnisse zu berücksichtigen: Zum einen könnten die zivilrechtlichen Vorschriften des Schenkungsrechts gem. §§ 528, 530 BGB die Verteilung der Dispositionsbefugnisse beeinflussen, zum anderen ist die Verteilung der Dispositionsbefugnisse beim Vorbehaltsnießbrauch einzelvertrag-

---

[22] Vgl. Costede, Zweifelsfragen, S. 61, der vornehmlich darauf abstellt, ob das Nießbrauchrecht mit den entsprechenden Befugnissen im Vermögen des früheren Eigentümers verbleiben soll.

[23] Vgl. 1. Kap., A.

lichen Sonderregelungen zwischen den Beteiligten in besonderem Maße zugänglich.

Zunächst zur schenkungsrechtlichen Bindung des neuen Wertpapiereigentümers: Wenn der neue Wertpapiereigentümer dieses Eigentum unter Vorbehalt des Nutzungsrechts schenkweise übertragen bekommt, so ist er dem Schenker gegenüber zu gewissen Obhuts- und Sorgfaltspflichten verpflichtet[24]. Dieser ist, wie bereits dargelegt[25], unter bestimmten Voraussetzungen berechtigt, das Geschenk, d. h. das belastete Eigentum, zu kondizieren. Bei Vorliegen dieser Voraussetzungen stehen dem Schenker und Vorbehaltsnießbraucher somit die überwiegenden Dispositionsmöglichkeiten zu, da er durch die Kondiktion wieder das Vollrecht erlangen kann. Da aber die durch den neuen Eigentümer bereits ausgeübten Dispositionsbefugnisse nicht kondizierbar sind und auch eine Rückübertragung des Eigentums erst noch erfolgen müßte, hätte die Zurechnung der Wertpapiererträge beim Vorbehaltsnießbraucher im Falle der Rückübereignung erst ex nunc zu erfolgen.

Sofern die Eigentumsübertragung unter Nießbrauchsvorbehalt daher unentgeltlich erfolgt, hat der Vorbehaltsnießbraucher als Schenker praktisch die Stellung eines Bestellers eines Zuwendungsnießbrauchs mit der Folge, daß dem Vorbehaltsnießbraucher bei Vorliegen der genannten Voraussetzungen bei Kondizierung des Geschenks die Erträge ex nunc zuzurechnen sind.

Die gewöhnliche Verteilung der Dispositionsbefugnisse kann ferner abweichend von einem gewöhnlichen Nießbrauch ausgestaltet sein, und zwar entweder durch eine besondere Abrede zwischen den Nießbrauchbeteiligten oder, wenn bei der Bestellung des Vorbehaltsnießbrauchs zunächst noch keine zwei Beteiligte existieren sondern der Vorbehaltsnießbraucher sich als Volleigentümer diesen Nießbrauch durch Übertragung des Eigentumsrechts quasi selbst „bestellt", durch eine nur unvollständige Übertragung der mit dem Erträgnisrecht verbundenen Dispositionsbefugnisse.

Der Vorbehaltsnießbraucher hat daher dem späteren Eigentümer gegenüber eine starke Stellung, die es ihm erlaubt,

— über die Wertpapiere vor der Übertragung in einer Weise zu disponieren, die über die Eigentumsübertragung hinaus fortwirkt und

— zumal dann, wenn die Wertpapierübertragung unentgeltlich oder gegen ein nur geringes Entgelt erfolgt, i. d. R. jede ihm günstige Vertragsabrede auch hinsichtlich der Dispositionsbefugnisse durchzusetzen.

---

[24] MünchKomm(-Kollhosser), § 530 Rdnr. 1; BGB-RGRK(-Mezger), § 530 Rdnr. 4 ff.

[25] Vgl. 2. Kap., B I.

Der Vorbehaltsnießbraucher hat daher vor der Nießbrauchbestellung keine dem Nießbraucher eines Zuwendungsnießbrauchs vergleichbare Rechtsposition, sondern vielmehr die des Volleigentümers und Nießbrauchbestellers. Fraglich ist daher, welche Auswirkungen diese ehemalige Stellung des Vorbehaltsnießbrauchers als Volleigentümer auf die Verteilung der Dispositionsbefugnisse hat bzw. ob diese eine andere Zurechnung als beim Zuwendungsnießbrauch rechtfertigt.

Hier wird man unterscheiden müssen: Legt der alte Eigentümer und jetzige Vorbehaltsnießbraucher vor der Eigentumsübertragung die Wertpapiere in einer Weise an, daß sie für eine bestimmte Zeit indisponibel sind, so haben weder der Vorbehaltsnießbraucher noch der neue Wertpapiereigentümer die Möglichkeit, über die Wertpapiere bzw. die Leistung der Kapitalüberlassung zu disponieren. Abzustellen ist dann auf die Leistung der Begebung der Dispositionsbefugnisse[26], die durch den alten Eigentümer und späteren Vorbehaltsnießbraucher erbracht worden ist. Solange die Wertpapiere indisponibel sind, sind die Wertpapiererträge daher, wie Schmidt[27] es formuliert, als nachträgliche Einkünfte aus Kapitalvermögen dem ehemaligen Eigentümer und späteren Vorbehaltsnießbraucher zuzurechnen[28].

Bei den disponiblen Wertpapieren ermöglicht die bereits erörterte starke Position des Vorbehaltsnießbrauchers vor der Eigentumsübertragung es diesem, eine weitgehende Beibehaltung seiner Dispositionsbefugnisse durchzusetzen.

Hier kommt die bereits angesprochene unterschiedliche Genese von Vorbehalts- und Zuwendungsnießbrauch wieder zum Ausdruck:

Während beim Zuwendungsnießbrauch der Besteller sein vorheriges Vollrecht mit einem Nutzungsrecht belastet und die Dispositionsbefugnisse durch das sachenrechtliche Institut des Nießbrauchs, wenn auch teilweise abdingbar, gesetzlich geregelt sind mit der Folge, daß die überwiegenden Dispositionsbefugnisse beim bisherigen Volleigentümer verbleiben, ist die Situation beim Vorbehaltsnießbrauch umgekehrt. Dort überträgt der Volleigentümer das um das Ertragsrecht kupierte Eigentum und damit quasi das nackte Eigentumsrecht, ohne daß die Dispositionsbefugnisse gesetzlich geregelt sind und diese mit übertragen werden müßten[29].

---

[26] Vgl. 2. Kap., A III 2 a.

[27] L. Schmidt, FR 1977, 462.

[28] So im Ergebnis auch Bordewin in Lademann/Söffing/Brockhoff, EStG, § 20 Rdnr. 25 d, der die Bestellung eines Vorbehaltsnießbrauchs in jedem Fall als Vorausabtretung der künftigen Erträge ansehen will, es sei denn, der Nießbraucher sei im Einzelfall als wirtschaftlicher Eigentümer anzusehen.

[29] So wohl auch die BFH Urteile vom 28. 7. 1981, VIII R 35/79, 124/76, BStBl

Richtet sich jemand einen sog. Vorbehaltsnießbrauch zum Zwecke der eigenen Versorgung ein, so kann man davon ausgehen, daß er daran interessiert ist, über sein Ertragsrecht in weitestem Maße disponieren zu können, ohne wie bei einer normalen Nießbrauchbestellung diese Befugnisse mit anderen teilen zu müssen. Der Vorbehaltsnießbraucher wird daher nur einen möglichst kleinen Ausschnitt seines Volleigentums übertragen und sich das Ertragsrecht und einen möglichst weiten Teil der Dispositionsbefugnisse vorbehalten.

Sind daher keine Sondervereinbarungen getroffen, so kann deshalb beim Vorbehaltsnießbrauch grundsätzlich von einer reinen Eigentumsübertragung ohne Mitübertragung der Dispositionsbefugnisse ausgegangen werden.

Sofern nichts Abweichendes vereinbart wurde, verbleiben die überwiegenden Dispositionsbefugnisse beim Vorbehaltsnießbrauch daher regelmäßig beim ehemaligen Eigentümer und Vorbehaltsnießbrauchbesteller. Diesem sind daher auch die Wertpapiererträge zuzurechnen.

2. Der Vorbehaltsnießbrauch als Mittel zur Umgehung von Steuertatbeständen

Durch das unterschiedliche Ergebnis der Ertragszurechnung beim Vorbehalts- und beim Zuwendungsnießbrauch ist die Möglichkeit, vermittels eines Vorbehaltsnießbrauchs jede Zurechnungsregelung beim Nießbrauch zu unterlaufen bzw. in ihr Gegenteil zu verkehren, verstellt.

Die Gefahr von Mißbräuchen oder Scheingeschäften mit Hilfe des Vorbehaltsnießbrauchs ist daher verhältnismäßig gering. Auch ein unentgeltlich eingeräumter Vorbehaltsnießbrauch führt nicht schon zur Annahme eines Scheingeschäfts gem. § 41 II, I 1 AO, da der Verzicht auf ein Entgelt für die Wertpapierübertragung dem Zedenten im Rahmen der Privatautonomie freigestellt ist. Auch ein Mißbrauch von rechtlichen Gestaltungsmöglichkeiten gem. § 42 AO kann in dem Vorbehaltsnießbrauch nicht ohne weiteres gesehen werden[30]. Dies wäre nur dann der Fall, wenn die zivilrechtliche Gestaltung den wirtschaftlichen Vorgängen gegenüber unangemessen und vom Steuerpflichtigen nur gewählt worden wäre, um einer Besteuerung zu entgehen[31]. Dies kann beim Vorbehaltsnießbrauch nicht pauschal bejaht werden, sondern ist eine Frage des konkreten Einzelfalls.

II 1982, 378 (379), 380 (380); Knobbe-Keuk, StuW 1979, 313; Stuhrmann, DStR 1984, 9.

[30] § 42 AO 1977 (früher § 6 StAnpG) wird vom BGH überaus restriktiv gehandhabt, vgl. Tipke, StuW 1977, 294 m. w. N.

[31] Tipke, Steuerrecht, § 8 6.2. b; Koch, AO, § 42 Rdnr. 5 ff.; Tiedtke, DB 1977, 1064; Hilger, S. 16 Fn. 45 m. w. N.

Die Bestellung eines sog. Vorbehaltsnießbrauchs ist daher in aller Regel beachtlich und die Zurechnung der Wertpapiererträge ist nach dem Kriterium der Verteilung der Dispositionsbefugnisse vorzunehmen.

3. Ergebnis

Die Zurechnung der Wertpapiererträge ist somit beim Vorbehaltsnießbrauch wie beim Zuwendungsnießbrauch anhand der Verteilung der Dispositionsbefugnisse zu beurteilen. Diese verbleiben bei indisponiblen Papieren beim bisherigen Eigentümer, d. h. dem Vorbehaltsnießbraucher, bei den disponiblen Wertpapieren ist, sofern keine besondere Vereinbarung getroffen wurde, davon auszugehen, daß der ehemalige Eigentümer neben dem Ertragsrecht die überwiegenden Dispositionsbefugnisse zurückbehalten hat, so daß die Wertpapiererträge dann ebenfalls dem Vorbehaltsnießbraucher zuzurechnen sind.

II. Der Vermächtnisnießbrauch

1. Die Behandlung in Rechtsprechung und Literatur

Als Vermächtnisnießbrauch wird eine solche Nießbrauchsart bezeichnet, bei der ein Nießbrauch durch einen Erben als neuen, zur Verfügung über die ehemalige Erbmasse Berechtigten aufgrund einer letztwilligen Verfügung des Erblassers bestellt worden ist[32].

Zivilrechtlich stellt sich die Situation hierbei so dar, daß der Erblasser von dem Erben zunächst gem. § 1922 I BGB in der Weise beerbt wird, daß das Vermögen vollständig übergeht. Der Erbe erwirbt daher das Volleigentum und ist dem Vermächtnisnehmer gegenüber gem. §§ 2174, 2147, 1939 BGB nur obligatorisch verpflichtet[33], an dem Erbteil einen Nießbrauch zu bestellen.

Da der Erbe die eigentliche Nießbrauchstellung somit nicht direkt aufgrund einer eigenen Entscheidung, sondern aufgrund einer Rechtspflicht vornimmt, werden die Wertpapiererträge beim Vermächtnisnießbrauch auch allgemein[34] dem Vermächtnisnießbraucher zugerechnet. Die hierzu vorgetragenen Begründungen sind jedoch unterschiedlich.

Die herrschende Meinung stellt auch hier wieder auf die m. E. nicht weiterführende Unterscheidung zwischen entgeltlichem und unentgeltlichem Nießbrauch ab.

---

[32] Vgl. BMF Erlaß vom 23. 11. 1983, BB 1984, 38 (42) Tz 55.
[33] Für alle: Palandt(-Keidel), § 2174 Anm. 1, Einf. v. § 2147 Anm. 3 a.
[34] Vgl. Littmann, EStR, § 20 Rdnr. 10 f.; Enders, MDR 1983, 545.

Der BFH[35] sieht die Bestellung des Vermächtnisnießbrauchs als nicht unentgeltlich an[36], da diese aufgrund der testamentarischen Verpflichtung erfolge. Der BFH führt dann in erster Linie Billigkeitserwägungen an, wonach es den Besonderheiten des Vermächtnisnießbrauchs nicht entspräche, die Wertpapiererträge demjenigen zuzurechnen, der letztwillig durch die Nießbrauchbestellung belastet worden sei[37].

Dieser Auffassung wird von weiten Teilen des Schrifttums gefolgt[38].

Hoyer[39] stellt demgegenüber darauf ab, daß der Vermächtnisnehmer ertragssteuerlich sein Recht nicht von dem zur Nießbrauchbestellung verpflichteten Erben erhalte, sondern, sofern der Nießbrauch in angemessener Zeit nach dem Erbfall bestellt werde, die Übertragung des Ertragsrechts als unmittelbar vom Erblasser erfolgt anzusehen sei. Da derartige Fälle ertragssteuerlich so behandelt werden, als ob der Erblasser den Nießbrauch im Todeszeitpunkt bestellt hätte[40], bezeichnet Hoyer den Vermächtnisnießbrauch als „Nießbrauch aufgrund einer von Dritten begründeten Rechtspflicht“[41]. Hoyer und Uelner[42] wollen dann den Vermächtnisnießbrauch nicht anders behandelt wissen als den Zuwendungsnießbrauch und kommen somit zwar entgegen der allgemeinen Auffassung zu einer Zurechnung der Wertpapiererträge beim Erben bzw. Nießbrauchbesteller. Dieser soll die Erträge allerdings als dauernde Last gem. § 10 I Nr. 1 a EStG absetzen können, wohingegen der Vorbehaltsnießbraucher diese Beträge als wiederkehrende Bezüge gem. § 22 Nr. 1 EStG zu besteuern habe[43].

Die erstgenannten Auffassungen stehen der im 2. Kapitel gefundenen Zurechnung der Wertpapiererträge anhand der Verteilung der Dispositionsbefugnisse entgegen. Der BFH weicht hier von seiner These ab, wonach Einkünfte aus Kapitalvermögen nur der Nießbrauchbesteller habe, der Kapital gegen Entgelt zur Nutzung überläßt.

Der herrschenden Meinung ist daher im Ergebnis nur zuzustimmen, wenn entweder die Verteilung der Dispositionsbefugnisse beim Ver-

---

[35] BFH Urteil vom 8. 6. 1977, II R 79/69, BStBl II 1979, 562 (564).

[36] Um ohne größere Begründung vom Urteil vom 14. 12. 1976 (BStBl II 1977, 115) und der grundsätzlichen Zuordnung beim Nießbrauchbesteller bei unentgeltlicher Nießbrauchbestellung abweichen zu können.

[37] BFH Urteil vom 8. 6. 1977, II R 79/69, BStBl II 1979, 562 (564).

[38] Vgl. Littmann, EStR, § 20 Rdnr. 10 f.

[39] Hoyer, BB 1980, 1467.

[40] BFH Urteil vom 5. 8. 1971, IV 243/65, BStBl II 1972, 114 (116); BFH Urteil vom 30 8. 1963, VI 216/62 U, BStBl III 1964, 59; Herrmann/Heuer/Raupach, EStG, § 12 Anm. 10.

[41] Hoyer, BB 1980, 1461, 1467.

[42] Uelner, StKongrRep 1979, 107, 111; so jetzt auch Stadie, S. 80.

[43] Hoyer, BB 1980, 1467; Uelner, StKongrRep 1979, 107, 111.

mächtnisnießbrauch anders als im „Normalfall“ des Zuwendungsnießbrauchs geregelt ist oder wenn die vom BFH angeführten Billigkeitserwägungen beim Vermächtnisnießbrauch nur eine Zurechnung der Wertpapiererträge beim Vermächtnisnießbraucher zulassen.

2. *Die Verteilung der Dispositionsbefugnisse beim Vermächtnisnießbrauch*

Wenn man das Leistungsfähigkeitsprinzip als Grundprinzip des Steuerrechts anerkennt, so müßte es möglich sein, hiermit auch im Fall des Vermächtnisnießbrauchs zu sachgerechten Einkünftezurechnungen zu gelangen.

Ansatzpunkt ist daher wieder die Verteilung der Dispositionsbefugnisse zwischen den Nießbrauchbeteiligten. Beim Normalfall des Zuwendungsnießbrauchs führt dies zwar i. d. R. zu einer Ertragszurechnung beim Wertpapiereigentümer bzw. Nießbrauchbesteller. Fraglich ist aber, ob die Verteilung der Dispositionsbefugnisse beim Zuwendungs- und beim Vermächtnisnießbrauch gleich ist.

Hierbei ist zu berücksichtigen, daß beim Vermächtnisnießbrauch die Verteilung der Dispositionsbefugnisse nicht wie beim Zuwendungsnießbrauch nur vom Gesetz bestimmt bzw. zwischen den Nießbrauchbeteiligten vereinbart wird, sondern hier der Erbe bei der Nießbrauchbestellung Dispositionsbefugnisse mindestens in dem Umfang übertragen muß, wie der Erblasser dies in seinem Vermächtnis vorgesehen hat.

Der Mindestumfang der zu übertragenden Dispositionsbefugnisse bestimmt sich daher nach dem Willen des Erblassers.

Einige Autoren[44] wollen hiernach den Vermächtnisnießbrauch mit der Vorerbschaft, die dem Vorerben weitgehende Dispositionsmöglichkeiten gestattet, einkommensteuerrechtlich gleichbehandeln.

Es stellt sich daher die Frage, ob der Erblasser gerade durch die Wahl des Instituts des Vermächtnisses dem Begünstigten gewöhnlich eine Rechtsposition zukommen lassen will, die diesen in die Lage versetzt, weitreichendere Dispositionsbefugnisse auszuüben, als dies beim Zuwendungsnießbrauch der Fall wäre. Nur dann würde sich die Verteilung der Dispositionsbefugnisse beim Zuwendungs- und Vermächtnisnießbrauch unterscheiden und u. U. zu einer anderen Einkünftezurechnung auch dann führen, wenn keine besonderen Abreden getroffen oder Willensäußerungen festzustellen sind.

Das sachenrechtliche Institut des Nießbrauchs ist eng verwandt mit dem erbrechtlichen Gegenstück der Vorerbschaft[45]. Es ist jeweils ein

[44] Becker, StuW 1938 I, Sp. 293 (299); Hilger, S. 128.

Nutzungsberechtigter vorhanden. Während aber dem Nießbrauch der Besteller Eigentümer des Nießbrauchsgegenstandes bleibt, diesen übereignen oder beleihen darf und lediglich nicht zum Nachteil des Nießbrauchers hierüber verfügen darf, wird der Vorerbe Volleigentümer der Erbmasse. Dieser ist zwar i. d. R. gem. §§ 2112 ff. BGB in seiner Verfügungsmacht hierüber beschränkt. Er kann aber beispielsweise im Gegensatz zum Nießbraucher ohne Zustimmung des Nacherben Hypothekenforderungen etc. gem. § 2114 BGB kündigen. Auch kann der Erblasser darüber hinaus den Vorerben gem. § 2136 BGB von allen Beschränkungen befreien.

Die Stellung des Vorerben, insbesondere des befreiten Vorerben, beinhaltet daher weitreichendere Dispositionsbefugnisse über die Erbmasse als die des Nießbrauchers über den Nießbrauchsgegenstand. Somit ist auch eine Gleichbehandlung von Nießbrauch und Vorerbschaft ertragssteuerlich nicht geboten.

Wenn der Erblasser daher eine über die Stellung des Nießbrauchers hinausgehende Rechtsposition des Vermächtnisnehmers beabsichtigt hätte, so hätte sich eine Vorerbschaft angeboten. Auch ein Erbvertrag oder eine Erbeinsetzung des zu Begünstigenden wären in diesem Fall in Erwägung zu ziehen.

Der Tatsache, daß der Erblasser hiervon abgesehen und dem Begünstigten nur einen obligatorischen Anspruch gegen den von ihm eingesetzten Erben auf Einräumung eines Nießbrauchrechts zuerkannt hat, ist daher zumindest nicht zu entnehmen, daß der Erblasser den Vermächtnisnießbraucher besserstellen wollte. Sie spricht vielmehr im Regelfall eher dafür, daß der Erblasser die Stellung des Vermächtnisnießbrauchers nicht über die des normalen Nießbrauchers hinaus stärken und erweitern wollte.

Der Vermächtnisnehmer hat daher im Regelfall nur einen Anspruch auf Einräumung eines Nießbrauchs unter Zugrundelegung der gesetzlich vorgesehenen Verteilung der den Nießbrauchbeteiligten zustehenden Dispositionsbefugnisse.

Wenn der Erblasser nichts Abweichendes bestimmt oder der Erbe keine zusätzlichen Befugnisse übertragen hat, so sind die Dispositionsbefugnisse beim Vermächtnisnießbrauch nicht anders verteilt als beim Normalfall des Zuwendungsnießbrauchs[46]. Dies hat zur Folge, daß die

[45] Dies zeigt sich z. B. auch an den gesetzlichen Verweisungen der §§ 2128 II, 2129 I BGB auf die Nießbrauchsregelungen.

[46] Insbesondere der Umfang und der Inhalt der Vermächtnisse in bezug auf die Erbmasse ist unerheblich, da es nur auf den konkreten Einzelfall der Verteilung der Dispositionsbefugnisse zwischen den Nießbrauchbeteiligten an dem Nießbrauchsgegenstand ankommt und nicht auf die nicht vom

Wertpapiererträge in den meisten Fällen dem Erben und Nießbrauchbesteller zuzurechnen wären.

3. Die Ertragszurechnung unter Berücksichtigung von Billigkeitserwägungen

Es stellt sich nunmehr die Frage, ob, wie der BFH[47] es betont, aus Gründen der Billigkeit oder aber aus anderen Erwägungen beim Vermächtnisnießbrauch von der allgemeinen Zurechnung nach der Verteilung der Dispositionsbefugnisse abgewichen werden sollte.

Auf den ersten Blick erscheint es wenig sachgerecht, die Wertpapiererträge dem Erben zuzurechnen, auch wenn dieser die überwiegenden Dispositionsbefugnisse innehaben sollte. Denn der Erbe hätte durch die Versteuerung der Wertpapiererträge dann lediglich Lasten zu tragen, während dem Vermächtnisnehmer und Nießbraucher die Erträge letztwillig zufließen.

Dieses Ergebnis ist jedoch so ungewöhnlich nicht. Dies läßt sich bereits an dem Vergleichsfall ersehen, in dem der Erbe ein bereits mit einem Nießbrauch belastetes Erbe antritt, bei dem der Nießbrauch noch vom Erblasser als Rechtsgeschäft unter Lebenden bestellt wurde. Auch hier sind die Erträge demjenigen zuzurechnen, der letztendlich durch die Nießbrauchbestellung belastet worden ist. Die Auffassung, daß im Todesfall des Nießbrauchbestellers dann die Wertpapiererträge aus Billigkeitserwägungen dem Nießbraucher zuzurechnen sind, wird in Rechtsprechung oder Literatur jedoch nicht vertreten. Dies ist auch zutreffend, denn es ist ja gerade ein Charakteristikum des Nießbrauchs, daß der Tod des Nießbrauchbestellers weder rechtliche Konsequenzen noch solche hinsichtlich der Verteilung der Dispositionsbefugnisse zwischen den Nießbrauchbeteiligten hat. Für den Fall, daß bereits der Erblasser den Nießbrauch bestellt hat, erscheint es daher nicht unangemessen, dem Erben die Wertpapiererträge zuzurechnen. Denn dieser erbt ja nur eine bereits mit einem Nießbrauch belastete Masse, hinsichtlich der ihm i. d. R. die überwiegenden Dispositionsbefugnisse zustehen. Wenn die gesamte Erbmasse mit Nießbrauchrechten beschwert ist und der Erbe durch die Erbschaft nur steuerlich belastet werden würde, so führt dies ebenfalls nicht zu einer unzumutbaren Belastung, denn es steht dem Erben ja frei, entweder die Erbschaft anzutreten oder diese fristgemäß gem. §§ 1953 I, 1945, 1944 I BGB auszuschlagen bzw. anschließend Nachlaßverwaltung oder Nachlaßkonkurs gem.

Vermächtnisnießbrauch umfaßte restliche Erbmasse bzw. das Vermögen des Nießbrauchbestellers.

[47] BFH Urteil vom 8. 6. 1977, II R 79/69, BStBl II 1979, 562 (564).

§§ 1975 ff. BGB zu beantragen. Soviel zum Fall der mit einem bereits bestellten Nießbrauch belasteten Erbmasse.

Fraglich ist nun, ob der Vermächtnisnießbrauch, der sich lediglich durch die Tatsache hiervon unterscheidet, daß der Nießbrauch zivilrechtlich erst aufgrund eines Vermächtnisanspruches durch den Erben bestellt wird, anders beurteilt werden muß.

Hoyer[48] hat aufgezeigt, daß die Nießbrauchbestellung durch den Erben steuerrechtlich als vom Erblasser vorgenommen anzusehen ist. Insofern bestünde kein Unterschied zu dem oben angeführten Vergleichsfall; Hoyer kommt aber im Ergebnis, wie bereits dargestellt, gleichwohl zu einer anderen Endbelastung.

Dies ist m. E. nicht zwingend: Der Unterschied in der Person des Nießbrauchbestellers ist zwar insofern bedeutsam, als die Nießbrauchbestellung beim Vermächtnisnießbrauch im Gegensatz zum Zuwendungs- oder Vorbehaltsnießbrauch nicht aufgrund einer freiwilligen Verfügung des Volleigentümers, sondern aufgrund des obligatorischen Vermächtnisanspruchs des zu bestellenden Nießbrauchers erfolgt.

Es ist jedoch zu beachten, daß der Erbe auch hier das Erbe ausschlagen kann. Dies hat die Wirkung, daß dann der Vermächtnisnehmer ihm gegenüber keinen Anspruch auf Nießbraucheinräumung mehr besitzt. Die Annahme der Erbschaft, mit der allerdings untrennbar dann die Stellung des Vermächtnisschuldners verbunden ist, erfolgt durch freien Willensentschluß. Die Entscheidung, den Nießbrauch zu bestellen, wird dadurch für den Erben vorgezogen auf den Zeitpunkt der Annahme oder Ausschlagung der Erbschaft.

Dem Erben steht es daher letztendlich frei, ob er das Erbe antritt und den Nießbrauch bestellt oder das Erbe ausschägt.

Wenn das Erbe nur einen Teil der Erbmasse umfaßt, so erscheint es daher m. E. nicht unangemessen, die Wertpapiererträge demjenigen zuzurechnen, der letztwillig durch die Nießbrauchbestellung belastet worden ist. Denn nicht die Nießbrauchbestellung stellt eine Belastung dar, sondern die Erbmasse ist von vornherein mit diesem Vermächtnis belastet.

Umfaßt das Vermächtnis die gesamte Erbmasse, so kann die Erbschaft für den Erben möglicherweise auch langfristig eher eine Belastung darstellen. Er wird diese dann ausschlagen.

Ist der Erbe auch pflichtteilsberechtigt, so gilt das Vermächtnis gem. § 2306 I 1 BGB als nicht angeordnet, ansonsten kann der pflichtteils-

[48] Hoyer, BB 1980, 1467.

berechtigte Erbe gegenüber dem Vermächtnisnehmer gem. § 2318 III BGB das Vermächtnis soweit kürzen, daß ihm sein Pflichtteil verbleibt.

Der Erbe hat daher die freie Wahl, das mit dem Vermächtnis belastete Erbe anzutreten. Wenn er sich für die Annahme der Erbschaft und damit für die Nießbrauchbestellung entscheidet, so sind m. E. keine Gründe ersichtlich, dann von einer Ertragszurechnung anhand der Verteilung der Dispositionsbefugnisse abzuweichen.

4. *Ergebnis*

Sofern daher die überwiegenden Dispositionsbefugnisse wie im Regelfall beim Besteller des Nießbrauchs verbleiben, so sind diesem auch beim Vermächtnisnießbrauch die Wertpapiererträge zuzurechnen.

III. Der Bruttonießbrauch

Als sog. Bruttonießbrauch wird ein solcher Nießbrauch bezeichnet, bei dem der Eigentümer bzw. Nießbrauchbesteller den Nießbraucher von allen Belastungen freistellt[49].

Dies hat Auswirkungen bei der unentgeltlichen Nießbrauchbestellung zugunsten Minderjähriger. Diese haben dann als Nießbraucher keinerlei rechtliche Nachteile in Kauf zu nehmen, weshalb auch von der Finanzverwaltung[50] in diesen Fällen das Fehlen der Bestellung eines Abschlußpflegers nicht beanstandet wird.

Auswirkungen auf die Zurechnung der Wertpapiererträge bzw. die Verteilung der Dispositionsbefugnisse hat diese Zusatzverpflichtung des Nießbrauchbestellers jedoch nicht[51]. Die Ertragszurechnung erfolgt daher, wie im 2. Kapitel erläutert, wobei hier allerdings bei unentgeltlich bestellten Bruttonießbräuchen aufgrund des dabei offenbar fehlenden Interessengegensatzes in besonderem Maße auf die tatsächliche Ausübung der eventuell auf den Nießbraucher übertragenen Dispositionsbefugnisse zu achten ist.

---

[49] Der BFH (Urteil vom 13. 5. 1980, VIII R 128/78, BStBl II 1981, 299 [300]) definiert den Bruttonießbrauch als einen Nießbrauch, bei dem sich der Nießbrauchbesteller verpflichtet, die dem Nießbrauchberechtigten gem. §§ 1041, 1047 BGB obliegenden Kosten und Lasten zu tragen, so daß dem Nießbraucher die Bruttoerträge verbleiben.

[50] Verfügung der OFDen Freiburg, Karlsruhe und Stuttgart vom 14. 10. 1981 (LSW Nr. 195, S. 1 Fn. 2).

[51] So auch Mittelbach, S. 25, der allerdings von der Zurechnung beim Nießbraucher ausgeht.

IV. Der Dispositionsnießbrauch

Unter der Bezeichnung Dispositionsnießbrauch ist eine Nießbrauchbestellung zu verstehen, bei der die Befugnisse des Nießbrauchers dahingehend erweitert werden, daß er auch zu Verfügungen über den Nießbrauchsgegenstand selbst berechtigt ist.

Eine derartige Nießbrauchserweiterung widerspricht sowohl dem Wesen des Nießbrauchs als auch dem Grundsatz der geschlossenen Zahl der sachenrechtlichen Institute und wird daher einhellig abgelehnt[52].

Eine Nießbrauchbestellung mit der Wirkung einer Verfügungsbefugnis des Nießbrauchers ist aber in Form einer vom Nießbrauch getrennten, unabhängigen rechtsgeschäftlichen Vereinbarung gem. §§ 185 I, 137 S. 1 BGB möglich, durch die der Nießbrauchbesteller und Eigentümer den Nießbraucher ermächtigt, über den Nießbrauchgegenstand zu verfügen[53].

Durch eine derartige Zusatzvereinbarung werden praktisch alle wesentlichen Dispositionsbefugnisse auch auf den Nießbraucher übertragen. Ein solcher Nießbrauch mit Verfügungsermächtigung kommt daher schon einer Vollrechtsinhaberschaft nahe.

Die Wertpapiererträge sind somit in diesen Fällen dem Nießbraucher zuzurechnen.

V. Auswirkungen einer Abrede der Beendigung des Nießbrauchs auf die Zurechnung der Wertpapiererträge

Der Gesetzgeber ist beim Nießbrauch an Rechten von einer unwiderrufbaren und unbefristeten Nießbrauchbestellung ausgegangen und hat die Beendigungsgründe kodifiziert. Als Erlöschensgründe sind gesetzlich genannt:

1. gem. §§ 1072, 1064 BGB die jederzeit mögliche einseitige Erklärung des Nießbrauchers an den Nießbrauchbesteller[54], daß er auf den Nießbrauch verzichte,
2. gem. §§ 1061, 1068 II BGB der Tod des Nießbrauchers bzw. das Erlöschen der juristischen Person[55],

[52] Soergel(-Baur), § 1030 Rdnr. 19; Palandt(-Bassenge), § 1030 Anm. 4 d m. w. N.; Baur, § 32 II 1 b.

[53] BGH NJW 1982, 31 (32); OLG Celle, DNotZ 1974, 731; BayObLG, JW 1929, 3503 (3504); Soergel(-Baur), § 1030 Rdnr. 19.

[54] Die einseitige Erklärung an den Nießbrauchbesteller ist auch dann ausreichend, wenn der Nießbraucher den wahren Eigentümer kennt, vgl. Palandt(-Bassenge), § 1064 Anm. 1.

[55] Vgl. aber § 1059 a BGB.

3. gem. §§ 1063 I, 1072 BGB das Zusammentreffen von Nießbrauch und Eigentum in einer Person, und ferner
4. Untergang oder gem. § 936 I BGB durch Eigentumsübergang aufgrund Ersitzung oder öffentlicher Versteigerung der Sache, auf die sich das Wertpapier bezieht.

Im Fall des Eintretens eines dieser drei erstgenannten Erlöschensgründe ist die Trennung des Ertragsrechts vom Eigentum aufgehoben, das Eigentum erstarkt wieder zum Vollrecht und die Erträge werden in jedem Fall dem Volleigentümer zugerechnet. Auf die vor dem Erlöschenszeitpunkt erfolgte Zurechnung der Wertpapiererträge hat die gesetzliche Beendigung des Nießbrauchs unstreitig keinen Einfluß.

Weitgehend ungeklärt ist die diesbezügliche Zurechnung dagegen, wenn der Nießbrauch durch das Eintreten eines zwischen den Nießbrauchbeteiligten vertraglich vereinbarten anderen Beendigungsgrundes erlischt oder aufgehoben wird. Hier ist vor allem an die Vereinbarung einer jederzeitigen Widerrufbarkeit für den Besteller, einer auflösenden Bedingung oder Befristung sowie an eine Anfechtung des Nießbrauchvertrages zu denken.

1. Jederzeitige Widerrufbarkeit der Nießbrauchbestellung bzw. Kündigungsmöglichkeit des Nießbrauchverhältnisses

Bei der Behandlung des jederzeit widerrufbaren Nießbrauchs wird nach wohl herrschender Meinung[56] wiederum zwischen dem entgeltlichen und dem unentgeltlichen Nießbrauch unterschieden, wobei dann steuerrechtlich nur der entgeltlich bestellte Nießbrauch „anerkannt" wird[57].

Bei der Ertragszurechnung sollte jedoch, wie bereits erörtert[58], eine Zurechnung nur nach dem Prinzip der Leistungsfähigkeit und damit nach der Verteilung der Dispositionsbefugnisse vorgenommen werden und nicht auf die Gegenleistung für die Nießbrauchbestellung, die ja nur deren Reflex ist, abgestellt werden.

Die Ausgangsfrage lautet daher: Hat eine jederzeitige Widerrufbarkeit der Nießbrauchbestellung Auswirkungen auf die Verteilung der Dispositionsbefugnisse zwischen den Nießbrauchbeteiligten?

[56] FG Hannover, Urteil vom 24. 2. 1976, VI E 136/75 EFG 1976, 556; Philipowski, StuW 1979, 113 (124 f.); Ruppe in Tipke, S. 7 (24 ff., 35); Hoyer, BB 1980, 1461 (1463 f.); a. A. wohl Herrmann/Heuer/Raupach, EStG, § 12 Anm. 8 j.

[57] Philipowski, StuW 1979, 124 f., begründet dies damit, daß nur beim entgeltlichen, jederzeit widerrufbaren Nießbrauch von einer tatsächlichen Übertragung der Dispositionsbefugnisse ausgegangen werden kann.

[58] Vgl. 1. Kap., A und 2. Kap., B.

Ist die Nießbrauchbestellung jederzeit widerrufbar, so hat dies zwar auf die Verteilung der Dispositionsmöglichkeiten keinen direkten Einfluß, diese richtet sich wie im Normalfall bei den verschiedenen Wertpapieren nach den dort bestehenden Dispositionsverteilungen bzw. den besonderen Abreden des Nießbrauchvertrages. Indirekt ist bei dem jederzeit widerrufbaren Nießbrauchvertrag die Dispositionsmöglichkeit des Nießbrauchbestellers jedoch insofern verstärkt, als dieser jederzeit, wenn der Nießbraucher die ihm allein oder gemeinsam mit dem Nießbrauchbesteller zustehenden Dispositionsmöglichkeiten nicht im Sinne des Bestellers ausführt, den Nießbrauchvertrag widerrufen und die gesamten Dispositionsmöglichkeiten mit sofortiger Wirkung an sich ziehen kann.

Dieses Recht zur Beendigung des Nießbrauchs mit der daraus folgenden Möglichkeit der jederzeitigen Entsetzung des Nießbrauchers aus dessen Dispositionsbefugnissen steht dem Nießbrauchbesteller unbedingt zu, da dieser unabhängig von autonomen, außerhalb seiner Entscheidungsgewalt stehenden Faktoren widerrufen kann. Daraus folgt, daß die jederzeitige Widerrufsmöglichkeit bei der Beurteilung der Verteilung der Dispositionsbefugnisse nicht nur bei Ausübung des Widerrufsrechts, sondern als präsente Dispositionsmöglichkeit des Nießbrauchbestellers auch im Fall der Nichtausübung zu beachten ist[59].

Durch diese zusätzliche Dispositionsbefugnis des Nießbrauchbestellers ist dessen Stellung gegenüber dem gesetzlichen Normalfall der unwiderrufbaren und unbefristeten Nießbrauchbestellung wesentlich verstärkt[60].

Fraglich bleibt noch, ob in diesem Fall die i. d. R. schon sonst überwiegende Dispositionsbefugnis des Nießbrauchbestellers hierdurch so verstärkt wird, daß sie in jeder Situation gegenüber der des Nießbrauchers dominiert und damit die Wertpapiererträge in diesen Fällen stets dem Nießbrauchbesteller zuzurechnen wären.

Dies wäre der Fall, wenn die Dispositionsbefugnisse auch in der für den Nießbraucher günstigsten Situation, der Neuanlage des Kapitals, überwiegend beim Nießbrauchbesteller verblieben.

Wenn eine Kündigung des Kapitels vorgenommen worden ist und eine Neuanlage durch den Nießbraucher bevorsteht, kann der Besteller den Nießbrauch widerrufen mit der Wirkung, daß der Nießbrauch sofort erlischt und der dann ehemalige Nießbraucher nicht mehr zur Disposition der Neuanlage des Kapitals berechtigt ist.

---

[59] Ähnlich Ley, DStR 1984, 679 für den widerruflichen Vorbehaltsnießbrauch.

[60] Anders wohl Ruppe in Tipke, S. 24, sowie Herrmann/Heuer/Raupach, EStG, § 12 Anm. 8 f., § 20 Anm. 40.

Der Nießbrauchbesteller kann daher auch bei Eintritt der für den Nießbraucher nur latenten Dispositionsmöglichkeit der Neuanlage mit Wirkung ex nunc alle Dispositionsbefugnisse an sich ziehen. Widerruft er nicht, so erfolgt die weiterhin jederzeit unterbrechungsfähige Neuanlage des Kapitals durch den Nießbraucher mit seiner grundsätzlichen Billigung und aufgrund seiner Willensentscheidung, der „Nicht-Widerrufung“[61]. Die Neuanlage stellt sich somit dann quasi als eine Teildelegation des jederzeit herstellbaren Volleigentumsrechts in Form eines Nichtwiderrufs dar.

Im Fall der jederzeitigen Widerrufbarkeit der Nießbrauchbestellung stehen dem Nießbrauchbesteller daher jederzeit die überwiegenden Dispositionsmöglichkeiten zu. Die Wertpapiererträge sind in diesen Fällen somit stets dem Nießbrauchbesteller zuzurechnen[62].

2. *Auflösend bedingte Nießbrauchbestellung*

Die Nießbrauchbestellung kann gem. § 158 II BGB auch mit einer auflösenden Bedingung vorgenommen werden. Dadurch werden die Rechtswirkungen des Geschäfts von einem zukünftigen, ungewissen Ereignis abhängig gemacht[63]. Gegenstand einer Bedingung kann ein zukünftiges Ereignis jeder Art sein[64], d. h. sowohl Handlungen als auch bloße Willensentschließungen der Vertragsparteien oder Dritten.

a) Potestativbedingungen

Hängt der Bedingungseintritt allein vom Willensentschluß eines der Beteiligten, also hier des Nießbrauchbestellers[65], ab, so liegt eine sog. Potestativbedingung[66] vor.

[61] L. Schmidt, StbJb 1975/76, 211, setzt daher den widerrufbaren Nießbrauch einer Vorausabtretung gleich.

[62] So auch Albrod, Steuerwarte 1979, 29; L. Schmidt, StbJb 1975/76, 211.

[63] Für alle: Palandt(-Heinrichs), Einf. v. § 158 Anm. 1 a.

[64] RGZ 104, 98 (100); Palandt(-Heinrichs), Einf. v. § 158 Anm. 4.

[65] Dem Nießbraucher steht ohnehin die Möglichkeit zu, die Aufhebung des Nießbrauchs gem. § 1064 BGB zu erklären.

[66] Diese Potestativbedingung ist von der sog. Wollensbedingung zu unterscheiden, bei der die Geltung eines Rechtsgeschäfts davon abhängig gemacht werden kann, daß ein Geschäftsbeteiligter später erklärt, das Geschäft gelten lassen zu wollen. Letztere hat der Gesetzgeber zwar beim Institut des Kaufs auf Probe gem. § 495 I 2 BGB als zulässig angesehen. Die Zulässigkeit einer Wollensbedingung wird daher von der Rechtsprechung (RGZ 104, 98 [100]; BGHZ 47, 388 [391]; OLG Hamm, OLGZ 1978, 169 [171]) bejaht. Dies wird jedoch in der Literatur (Staudinger(-Dilcher), Vorbem. zu §§ 158 ff. Rdnr. 17 a. E., wonach hierin nur eine Option gesehen werden kann; Soergel(-Knopp), Vor § 158 Rdnr. 28; Larenz, AT, § 25 I) vielfach mit der Begründung abgelehnt, durch eine Wollensbedingung werde nur eine Absichts-, nicht aber die für ein Rechtsgeschäft erforderliche Geltungserklärung abgegeben.

Diese ist zwar zivilrechtlich von der jederzeitigen Widerrufmöglichkeit zu unterscheiden. Hinsichtlich der hier relevanten Dispositionsbefugnisse bestehen zwischen einer Potestativbedingung und einer jederzeitigen Widerrufsmöglichkeit aber keine Unterschiede: Der Nießbrauchbesteller kann jederzeit allein durch eigene Willensentschließung den Nießbrauch beenden und alle Dispositionsbefugnisse an sich ziehen.

Bei der Potestativbedingung hat die Verteilung der Dispositionsbefugnisse und damit die Zurechnung der Wertpapiererträge daher wie bei der jederzeitigen Widerrufbarkeit zu verlaufen: der Nießbrauchbesteller hat stets die Erträge zu versteuern.

b) Andere Bedingungen

aa) Wegfall des Sicherungszwecks beim Sicherungsnießbrauch

Bei der Nießbrauchbestellung kann mit dinglicher Wirkung vereinbart werden, daß der Nießbraucher die Nutzungen nur zu einem bestimmten Zweck in einer bestimmten Art und Weise verwenden darf[67]. Hauptanwendungsfall ist hier der sog. Sicherungsnießbrauch, bei dem als Sicherheitsleistung für ein bestimmtes anderes Geschäft, etwa eine Darlehnsgewährung, ein Nießbrauch bestellt wird.

Durch diese Nießbrauchbestellung wird der Nießbraucher nicht nur gesichert, sondern durch die Nutzungen gem. § 362 BGB auch bereits unmittelbar befriedigt. Wenn eine derartige Zweckbestimmung der Nutzungen vereinbart worden ist, ist dies i. d. R. als eine auflösende Bedingung anzusehen[68], die den Nießbrauch beendet, wenn eine vollständige Befriedigung eingetreten ist[69] und der „Sicherungszweck“ entfällt.

bb) Auswirkungen der Vereinbarung einer auflösenden Bedingung auf die Ertragszurechnung

Bei allen, nicht nur von dem Willensentschluß eines Vertragspartners abhängigen Bedingungen, haben die Nießbrauchbeteiligten keinen direk-

[67] Die Zulässigkeit einer solchen Bedingung steht heute außer Streit, vgl. Staudinger(-Promberger), § 1030 Rndr. 47 m. w. N.

[68] Die Frage, ob auch aus anderen Gründen der vereinbarte Sicherungszweck entfallen und der Bedingungseintritt hervorgerufen werden kann, ist eine Auslegungsfrage. Für den Fall der Abtretung der durch den Nießbrauch gesicherten Forderung wird man dies in aller Regel bejahen können, vgl. Palandt(-Bassenge), § 1030 Anm. 4 c; Staudinger(-Promberger), § 1030 Rdnr. 49.

[69] Ist der Nießbrauch an einem festverzinslichen Wertpapier bestellt, so wird die auflösende Bedingung in der praktischen Auswirkung in die Nähe einer Nießbrauchbefristung gerückt. Die bei der Nießbrauchbefristung (vgl. 3. Kap., A V 3) angestellten Erwägungen sind daher auch hier zu berücksichtigen.

ten Einfluß auf den Bedingungseintritt. Insbesondere kann der Nießbrauchbesteller den Nießbrauch nicht selbständig beenden und alle Dispositionsbefugnisse wieder an sich ziehen.

Nimmt einer der Nießbrauchbeteiligten gleichwohl Einfluß auf den Bedingungseintritt, so gilt ein auf diese Weise herbeigeführter Bedingungseintritt zivilrechtlich gem. § 162 II BGB als nicht erfolgt. Wird der Bedingungseintritt dagegen zum eigenen Vorteil verhindert, so gilt er gem. § 162 I BGB als eingetreten.

Auch steuerrechtlich sind die Auswirkungen eines derartigen Handelns wider Treu und Glauben gem. § 40 AO unbeachtlich. Die Rechtsfolge wäre demnach eine weitere Zurechnung der Wertpapiererträge anhand der Verteilung der Dispositionsbefugnisse vor dem manipulierten Bedingungseintritt. Diese Zurechnung würde sich erst bei dem tatsächlichen Bedingungseintritt oder einer sonstigen Beendigung des Nießbrauchs ändern.

Es stellt sich jedoch die Frage, ob der Nießbrauchbesteller[70] durch die rechtswidrige Herbeiführung des Bedingungseintritts nicht gerade seine überragenden tatsächlichen Dispositionsmöglichkeiten unter Beweis gestellt hat. Dies ist jedoch zu verneinen, denn mittels Dispositionen nimmt nur derjenige am wirtschaftlichen Verkehr teil und ist somit leistungsfähig, dessen Handlungen auch von rechtlichem Bestand sind bzw. Rechtsfolgen herbeiführen. Durch rechtlich unwirksame Tätigkeiten kann daher keine Einkunftsquelle bewirtschaftet bzw. Einkünfte erzielt werden.

Die Nießbrauchbeteiligten können somit nicht wirksam zu ihrem Vorteil auf die Bedingung einwirken. Während der Laufzeit des auflösend bedingten Nießbrauchs ist daher die Position der Nießbrauchbeteiligten im Vergleich zum unbedingten Nießbrauch weder geschwächt noch gestärkt. Die Vereinbarung einer auflösenden Bedingung bei der Nießbrauchbestellung wirkt sich daher, sofern es sich nicht um eine Potestativbedingung handelt, auf die Verteilung der Dispositionsbefugnisse und damit auf die Zurechnung der Wertpapiererträge nicht aus.

3. *Befristung des Nießbrauchs*

Bei der Nießbrauchbestellung oder bei einem bereits bestehenden Nießbrauch kann zwischen den Beteiligten rechtsgeschäftlich vereinbart werden, daß die Wirkung der Nießbrauchbestellung und damit der Nießbrauch selbst zeitlich begrenzt sein soll.

---

[70] Der Nießbraucher ist hierauf nicht angewiesen, da er den Nießbrauch bereits gem. § 1064 BGB aufheben kann. Die Ausführungen gelten jedoch entsprechend für eine rechtswidrige Beeinträchtigung des Bedingungseintritts durch den Nießbraucher.

Ist ein solcher Endtermin beschlossen worden, so finden zivilrechtlich hierauf gem. § 163 BGB die für die auflösende Bedingung geltenden Vorschriften Anwendung.

a) Die einkommensteuerliche Behandlung in Rechtsprechung und Literatur

Die steuerliche Behandlung einer Nießbrauchsbefristung ist jedoch umstritten.

Ein Teil des Schrifttums[71] will den befristeten Nießbrauch ebenso behandeln wie die jederzeit widerrufbare Nießbrauchbestellung. Andere[72] weisen in diesem Zusammenhang darauf hin, daß eine Nießbrauchsbefristung nicht zu einer zeitlich begrenzten Unterhaltsgewährung dienen dürfe. Die Finanzverwaltung[73] erkannte dagegen i. d. R.[74] einen befristeten Nießbrauch zugunsten eines gesetzlich Unterhaltsberechtigten nur an, wenn der Nießbrauch für mindestens fünf Jahre bestellt und tatsächlich wie rechtlich ausgeübt wurde. Diese 5-Jahres-Frist, die im einzelnen wieder sehr umstritten[75] war, wurde durch BMF-Schreiben vom 15. 11. 1984[76] zwar nicht mehr aufrechterhalten. Eine diesbezüglich zutreffende und beständige Lösung der Zurechnungsfrage läßt sich m. E. auch hier nur erreichen, indem man die Problemkreise der Dispositionsverteilung bei der Nießbrauchbefristung von der Frage möglicher Mißbrauchsmöglichkeiten im Rahmen des § 12 Nr. 2 EStG trennt und gesondert behandelt.

b) Die Verteilung der Dispositionsbefugnisse beim befristeten Nießbrauch

Die Verteilung der Dispositionsbefugnisse zwischen den Nießbrauchbeteiligten ist durch Gesetz oder vertragliche Sondervereinbarung festgelegt. Die Tatsache, daß der Nießbrauch nur für 1 Jahr, 30 Jahre oder unbegrenzt eingeräumt wird, spielt bei der Zuweisung der einzelnen Befugnisse keine Rolle. Auswirkungen hat die Befristung lediglich bei

---

[71] Flume, DB 1973, 793; Söffing in Tipke, S. 137; Knobbe-Keuk, StuW 1976, 247; hiergegen wendet sich überzeugend Philipowski, StuW 1979, 125.

[72] Hoyer, BB 1980, 1463.

[73] Im Anschluß an EStR Abschn. 123 I 6, 7 z. B. die Verfügung der OFD Münster, FR 1981, 353.

[74] Abweichend z. B. OFD Düsseldorf, Verfügung vom 7. 2. 1977, StEK EStG § 12 Nr. 57, wo mehr als fünf Jahre verlangt wurden.

[75] Für willkürlich halten diese Frist z. B. Hoyer, BB 1980, 1461 (1463); Costede, Zweifelsfragen, S. 55 f.; Eppler, DStZ 1981, 55; Herrmann/Heuer/Raupacht, EStG, § 12 Anm. 8 k, der darauf hinweist, daß es nicht auf die Dauer des Nießbrauchs, sondern auf die Stellung des Nießbrauchs und die tatsächliche Durchführung des Nießbrauchs ankomme; gleichwohl für gerechtfertigt hält die Frist u. a. Philipowski, StuW 1979, 113, 126.

[76] FR 1984, 641 ff.

der Gewichtung der einzelnen Befugnisse. So kann der Nießbraucher im Falle der Neuanlage des Kapitals im Rahmen des Nießbrauchverhältnisses beispielsweise gehalten sein, das Kapital nicht über die Nießbrauchsdauer hinaus festzulegen[77]. Ferner könnten gewisse latente Mitwirkungsrechte bei sehr kurzer Nießbrauchsdauer eventuell gar nicht aktualisiert werden und zur Ausübung kommen. Dies wäre z. B. der Fall bei einer auf ein halbes Jahr befristeten Nießbrauchbestellung an einer Aktie zwischen den Hauptversammlungsterminen. Gewisse Dispositionsbefugnisse der Beteiligten müßten daher bei der Beurteilung der Befugnisse eventuell weniger stark gewichtet oder mangels Aktualisierung unbeachtet bleiben.

Hierbei kann es aber nicht auf die Gesamtnießbrauchsdauer ankommen, sondern nur auf die jeweilige Restlaufzeit. Je kürzer dieser Restlauf ist, desto näher rückt die Vollrechtsinhaberschaft des Nießbrauchbestellers mit der Folge, daß alle Dispositionen das Kapital nur noch bis zu diesem Termin festlegen sollten.

Dies führt zwar zu einer Einschränkung von einigen Dispositionsbefugnissen im Innenverhältnis. Damit steht aber noch nicht fest, daß dies Auswirkungen auf die Zurechnung der Wertpapiere hat.

Kommt es beispielsweise 10 Tage vor Ablauf der Nießbrauchsdauer zur Kündigung und Neuanlage des Kapitals, so ist der Nießbraucher bei der Wahl der entsprechenden Anlageart zwar stark eingeschränkt. Der Umfang seiner normalerweise überragenden Dispositionsmöglichkeit der Neuanlage des Kapitals ist wesentlich eingeengt. Gleichwohl stellt die Neuanlage für den Rest der Nießbrauchslaufzeit, und nur dieser Zeitraum ist bei den latenten Dispositionsbefugnissen beachtlich[78], die überragende Disposition dar.

An der gewöhnlichen Zurechnung der Wertpapiererträge: i. d. R. beim Nießbrauchbesteller und bei Neuanlage des Kapitals etc. beim Nießbraucher ändert sich daher bei einer Befristung im Gegensatz zu einer jederzeitigen Widerrufbarkeit nichts.

c) Zur mißbräuchlichen Verwendung der Nießbrauchbefristung

Die Frage, ob ein befristet eingeräumter Nießbrauch mißbräuchlich dazu benutzt wird, um beispielsweise das Abzugsverbot bei Zuwendungen gem. § 12 Nr. 2 EStG zu umgehen, überschattet vielfach das Problem der steuerlichen Behandlung eines befristeten Nießbrauchs.

Für die von der Finanzverwaltung gewählten Einteilungskriterien hinsichtlich der Anerkennung eines befristeten Nießbrauchs mag die

[77] Vgl. 2. Kap., Fn. 53.

[78] Vgl. 2. Kap., A II 1 b bb.

erleichterte praktische Verwendbarkeit sprechen. Dies allein rechtfertigt jedoch noch kein grundsätzliches Abweichen von dem System der Einkünftezurechnung. Pauschal läßt sich die Frage, ob und wann eine Befristung mißbräuchlich ist, anhand der 5-Jahres-Regelung jedenfalls nicht beantworten.

Je kürzer die vereinbarte Nießbrauchsdauer ist, desto mehr wird zwar von dem gesetzlich vorgesehenen Normalfall der unbefristeten Nießbrauchbestellung abgewichen. Die Parteien können jedoch grundsätzlich im Rahmen der Privatautonomie so handeln, wie es ihnen am günstigsten erscheint und für sie vorteilhafte steuerliche Regelungen „voll ausschöpfen“[79]. Ein gem. § 42 AO steuerlich nicht anzuerkennender Nießbrauch liegt daher erst bei solchen zivilrechtlichen Gestaltungen vor, die wirtschaftlich unangemessen sind und nur gewählt werden, um eine Besteuerung zu umgehen[80].

Wann dies der Fall ist, ist Tatfrage.

Allein aus der Tatsache einer Befristung darf jedoch noch nicht zwingend auf einen Mißbrauch geschlossen werden. Eine kurze Nießbrauchsbefristung mag zwar ein Indiz für einen Mißbrauch sein. Die zwingende Rechtsfolge des § 42 AO bei jeder unter 5jährigen Nießbrauchsbefristung geht m. E. über das Ziel einer Vermeidung von Mißbräuchen hinaus. Auch die verwaltungstechnische Vereinfachung kann angesichts der fehlenden gesetzlichen Grundlage eine derartig einschneidende Rechtsfolge nicht rechtfertigen. Die von der Verwaltung festgesetzte Frist kann allenfalls dazu führen, daß dem normalerweise mit den überwiegenden Dispositionsbefugnissen versehenen und damit steuerpflichtigen Nießbrauchbesteller verstärkte Mitwirkungs- bzw. Nachweisungspflichten darüber auferlegt werden können, daß keine Mißbrauchsabsicht vorliegt und nicht er, sondern der andere Nießbrauchbeteiligte den Nießbrauchgegenstand in der Absicht der Einkünfteerzielung bewirtschaftet.

Dem vermeintlich Steuerpflichtigen muß daher Gelegenheit gegeben werden, den Nachweis zu führen, daß er trotz der entgegenstehenden Umstände keinen Einkaufstatbestand verwirklicht[81] und dies auch nicht durch eine mißbräuchliche Rechtsgestaltung erreicht.

Eine starre Anwendung der 5-Jahres-Frist mit der Rechtsfolge des § 42 AO ist somit abzulehnen.

---

[79] BFH Urteil vom 4. 6. 1982, VI R 29/79, BStBl II 1982, 733 (735).

[80] Tipke, Steuerrecht, § 8 6.2 b.

[81] Vgl. auch Hartung, StuW 1963, 653.

4. Anfechtung der Nießbrauchbestellung

Eine vorzeitige Beendigung eines Nießbrauchs kann auch durch Anfechtung der Nießbrauchbestellung herbeigeführt werden.

Bei einer wirksamen Anfechtungserklärung wird die Nießbrauchbestellung gem. § 142 I BGB als von Anfang an nichtig angesehen. Eine solche Anfechtungserklärung kann, sofern ein Anfechtungsgrund vorliegt, sowohl durch die Nießbrauchbeteiligten als auch durch betroffene Dritte erfolgen.

Es stellt sich daher die Frage, welche Auswirkungen eine derartige Anfechtung oder bereits das Bestehen eines Anfechtungsgrundes auf die Verteilung der Dispositionsbefugnisse der Nießbrauchbeteiligten und damit der Einkünftezurechnung hat.

a) Anfechtungsmöglichkeit für einen der Nießbrauchbeteiligten

Steht einem der Nießbrauchbeteiligten selbst ein Anfechtungsrecht gem. § 119 oder § 123 BGB zu, so kann dieser hiermit über die Nießbrauchbestellung und damit über das Nießbrauchrecht selbst disponieren. Hinsichtlich der hier zu untersuchenden Dispositionsbefugnisse stellt sich das Bestehen eines Anfechtungsgrundes für die Nießbrauchbeteiligten verschieden dar. Während der Nießbraucher, der ohnehin jederzeit auf den Nießbrauch verzichten kann, hierdurch nur erreicht, daß er seine Dispositionsbefugnisse wieder an den Nießbrauchbesteller verliert, erlangt der Nießbrauchbesteller bei einer Anfechtung wieder das Vollrecht mit allen Dispositionsbefugnissen an dem ehemaligen Nießbrauchgegenstand. Für den Nießbraucher ändert das Vorliegen eines Anfechtungsgrundes daher nichts an der Verteilung der Dispositionsbefugnisse.

aa) Zurechnung der Wertpapiererträge während der Anfechtungsfrist für den Nießbrauchbesteller

(a) Die Frist des § 124 BGB

Beim Nießbrauchbesteller ist zu unterscheiden: Handelt es sich um einen Anfechtungsgrund nach § 123 BGB, so steht dem Nießbrauchbesteller gem. § 124 I, II BGB innerhalb eines Jahres seit Kenntnisnahme bzw. Beendigung der Zwangslage ein Anfechtungsrecht zu. Während dieses Zeitraumes steht es dem Nießbrauchbesteller daher jederzeit frei, den Nießbrauch zu beenden. Das Vorliegen eines Anfechtungsgrundes nach § 123 BGB hat somit für den Nießbrauchbesteller dieselben Wirkungen wie die Vereinbarung einer jederzeitigen Kündigungs- bzw. Widerrufsmöglichkeit. Dies hat zur Folge, daß dem Nießbrauchbesteller während der Anfechtungsfrist gem. § 124 BGB stets die überragenden Dispositionsbefugnisse zustehen. Sofern der Nießbrauchbesteller diese zur Anfechtung berechtigenden Umstände kennt, sind ihm daher auch die Wertpapiererträge in diesem Zeitraum immer zuzurechnen[82].

(b) Die Frist des § 121 BGB

Bei Vorliegen eines Anfechtungsgrundes gem. § 119 BGB muß die Anfechtung nach Kenntnis des Anfechtungsgrundes unverzüglich erfolgen, d. h. ohne schuldhaftes Zögern. Anderenfalls wäre das Anfechtungsrecht verwirkt. Die Frage der Zurechnung der Wertpapiererträge seit Kenntnis des Anfechtungsgrundes stellt sich daher in diesen Fällen nicht.

bb) Zurechnung der Wertpapiererträge für die Zeit zwischen Nießbrauchbestellung und Beginn der Anfechtungsfrist

Läßt der anfechtungsberechtigte Nießbrauchbesteller die Anfechtungsfrist des § 124 BGB ungenutzt verstreichen, so ändert sich an der Verteilung der Dispositionsbefugnisse für die Zeit vor Beginn der Anfechtungsfrist nichts. Wird das Anfechtungsrecht jedoch ausgeübt, so wird die Nießbrauchbestellung gem. § 142 I BGB ex tunc nichtig.

Zivilrechtlich stellt sich die Situation dann so dar, daß dem ehemaligen Nießbraucher niemals irgendwelche Dispositionsbefugnisse zustanden bzw. eingeräumt worden waren.

Der Nießbraucher hat somit als Nichtberechtigter gehandelt und eventuelle Verfügungen wie eine Neuanlage des Kapitals sind bei obligatorischen Geschäften nicht wirksam, bei Wertpapieren, die durch Verfügungsgeschäfte übertragen werden, nur sofern die Verfügungsempfänger gutgläubig waren.

Der ehemalige Nießbraucher hat daher im Rahmen der §§ 812 I 2 1. Alt. ff. BGB die erlangten Vorteile zurückzugewähren[83].

Dies können sowohl die Erträge aus dem nießbrauchsbelasteten Wertpapier als auch die einem Beteiligten aus der Nießbrauchbestellung

---

[82] Anders Mittelbach, 2. Aufl., S. 23, der unter Verweis auf § 5 IV StAnpG nur eine tatsächlich durchgeführte Anfechtung berücksichtigt wissen will.

[83] Vgl. Palandt(-Thomas), § 812 Anm. 6 A c; BGB-RGRK(-Heimann-Trosien), § 812 Rdnr. 82; andere werten Fälle der Anfechtung wegen der ex tunc-Wirkung des § 142 I BGB als conditio indebiti gem. § 812 I 1 1. Alt. BGB, vgl. Staudinger(-Lorenz), § 812 Anm. 87 m. w. N.

erwachsenen steuerlichen Minderbelastungen sein. Der Anknüpfungspunkt für die einkommensteuerliche Belastung, die Leistungsfähigkeit bzw. die entgoltene Teilnahme am wirtschaftlichen Verkehr durch die Ausübung von Dispositionsbefugnissen wie z. B. die Ausübung des Stimmrechts auf einer Hauptversammlung, ist als solche nachträglich nicht wiederholbar und damit nicht kondizierbar[84].

Einkommensteuerrechtlich entfaltet die Anfechtbarkeit eines Rechtsgeschäfts solange keine rückwirkende Bedeutung, wie die Parteien das jetzige wirtschaftliche Ergebnis beibehalten wollen und nicht die Anfechtung mit Erfolg durchführen[85]. Wird die Anfechtung jedoch erklärt, so stellt sich die Frage, ob die steuerliche Zurechnung nachträglich zu verändern ist oder ob die Beteiligten dies untereinander bereicherungsrechtlich ausgleichen müssen.

Nach § 41 AO ist die nachträgliche Unwirksamkeit eines Rechtsgeschäfts für die Besteuerung unerheblich, soweit die Beteiligten das wirtschaftliche Ergebnis dieses Rechtsgeschäfts gleichwohl eintreten und bestehen lassen. Dies wird bei einer Anfechtung jedoch kaum der Fall sein, da dem anfechtenden Beteiligten meist gerade daran gelegen sein wird, das wirtschaftliche Ergebnis des angefochtenen Rechtsgeschäfts nicht eintreten zu lassen. § 41 AO wird daher in den meisten Fällen hier nicht weiterhelfen.

Gem. § 37 II 2, 1 AO ist eine Steuer zurückzuerstatten, die ohne rechtlichen Grund bzw. unter späterem Wegfall dieses Grundes gezahlt worden ist.

Nach § 142 I BGB ist zwar die Nießbrauchbestellung als von Anfang an unwirksam anzusehen. Der rechtliche Grund für die Steuerbetreibung sind jedoch nicht die tatsächlichen Gegebenheiten, sondern in erster Linie der Steuerbescheid selbst. Erst wenn dieser Verwaltungsakt entfällt, wurde die Steuer ohne rechtlichen Grund entrichtet[86].

Ist der Steuerbescheid rechtskräftig, so wird dessen spätere materielle Fehlerhaftigkeit durch dessen Rechtskraft überdeckt und damit grundsätzlich unbeachtlich. Die Finanzverwaltung hat jedoch gem. § 175 Nr. 2 AO den fehlerhaften Steuerbescheid aufzuheben, soweit ein Ereignis eingetreten ist, welches steuerliche Wirkungen für die Vergangenheit hat[87]. Hierunter ist auch die Anfechtung einer Willenserklärung zu

---

[84] Vgl. Offerhaus in Hübschmann/Hepp/Spitaler, AO, § 41 Rdnr. 29.

[85] St. Rspr., vgl. BFH Urteil vom 14. 11. 1962, II U 97/60, BStBl III 1963, 44 (45); BFH Urteil vom 9. 3. 1971, II R 94/67, BStBl II 1971, 597 (598).

[86] Offerhaus in Hübschmann/Hepp/Spitaler, AO, § 37 Rdnr. 42.

[87] Aufgrund von Billigkeitserwägungen wurde auch schon vor der AO 1977 aufgrund von § 4 III Ziff. 2 StAnpG so verfahren, vgl. Beker, S. 75 f., 10.

verstehen[88], sofern die Anfechtung auch durchgeführt wurde bzw. eine Rückabwicklung stattfindet[89].

Die steuerliche Zurechnung wird daher bei einer Anfechtung i. S. d. BGB nachträglich geändert und der dann vorliegenden tatsächlichen Situation angepaßt.

b) Anfechtungsmöglichkeit für einen Nicht-Nießbrauchbeteiligten

Sofern Nicht-Nießbrauchbeteiligten etwa gem. §§ 29 ff. KO oder gem. §§ 2 ff. AnfG ein Anfechtungsrecht zusteht, hat dies auf die Dispositionsbefugnisse der Nießbrauchbeteiligten noch keinerlei Auswirkungen.

Wird ein solches Anfechtungsrecht tatsächlich ausgeübt, so gilt die Nießbrauchbestellung den Gläubigern gegenüber im Gegensatz zu den Anfechtungsgründen des BGB zwar nicht als von Anfang an unwirksam[90].

Auch in diesem Fall werden jedoch bereits ausgeübte, fristgebundene Dispositionsbefugnisse von der Anfechtung nicht mehr erfaßt. Ferner gelten hier die Rechtshandlungen nur als den Gläubigern gegenüber unwirksam, d. h. auf die Verteilung der Dispositionsbefugnisse zwischen den Nießbrauchbeteiligten wird nachträglich kein Einfluß genommen[91]. In diesem Fall bleibt es daher bei der bereits vor der Anfechtung vorgenommenen einkommensteuerrechtlichen Zurechnung.

VI. Zurechnung der Wertpapiererträge unter Berücksichtigung der Zugehörigkeit von Nießbrauchgegenständen und -rechten zum Betriebs- oder Privatvermögen der Nießbrauchbeteiligten

Fraglich ist hier, ob sich Unterschiede daraus ergeben, ob der Nießbrauchbesteller die Wertpapiere im Betriebs- oder Privatvermögen hält, bzw. auf der Seite des Nießbrauchers, ob hier das Nießbrauchsrecht einen Teil seines Betriebs- oder Privatvermögens darstellt.

Zunächst zum Nießbrauchbesteller.

Die aktiven Dispositionsbefugnisse des Nießbrauchbestellers sind bei Wertpapieren, die sich im Betriebs- oder im Privatvermögen befinden,

[88] Klein/Orlopp, AO, § 175 Anm. 6; Kühn/Kutter/Hofmann, AO, § 175 Anm. 3 d.

[89] Offerhaus in Hübschmann/Hepp/Spitaler, AO, § 41 Rdnr. 29 m. w. N.

[90] Vgl. Beker, S. 74; Tipke/Kruse, AO, § 41 Rdnr. 17; Offerhaus in Hübschmann/Hepp/Spitaler, AO, § 41 Rdnr. 28.

[91] Insofern ist auch etwa eine Anfechtungsklage gem. § 243 AktG für die Zurechnung ohne Bedeutung.

gleich. Denn hier sind nur die Dispositionsbefugnisse von Nießbrauchbesteller und Nießbraucher zu vergleichen, etwaige gesellschaftsrechtliche Verfügungsbeschränkungen sind in diesem Zusammenhang nicht zu berücksichtigen, da diese nur das Innenverhältnis unter Gesellschaftern bzw. Miteigentümern betreffen.

Unterschiede ergeben sich jedoch aufgrund der verschiedenartigen Gewinnermittlung[92] dann, wenn man insbesondere bei während der Nießbrauchsdauer indisponiblen Papieren auf das passive Dispositionsmerkmal der Haftungssphäre abstellen will:

Während bei dem Nießbrauchbesteller bzw. Eigentümer, der die Wertpapiere in seinem Betriebsvermögen hält, sich Bestandswertveränderungen am Bilanzstichtag auf seinen Gewinn und damit steuerlich auswirken, sind bei Wertpapieren im Privatvermögen Bestandswertveränderungen einkommensteuerrechtlich neutral.

Diese unterschiedlichen Auswirkungen von Betriebs- und Privatvermögenszugehörigkeit sind jedoch keine Charakteristika des Nießbrauchs, welche zu einer Änderung der subjektiven Zurechnung führen könnten, denn auch bei einer Vollrechtsübertragung und bei der Vorausabtretung führt dies zu entsprechenden Bewertungen am Bilanzstichtag und zu Auswirkungen auf den Gewinn.

Die Tatsache, daß es sich bei den Erträgen aus Wertpapieren, die sich im Betriebs- oder Privatvermögen des Nießbrauchbestellers befinden, um Einkünfte aus Gewerbebetrieb oder aus Kapitalvermögen handelt, ist ebenfalls für die Frage der Zuordnung, aufgrund wessen Betätigung diese Erträge wem zuzurechnen sind, ohne Bedeutung. Sie ist erst dann zu berücksichtigen, wenn bei einem bereits bestimmten Steuerpflichtigen nur noch die Art seiner Einkünfte festgestellt werden soll[93]. Für die Frage, wem bestimmte Wertpapiererträge zuzurechnen sind, ist es daher ohne Bedeutung, ob sich die Wertpapiere im Betriebs- oder Privatvermögen des Nießbrauchers befinden[94].

Nun zur Sphäre des Nießbrauchers.

---

[92] Vgl. insbesondere zur Problematik der bilanzmäßigen Behandlung der Wertpapiere im Betriebsvermögen Biedermann, DStR 1968, 696 ff., sowie zu den Auswirkungen der unterschiedlichen Vermögenszugehörigkeit Costede, GmbH-Rdsch 1980, 242; Fendt, S. 52 ff.

[93] Dann tritt die unterschiedliche Vermögenszugehörigkeit jedoch vielschichtig z. B. in Form der Entnahmeproblematik hervor; vgl. hierzu Schulze zur Wiesche, FR 1979, 276 ff.

[94] Die Frage der Zugehörigkeit des Nießbrauchsgegenstandes zu einer bestimmten Vermögensmasse könnte der Betreffende ohnehin im Rahmen des gewillkürten Betriebsvermögens beeinflussen, vgl. Biergans, S. 137 ff.

Bei dem Nießbraucher stellt sich die Frage, ob es einen Unterschied macht, ob dieser das Nießbrauchsrecht in seinem Privat- oder Betriebsvermögen hält.

Auch hier wird man einen Einfluß der Zugehörigkeit des Nießbrauchsrechts zu bestimmten Vermögensmassen auf die Dispositionsbefugnisse und Betätigungen des Nießbrauchers und damit auf die subjektive Zurechnung der Wertpapiererträge verneinen müssen. Denn die Frage, ob der Nießbraucher das Nießbrauchsrecht im Privatvermögen behält oder als Einlage zu gewillkürtem Betriebsvermögen macht, berührt dessen Verhältnis zum Nießbrauchbesteller und die Dispositionsbefugnisse des Nießbrauchers nicht.

Die Zugehörigkeit des Nießbrauchgegenstandes oder des Nießbrauchsrechts zum Betriebs- oder Privatvermögen eines der Nießbrauchbeteiligten ist daher diesbezüglich unbeachtlich[95].

Ferner ist es bei der hier zu untersuchenden Zurechnung von Einkünften i. d. R. unerheblich, ob die Wertpapiere entsprechend § 151 AktG als ein Teil des Anlage-, oder wenn sie keine Finanzanlage darstellen, als ein Teil des Umlaufvermögens bilanziert werden.

Eine Ausnahme besteht gem. § 1084 BGB bei Banknoten und bestimmten Inhaberzeichen gem. § 807 BGB, sowie bei Inhaber- oder blankoindossierten Orderpapieren, die nach § 92 BGB zu den verbrauchbaren Sachen gehören. Die Behandlung als verbrauchbare Sache kann aufgrund der Zugehörigkeit zu einem Vermögensinbegriff, hier zum Umlaufvermögen eines mit einem Nießbrauch belasteten Vermögens, erforderlich sein. In diesen Fällen entsteht ein Sachnießbrauch gem. § 1067 BGB, wobei der Nießbraucher zum Eigentümer dieser Papiere wird, gegen die Verpflichtung des späteren Wertersatzes.

Hierdurch werden sämtliche wesentlichen Dispositionsmöglichkeiten dem Nießbraucher zugewiesen, der dann auch die steuerliche Leistung erbringt. Daher sind in diesen Fällen die Erträge aus dem Wertpapier dem Nießbraucher als Einkünfte zuzurechnen.

VII. Nießbrauch an einer Vermögensgesamtheit

1. Die Bestellung

Gem. §§ 1085 ff. BGB kann der Nießbrauch auch an dem Vermögen einer Person bestellt werden. Die Nießbrauchbestellung kann dann

[95] Wenn allerdings die Zurechnung bei einem der Nießbrauchbeteiligten feststeht, so führt die Zugehörigkeit des Nießbrauchsgegenstandes zum Betriebs- oder Privatvermögen zu unterschiedlichen Einkunftsarten.

allerdings nur in einer Weise erfolgen, daß der Nießbraucher den Nießbrauch an jedem einzelnen der zu dem Vermögen gehörenden Gegenstände erlangt. Daher müssen die für jede einzelne Nießbrauchbestellung erforderlichen Formalien beachtet werden, die, wie bereits dargestellt[96], beispielsweise bei Inhaber- und Rektapapieren differieren.

Insofern besteht der Vermögensnießbrauch als solcher auch fort, wenn ein bestimmtes Wertpapier z. B. durch Veräußerung nicht mehr zum Nießbrauch gehört. Ebenso sind Gegenstände, die der Nießbrauchbesteller anschließend erwirbt, wegen der Einzelbestellung des Nießbrauchs nicht von dem Vermögensnießbrauch miterfaßt[97].

Die Nießbrauchbestellung an einem Vermögen bedarf gem. § 311 BGB der notariellen Beurkundung.

Erfolgt die Bestellung durch einen Ehegatten und umfaßt sie dessen gesamtes Vermögen[98], so ist zudem § 1365 I 1 BGB zu beachten, dessen Anwendbarkeit in diesen Fällen allerdings umstritten ist[99].

---

[96] Vgl. 2. Kap., A II 1 a, 3 und 4.

[97] Vgl. Jansen/Jansen, Tz 33 f.

[98] Eine Verpflichtung, über das Vermögen im ganzen zu verfügen, ist nicht nur dann gegeben, wenn ausdrücklich das Gesamtvermögen genannt wird, sondern auch dann, wenn nur über einen oder mehrere Gegenstände verfügt werden soll, die aber praktisch das gesamte Vermögen darstellen (herrschende sog. Einzeltheorie; BGHZ 35, 135 [143]; 43, 174 [174 f.]; 64, 246 [247]; Staudinger[-Thiele], § 1365 Anm. 17 f.; Henrich, § 11 IV 1). Hierbei ist auf den juristischen Vermögensbegriff mit wirtschaftlicher Betrachtungsweise abzustellen (Staudinger[-Thiele], § 1365 Anm. 14 f., 47 f. m. w. N.). Wird nur über einzelne Gegenstände verfügt, die das Gesamtvermögen praktisch umfassen, so soll im Interesse der Sicherheit des Rechtsverkehrs § 1365 BGB nur dann Anwendung finden, wenn dem Verfügungsbegünstigten dies bekannt ist (sog. subjektive Theorie; BGHZ 43, 174 [177 f.]; Staudinger[-Thiele], § 1365 Anm. 21 ff.).

[99] Vgl. auch Fn. 98. — § 1365 I 1 BGB betrifft seinem Wortlaut nach nur eine Verfügung über das gesamte Aktivvermögen. In der Literatur (Gernhuber, § 35 II 8) wird die Auffassung vertreten, daß § 1365 BGB auf Nießbrauchbestellungen nicht anwendbar sei, da ein Nießbrauch am Gesamtvermögen dessen Wert niemals umfassen könne. Der BFH (Urteil vom 3. 11. 1976, II R 43/67, BStBl II 1977, 159 [160 f.]), das BayObLG (NJW 1960, 821 [822] für den Fall der Belastung eines Grundstücks unter Ausschöpfung des Wertes) und das überwiegende Schrifttum (Staudinger[-Thiele], § 1365 Rdnr. 51 m. w. N.; Jansen/Jansen, Tz 13) gehen hingegen davon aus, daß dies im Einzelfall durchaus der Fall sein könne und daher einer gesonderten Prüfung bedürfe.

Da die verschiedenen Auffassungen zu unterschiedlichen Ergebnissen gelangen können, ist eine Erörterung notwendig. Rein juristisch betrachtet, stellt sich der Nießbrauch zwar nur als Abspaltung oder Duldung der Ausübung eines Teils des Vollrechts dar und kann daher nie das Gesamtvermögen umfassen. Wirtschaftlich betrachtet, kann angesichts der möglichen Dauer eines Nießbrauchs dessen Bestellung am Gesamtvermögen dieses jedoch auf lange Zeit praktisch vollständig entwerten. Da § 1365 BGB aber als Schutzbestimmung für die Familiengemeinschaft zur Erhaltung der wirtschaftlichen Grundlage der Familie anzusehen ist (Palandt[-Diederichsen],

2. *Die Erweiterung der Haftung beim Vermögensnießbrauch*

Durch die Nießbrauchbestellung an dem gesamten Vermögen einer Person wird dessen Gläubigern die Haftungsgrundlage entzogen. Das Gesetz sieht daher verschiedene Haftungserweiterungen vor.

a) Die Haftung durch den Nießbrauchsgegenstand

Die Gläubiger des Nießbrauchbestellers können, soweit ihre Forderungen vor der Bestellung entstanden sind, gem. § 1086 S. 1 BGB ohne Rücksicht auf den Nießbrauch Befriedigung aus den dem Nießbrauch unterliegenden Gegenständen, bei verbrauchbaren Sachen gem. § 1086 S. 2 BGB den sofortigen Ersatz des Wertes verlangen.

Diesbezüglich hat der Nießbraucher die Zwangsvollstreckung der Gläubiger zu dulden[100]. § 1086 BGB ist hier lex specialis gegenüber § 419 BGB, der nach seinem Wortlaut in erster Linie bei der Übernahme eines Gesamtvermögens Anwendung findet[101].

b) Die persönliche Inanspruchnahme des Nießbrauchers

Die Altgläubiger des Nießbrauchbestellers können ferner gem. § 1088 I 1 BGB Forderungszinsen für die Dauer des Nießbrauchs auch vom Nießbraucher verlangen, sowie gem. § 1088 I 2 BGB wiederkehrende Leistungen aus alten Forderungen, sofern diese bei ordnungsgemäßer Verwaltung aus den Einkünften des Vermögens bestritten werden würden. Diese Haftung ist gem. § 1088 II BGB nicht durch Vereinbarung zwischen den Nießbrauchbeteiligten beschränkbar und besteht gem. § 1088 III BGB auch in deren Innenverhältnis[102].

3. *Die Verteilung der Dispositionsbefugnisse unter den Nießbrauchbeteiligten*

a) Grundsätzliches

Der Nießbrauch am Gesamtvermögen des Bestellers ist, wie bereits dargelegt, als Summe von Nießbrauchbestellungen an den einzelnen

---

§ 1365 Anm. 1; Gernhuber, § 35 I 3) und dieser Schutzzweck bei einer derartigen Belastung des Vollrechts gefährdet wäre, empfiehlt sich m. E. eine Beachtung der allerdings ehevertraglich abdingbaren (Staudinger[-Thiele], § 1365 Anm. 116 f. m. w. N.) Form des § 1365 BGB. § 1365 BGB sollte daher grundsätzlich auch bei Nießbrauchbestellungen am Gesamtvermögen berücksichtigt werden.

100 Palandt(-Bassenge), § 1086 Anm. 2.

101 Anders wohl Jansen/Jansen, Tz 84.

102 § 1088 III BGB tritt hier neben § 1047 BGB, der auch bei einem Nicht-Vermögensnießbrauch Anwendung findet, vgl. Staudinger(-Promberger), § 1088 Rdnr. 12 m. w. N.

Gegenständen anzusehen. Auf die Verteilung der Dispositionsbefugnisse zwischen den Nießbrauchbeteiligten hinsichtlich der einzelnen Gegenstände hat die Bestellung eines Vermögensnießbrauchs daher keinen direkten Einfluß. Die Zurechnung der Wertpapiererträge hat daher grundsätzlich wie bei einer Nießbrauchbestellung an einem einzelnen Gegenstand zu erfolgen. Aufgrund besonderer Vertragsabreden oder der Neuanlage eines Teils der Wertpapiere kann eine unterschiedliche steuerliche Ertragszurechnung der einzelnen Wertpapiere erfolgen, je nach der Verteilung der Dispositionsbefugnisse bei dem einzelnen Wertpapier.

b) Die Dispositionsbefugnisse der Nießbrauchbeteiligten im Falle eines Befriedigungsverlangens der Altgläubiger des Bestellers

Für den Fall, daß die Altgläubiger des Bestellers die ihnen gem. § 1086 BGB zustehenden Rechte geltend machen, regeln die §§ 1087, 1088 III BGB das diesbezügliche Innenverhältnis zwischen den Nießbrauchbeteiligten. Die §§ 1087, 1088 III BGB sind allerdings abdingbar[103], so daß die Parteien vorrangig etwas anderes vereinbaren dürfen.

Ist eine solche Abrede nicht getroffen, so stehen dem Nießbrauchbesteller folgende zusätzliche Dispositionsbefugnisse zu:

— Gem. § 1087 I 1 BGB kann er die Rückgabe der zur Befriedigung des Gläubigers erforderlichen Nießbrauchsgegenstände verlangen, wobei dem Besteller auch ein diesbezügliches Auswahlrecht zusteht. Dieses Auswahlrecht ist allerdings gem. § 1087 I 2 BGB auf die vorzugsweise geeigneten Gegenstände beschränkt.

— Ferner kann der Besteller vom Nießbraucher gem. § 1088 III 2 BGB die Rückgabe der Nießbrauchsgegenstände verlangen, sofern und soweit der Nießbraucher mit seinen persönlichen Leistungspflichten aus § 1088 I BGB auf Zahlung von Zinsen und wiederkehrenden Leistungen in Verzug gerät.

Auf der anderen Seite ist der Nießbraucher berechtigt, die Gläubiger des Nießbrauchbestellers unmittelbar zu befriedigen und hierfür über die Nießbrauchsgegenstände zu verfügen, und zwar

— wenn es sich um einen unmittelbar geschuldeten Gegenstand handelt gem. § 1087 II 1 BGB dann, wenn dieser zum überlassenen Vermögen gehört,

— bei anderen Gegenständen gem. § 1087 II 2, 3 BGB, sofern die Befriedigung durch den Nießbrauchsteller nicht ohne Gefahr abge-

---

[103] RGZ 153, 29 (31); Staudinger(-Promberger), § 1087 Rdnr. 2, § 1088 Rdnr. 9, 13.

wartet werden kann. Hierfür hat der Nießbraucher jedoch vorzugsweise geeignete Gegenstände auszuwählen.

Allen diesen Dispositionsbefugnissen ist gemeinsam, daß sie den Nießbrauchbeteiligten nur bedingt zustehen, denn sie sind erst dann aktualisierbar, wenn eine Altforderung fällig ist und eingetrieben wird.

Ist dies jedoch der Fall und liegt keine besondere Parteivereinbarung vor, so wird zwar beispielsweise die Stellung des Nießbrauchbestellers durch das Auswahlrecht des § 1087 I BGB oder die des Nießbrauchers durch die Verfügungsrechte gem. § 1087 II 1, 2 BGB verstärkt. Alle diese Rechte dienen jedoch lediglich zur Befriedigung der Altgläubiger des Nießbrauchbestellers durch Herausgabe bestimmter Nießbrauchgegenstände. Hierdurch wird zwar noch einmal über diese Gegenstände disponiert; diese werden aber gleichzeitig den Nießbrauchbeteiligten entzogen, so daß keinem Beteiligten dann irgendwelche Dispositionsbefugnisse mehr zustehen.

Die den Nießbrauchbeteiligten gem. §§ 1087, 1088 II 2 BGB zustehenden Befugnisse stellen daher zwar finale Dispositionsmöglichkeiten dar, die jedoch bei der Verteilung der Dispositionsbefugnisse unter den Beteiligten und der Zurechnung der Wertpapiererträge keine Rolle mehr spielen, da in dem Moment, in dem die Befugnisse präsent und damit bei der Zurechnung zu beachten wären, der Nießbrauch hieran beendet wird.

Die beim Vermögensnießbrauch den Nießbrauchbeteiligten zusätzlich zustehenden Dispositionsbefugnisse führen daher nicht zu einer Änderung der Ertragszurechnung.

B. Besonderheiten bei den Nießbrauchbeteiligten

I. Nießbrauchbestellung zugunsten von Unterhaltsberechtigten

Da die an einer Nießbrauchbestellung beteiligten Personen grundsätzlich beliebig austauschbar sind, ist eine Nießbraucheinräumung zivilrechtlich auch zugunsten von Personen möglich, die dem Nießbrauchbesteller gegenüber gem. §§ 1602 ff. BGB unterhaltsberechtigt sind. Steuerrechtlich wird eine derartige Nießbrauchbestellung jedoch nicht ohne weiteres anerkannt.

1. Die einkommensteuerrechtliche Zurechnung der Wertpapiererträge beim Nießbrauch zugunsten Unterhaltsberechtigter

Die einer steuerrechtlichen Anerkennung zugrunde liegenden Bedenken und Probleme sind mehrschichtig. Hier werden zum einen Zweifel an der grundsätzlichen steuerrechtlichen Anerkennung sowie an der tatsächlichen Durchführung eines derartigen Nießbrauchs geltend gemacht, zum anderen ergeben sich beim unentgeltlich bestellten Nießbrauch zugunsten Unterhaltsberechtigter Probleme im Zusammenhang mit dem Abzugsverbot aus § 12 Nr. 2 EStG.

a) Die grundsätzliche steuerliche Anerkennung eines Nießbrauchs zugunsten Unterhaltsberechtigter

Die grundsätzlichen Zweifel an der Anerkennung eines Nießbrauchs zugunsten Unterhaltsberechtigter, d. h. in der Regel naher Familienangehöriger, ergibt sich im wesentlichen daraus, daß hierdurch der Nießbrauchbesteller Einkünfte auf Familienangehörige mit geringerer Tarifbelastung verlagern kann[104], diese Möglichkeit der Steuerersparnis aber nicht solchen Steuerpflichtigen offensteht, die mangels Vermögen keinen Nießbrauch bestellen und so ihren Unterhaltsverpflichtungen mit unversteuerten Einkünften nachkommen können. Diese Steuerpflichtigen sind vielmehr auf die beschränkten Möglichkeiten der Absetzung für Versorgungsaufwendungen etc.[105] angewiesen, während andere Steuerpflichtige durch die Bestellung eines Nießbrauchs quasi ein „Familiensplitting"[106] für sich in Anspruch nehmen können.

Diese Bedenken vermögen jedoch nicht zu überzeugen: Der Zugewinn der rechtlichen Gestaltungsmöglichkeiten zur Steuerersparnis steigt naturgemäß in dem Maße an, in dem der Steuerpflichtige Einkünfte erzielt und sich seine Tarifbelastung erhöht. Wer keine oder nur geringe Einkünfte erzielt, hat auch nur entsprechend geringe bzw. uninteressante Möglichkeiten der Steuerersparnis. Steuerpflichtige mit

[104] Zu den verfassungsrechtlichen Bedenken vgl. Eppler, DStZ /A 1981, 54 f. m. w. N.

[105] Die Möglichkeiten sind daher vor allem erhöhte Versorgungsaufwendungen gem. § 10 I 1, III EStG bzw. ein erhöhter Vorsorge-Pauschbetrag gem. § 10 c II, IV EStG, evtl. ein Haushaltsfreibetrag gem. § 32 III EStG sowie Freibeträge wegen außergewöhnlicher Belastung nach §§ 33, 33 a EStG.

[106] Vgl. die Stellungnahme der Fianzverwaltung im BFH-Urteil vom 14. 12. 1976, VIII R 146/73, BStBl II 1977, 115 f. Inwieweit einer derartigen Verlagerung der Steuerbelastung dann allerdings § 12 Nr. 2 EStG entgegensteht, ist umstritten. Während Philipowski, StuW 1979, 126 auch in diesen Fällen ein Abzugsverbot ablehnt, kommen L. Schmidt, StbJb 1975/76, 161 ff., StbJb 1980/81, 127 ff. und Söffing, StbJb 1978/79, 301 ff. zu einer Anwendbarkeit des § 12 Nr. 2 EStG. Sie begründen dies allerdings nicht mit Art. 3 GG, sondern damit, daß der Unterhaltsberechtigte dann die Stellung eines Abtretungsempfängers innehabe. Zu diesem Problemkreis vgl. 3. Kap., B I 2.

hohen Einkünften können ihre dagegen ungleich höhere Tarifbelastung im Ausgleich durch zivilrechtlich zulässige und steuerrechtlich begünstigte Maßnahmen ihre Einkünfte und damit auch die Tarifbelastung vermindern.

Hierbei sind m. E. keine Gründe ersichtlich, gerade bei der Wahl des Nießbrauchs zur Verringerung dieser Belastung andere Maßstäbe anzulegen als bei einer zu diesem Zwecke vorgenommenen Vollübereignung des Nießbrauchsgegenstandes. Zur Erläuterung zwei Beispielsfälle:

Fall 1

Ein Vater bestellt seinem volljährigen Sohn unentgeltlich einen Nießbrauch an Wertpapieren. Dieser übt die ihm übertragenen überwiegenden Dispositionsbefugnisse aus und bestreitet mit den Erträgen seinen Unterhalt.

Fall 2

Der Vater übereignet seinem Sohn die entsprechenden Wertpapiere unentgeltlich; der Sohn bestreitet mit den Erträgen seinen Unterhalt.

In beiden Fällen liegt schuldrechtlich eine Schenkung vor, deren Vollzugsgeschäft zwar sachenrechtlich unterschiedlich ausgestaltet ist, den Beschenkten jedoch steuerrechtlich in die Lage versetzt, sich hinsichtlich des Schenkungsguts wirtschaftlich zu betätigen und damit Einkünfte zu erzielen.

Solange aber leistungsfähige Steuerpflichtige steuerwirksam Voll- oder Teilrechte verschenken können, muß dies auch zwischen Familienangehörigen bzw. Unterhaltsberechtigten gelten; ob ein entsprechender Nießbrauch auch tatsächlich ausgeübt wird, ist eine andere Frage. Eine Nießbraucheinräumung aber nur deshalb nicht anzuerkennen, weil das Rechtsgeschäft zwischen nahen Familienangehörigen abgeschlossen wurde, wäre daher als willkürliche Benachteiligung der Familie[107] und damit als ein Verstoß gegen Art. 6 I GG anzusehen.

Grundsätzliche Bedenken gegen die steuerrechtliche Anerkennung eines Nießbrauchs zugunsten Unterhaltsberechtigter bestehen daher nicht. Ein entsprechender Nießbrauch ist daher bezüglich der Einkünftezurechnung wie der zwischen beliebigen Dritten zu behandeln.

b) Die tatsächliche Durchführung eines Nießbrauchs zugunsten Unterhaltsberechtigter

Rechtliche Gestaltungsmöglichkeiten sind zwar auch dann nicht gem. § 42 AO mißbräuchlich, wenn sie nur zur Minderung der Steuerlast gewählt werden[108].

---

[107] Kurz, DStZ /A 1977, 448.

[108] BFH Urteil vom 24. 11. 1967, VI R 274/66, BStBl II 1968, 260 (260); Be-

Sie sind aber nur dann steuerlich anzuerkennen, wenn sie nicht lediglich auf dem Papier stehen[109], sondern auch tatsächlich ausgeübt werden[110], d. h., wenn nach wirtschaftlicher Betrachtungsweise durch die Nießbrauchbestellung etwas geändert wurde oder mit anderen Worten, wenn durch die Nießbrauchbestellung die überwiegenden Dispositionsbefugnisse auf den Nießbraucher übertragen worden sind.

Die zivilrechtliche Wirksamkeit der Nießbrauchbestellung wird somit zwar als Voraussetzung, nicht aber bereits als ausreichend für eine steuerliche Anerkennung angesehen[111].

Ob eine Nießbrauchbestellung und deren anschließende Ausübung diesen Anforderungen genügt, ist eine Frage des Einzelfalls. In der überwiegenden Zahl der Fälle wird man dies schon anhand der gesetzlichen Verteilung der Dispositionsbefugnisse verneinen müssen.

Bei der Neuanlage des Kapitals etc. oder einer durch Parteivereinbarung geänderten Verteilung der Dispositionsbefugnisse zugunsten des Nießbrauchers wird man dagegen die Zurechnung der Erträge beim Nießbraucher zu bejahen haben, sofern diesem die Befugnisse nicht nur auf dem Papier zustehen, sondern er diese auch tatsächlich ausüben kann.

Die Nießbrauchbestellung zugunsten Unterhaltsberechtigter ist daher nach denselben Kriterien zu beurteilen wie die Nießbrauchbestellung zugunsten eines anderen Dritten. Die Person der Nießbrauchbeteiligten hat daher auf die Zurechnung der Wertpapiererträge grundsätzlich keinen Einfluß[112].

---

schluß des GrS vom 29. 11. 1982 — GrS 1/81 —, BStBl II 1983, 272 (277); Kurz, DStZ /A 1977, 448.

[109] Kruse, Jb d. Fachanwälte für StR 1977/78, 83, 85; Kurz, DStZ /A 1977, 449, jew. m. w. N.

[110] BFH Urteil vom 11. 3. 1976, VIII R 225/71, BStBl II 1976, 613 (614); Hoyer, BB 1980, 1464, 1466.

[111] Allg. Meinung. vgl. Albrod, Steuerwarte 1979, 29; Hoyer, BB 1980, 1463; gegen den teilweise vom BFH (BFH Urteil vom 13. 9. 1956, BStBl III 1956, 380) vorgenommenen Rückschluß von der zivilrechtlichen Nichtigkeit auf die fehlende Ernstlichkeit bzw. die fehlende tatsächliche Durchführung zutreffend Kruse, Jb d. Fachanwälte für StR 1977/78, 88; an der Relevanz der zivilrechtlichen Wirksamkeit aufgrund § 41 I 1 AO zweifelnd Rönitz, FR 1977, 512, 515. Konsequent ablehnend Stadie, S. 89, dagegen: L. Schmidt, StbJb 1980/81, 129. Die Problematik ergibt sich auch hier m. E. wieder daraus, daß mit der geforderten zivilrechtlichen Wirksamkeit Elemente in die Zurechnungsfrage einfließen, die in erster Linie einer Nachweiserleichterung bei der Tatsachenfeststellung dienen; ähnlich auch Schellenberger, DStR 1981, 398 f.

[112] So wohl auch der BFH, der in zwei einschlägigen Entscheidungen (BFH Urteil vom 13. 5. 1976, IV R 83/75, BStBl II 1976, 592 ff. und BFH Urteil vom 14. 12. 1976, VIII R 146/73, BStBl II 1977, 115 f.) jeweils nicht auf die Person der Nießbrauchbeteiligten abgestellt hat; Söffing in Tipke, S. 132.

Man darf jedoch nicht verkennen, daß gerade bei der Nießbrauchbestellung zugunsten von Unterhaltsberechtigten, d. h. i. d. R. von Familienangehörigen, die Gefahr besteht, daß vertraglich einem Nießbrauchbeteiligten zusätzlich eingeräumte Dispositionsbefugnisse von diesem vielfach nicht genutzt, sondern vom Nießbrauchbesteller weiter ausgeübt werden. Wenn die Nießbrauchbeteiligten Familienangehörige sind, so fehlt vielfach der Wille, auf Rechtspositionen zu bestehen und diese gegenüber dem Familienangehörigen auch ggf. gerichtlich durchzusetzen. Dies gilt insbesondere dann, wenn der Nießbrauch unentgeltlich bestellt oder die Unterhaltsberechtigten minderjährig sind.

Da hier ein direkter Interessengegensatz, von dem die Nießbrauchgesetzgebung ja ausgeht, fehlt[113], sollte man auch in den Fällen der Nießbrauchbestellung zugunsten Unterhaltsberechtigter hinsichtlich der tatsächlichen Ausübung der Dispositionsbefugnisse die Beweislage zuungunsten des Nießbrauchbestellers verschärfen[114]. Dies[115] rechtfertigt sich m. E. aus dem eingangs erörterten Problem einer naheliegenden, nur scheinbaren Einkünfteverlagerung wirtschaftlich leistungsfähiger Steuerpflichtiger, die ihren Unterhaltsverpflichtungen durch Bestellung eines Nießbrauchs nachkommen können. Wenn diese Personen die Privilegien einer Nießbrauchbestellung in Anspruch nehmen und nicht wie die Masse der Steuerpflichtigen ihre Unterhaltsverpflichtungen aus versteuertem Einkommen erfüllen wollen, so sollten ihnen auch erhöhte Mitwirkungspflichten hinsichtlich des Nachweises dieser privilegierenden und die Steuerbelastung im Ergebnis mindernden Tatbestandsmerkmale auferlegt werden.

Diesen Nachweis könnte der Nießbrauchbesteller beispielsweise durch die Bestellung eines Ergänzungspflegers erbringen.

2. *Die Nichtabzugsfähigkeit von Beträgen und Zuwendungen zugunsten Unterhaltsberechtigter gem. § 12 Nr. 1, 2 EStG*

Die Bedeutung des § 12 Nr. 1, 2 EStG ist im Rahmen der Einkünftezurechnung noch immer umstritten. Hierbei hat sich allerdings die Rechtsprechung[116] mehr und mehr mit der Auffassung durchgesetzt[117],

---

[113] An einem mangelnden Interessengegensatz unter Familienangehörigen zweifelt Beinert in Tipke, S. 143; wie hier: Söffing, DStZ /A 1981, 199, 202.

[114] Ruppe in Tipke, S. 35, sieht bei familiären Nähebeziehungen Indizien für eine nicht vollständige Übertragung der Dispositionsbefugnisse erst im Fall von Befristungs- oder Widerrufsvorbehalten.

[115] In welcher Form dies im Beweisverfahren durchgeführt wird bzw. werden könnte, wird noch im Zusammenhang darzulegen sein, vgl. 4. Kap.

[116] BFH Urteil vom 20. 2. 1975, IV R 62/74, BStBl II 1975, 569 (571); BFH Urteil vom 29. 1. 1976, IV R 89/75, BStBl II 1976, 374 (376) sowie indirekt auch BFH Urteil vom 14. 12. 1976, VIII R 146/73, BStBl II 1977, 115 (116 f.).

§ 12 Nr. 2 EStG habe für die Frage der Einkünftezurechnung beim unentgeltlichen Nießbrauch keine eigenständige Bedeutung.

Dieser Auffassung ist zuzustimmen: Gem. § 2 I 1 EStG unterliegen nur solche Einkünfte der Besteuerung, die eine Person erzielt. Die Art dieser zu berücksichtigenden Einkünfte ist in den §§ 13—24 EStG geregelt, der Umfang in § 2 II i. V. m. §§ 4—9 a EStG. Die Frage, ob Leistungen, die jemand empfängt, dieser Person auch als Einkünfte zuzurechnen sind, richtet sich ausschließlich danach, ob diese Person die Tatbestandsvoraussetzungen der genannten Paragraphen verwirklicht, d. h. im weitesten Sinne sich aktiv am Wirtschaftsleben beteiligt und dafür Gegenleistungen erhalten hat. Diese Gegenleistungen, hier die Wertpapiererträge, die den Anknüpfungspunkt für die Besteuerung bieten, erhält der empfangende Nießbraucher jedoch nicht vom Nießbrauchbesteller, sondern von einem Dritten, dem Wertpapieraussteller. Dieser leistet jedoch nicht unentgeltlich, sondern aufgrund seiner Verpflichtung aus dem Wertpapier. Die Wertpapiererträge, die dem Nießbraucher zufließen, stellen daher auch bei einer unentgeltlichen Nießbrauchbestellung keine Zuwendungen i. S. d. § 12 Nr. 2 dar. Vielmehr werden sie vom Wertpapieraussteller für eine Tätigkeit bezahlt und stellen somit Einkünfte dar.

Auf den Fall der unentgeltlichen Nießbrauchbestellung angewendet heißt dies:

— Entweder sind die Wertpapiererträge anhand der Verteilung der Dispositionsbefugnisse weiter dem Nießbrauchbesteller zuzurechnen, weil dieser die Merkmale des Einkünftetatbestandes verwirklicht hat und er die Erträge daher als Einkünfte zu versteuern hat. Dann können die Wertpapiererträge, die letztendlich dem Nießbraucher zufließen, für den Nießbrauchbesteller nicht abzugsfähige Zuwendungen gem. § 12 Nr. 2 EStG darstellen[118].

— Oder aber die Wertpapiererträge sind nach den dargelegten Kriterien dem Nießbraucher als Einkünfte zuzurechnen. Dann bleibt kein Raum, die Erträge als Zuwendungen des Nießbrauchbestellers anzusehen, da der Nießbraucher bereits den Tatbestand der Einkünfteerzielung verwirklicht und die Erträge daher ihm und nicht dem Nießbrauchbesteller zuzurechnen sind.

---

[117] Vgl. auch Kröger in Klein/Flockermann/Kühr, EStG, § 12 Rdnr. 91, 97; Ruppe in Tipke, S. 33 unter dem Hinweis auf die ausdrückliche diesbezügliche Regelung in § 18 EStG 1925; Herrmann/Heuer/Raupach, EStG, § 12 Anm. 8 g; Plückebaum, FR 1981, 181 f.; Costede, Zweifelsfragen, S. 56 f.; Hutter, DStZ /A 1981, 50 f.; Schellenberger, DStR 1981, 400; Fendt, S. 160 f.; Groh in Tipke, S. 101; Biergans/Stockinger, FR 1982, 33; Stadie, S. 19; anders Gieseke, S. 57.

[118] Sofern die Nießbrauchbestellung unentgeltlich erfolgt.

Als Ergebnis läßt sich daher festhalten: § 12 Nr. 2 EStG ist nicht schon für die Einkünfteerzielung, sondern erst für die anschließende Einkommensverwendung von Bedeutung.

Im übrigen endet der Geltungsbereich des § 12 Nr. 2 EStG dort, wo der Nießbraucher aufgrund der ihm durch den unentgeltlichen Nießbrauch eingeräumten Stellung sich so betätigt, daß er selbst die überwiegenden Dispositionen ausübt und damit selbst die Kapitalüberlassungsleistung erbringt, für die der Wertpapieraussteller ein Entgelt zahlt.

II. Minderjährige Nießbrauchbeteiligte

Sind auf einer oder beiden Seiten des Nießbrauchverhältnisses Minderjährige beteiligt, so ergeben sich zwei Problemkreise. Zum einen das zivilrechtliche Problem der Beteiligung Minderjähriger an Rechtsgeschäften und zum anderen das eben bereits angeschnittene steuerliche Problem der freiwilligen Zuwendung an unterhaltsberechtigte Personen gem. § 12 Nr. 2 EStG.

1. Die Beteiligung Minderjähriger an Nießbrauchverhältnissen

a) Grundsätzliches

Minderjährige können grundsätzlich an Nießbrauchverträgen wie auch an allen anderen Rechtsgeschäften beteiligt sein, sofern sie gem. §§ 1629 ff., 1793 ff. BGB rechtmäßig durch ihre Erziehungsberechtigten gesetzlich vertreten werden und die ggf. gem. §§ 1795 ff., 1812, 1821 ff. BGB erforderliche vormundschaftliche Genehmigung eingeholt worden ist[119]. In diesem Fall können auch Minderjährige am Nießbrauch beteiligt sein, was ja auf seiten beider Nießbrauchbeteiligter nicht nur rechtliche Vorteile mit sich bringt[120]. Sofern der Minderjährige Nießbraucher ist und diesem ein Bruttonießbrauch oder ein unentgeltliches Nießbrauchrecht an einem forderungsrechtlichen Wertpapier eingeräumt wird und mögliche Schadensersatzansprüche wegen der Verletzung von Mitwirkungspflichten vertraglich ausgeschlossen sind, ist eine Vertretung dagegen nicht erforderlich.

---

[119] Zur mangelnden bzw. beschränkten Wirksamkeit von Willenserklärungen Minderjähriger gem. §§ 104 Nr. 1, 107 BGB vgl. die Ausführungen bei Janssen, BB 1972, 1520.

[120] Auch für den Nießbraucher stellt die Bestellung eines Sachnießbrauchs wegen der gesetzlichen Verpflichtungen aufgrund der §§ 1036 II, 1041 1, 1045 I, 1047 BGB ein rechtlich auch nachteiliges Geschäft dar. Beim Nießbrauch an Wertpapieren trifft den Nießbraucher zwar keine derartige Verpflichtung zur Bewirtschaftung, Erhaltung, Versicherung und Lastentragung. Der Wertpapiernießbraucher hat jedoch aus §§ 1077 ff., 1083 BGB gewisse Mitwirkungspflichten, die rechtliche Nachteile darstellen, da deren Verletzung ggf. Schadensersatzansprüche nach sich ziehen kann, vgl. Scharff, S. 19 m. w. N.

b) Das Problem des § 181 BGB

Komplexer gestaltet sich die Problematik, wenn neben dem Minderjährigen auf der anderen Seite des zu bestellenden Nießbrauchs die gesetzlichen Vertreter beteiligt sind. Hier liegt ein Fall des Selbstkontrahierens vor, welcher gem. § 181 BGB nur dann zulässig ist, wenn dies gestattet[121] ist oder ausschließlich der Erfüllung einer Verbindlichkeit dient.

Umstritten ist, ob § 181 BGB durch die Bestellung eines weiteren Vertreters umgangen werden kann. Während die ältere Rechtsprechung[122] wegen der dann vorliegenden Personenverschiedenheit § 181 BGB nicht anwendete, wird heute überwiegend ein erweiterter Anwendungsbereich des § 181 durch Analogie befürwortet[123]. Dies ist angesichts des Gesetzeswortlauts des § 181 BGB, dem Verbot von Insichgeschäften wegen der Gefahr eines Interessenkonflikts und damit der Schädigung einer Partei[124], auch zutreffend.

Daraus folgt aber noch nicht, daß im umgekehrten Fall der Personenidentität ohne Interessenwiderspruch § 181 BGB stets ausgeschlossen ist. Da § 181 BGB im Interesse der allgemeinen Sicherheit des Rechtsverkehrs zumindest auch als formale Ordnungsvorschrift aufzufassen ist[125], muß eine zu restriktive Anwendung abgelehnt werden. Der BGH[126] hat deshalb § 181 BGB nur dort ausgeschlossen, wo dessen Sinn und Zweck für eine geschlossene Fallgruppe nach deren Rechts- und Interessenlage niemals zum Zuge kommen kann.

Dies hat der BGH z. B. für den Fall bejaht, daß der Alleingesellschafter einer GmbH mit sich selbst kontrahiert[127], oder für Insichgeschäfte, die dem Vertretenen lediglich einen rechtlichen Vorteil bringen[128].

---

[121] Staudinger(-Dilcher), § 181 Rdnr. 33 ff.

[122] RGZ 108, 405 (407); BAG FamRZ 1969, 535 (536).

[123] OLG Frankfurt, OLGZ 1974, 347 (349); vgl. auch BGHZ 56, 97 (102); Medicus, Bürgerl. Recht, Rdnr. 113; Blomeyer, AcP 172, 1, 16 ff.; vgl. die Darstellung der verschiedenen Fallgruppen des erweiterten Anwendungsbereichs des § 181 BGB bei Palandt(-Heinrichs), § 181 Anm. 2 c aa m. w. N.

[124] Allg. Meinung, vgl. BGHZ 51, 209 (215); 56, 97 (101).

[125] BGHZ 50, 8 (11); Palandt(-Heinrichs), § 181 Anm. 2 a m. w. N. auch für die Gegenansicht.

[126] So die Formulierung bei Medicus, Bürgerl. R., Rdnr. 115.

[127] BGHZ 56, 97 (101); anders noch BGHZ 33, 189 (190); der neuen Rspr. zustimmend Blomeyer, AcP 172, 1 (15 f.); kritisch dagegen Lessmann, BB 1976, 1377 (1378 ff.); Staudinger(-Dilcher), § 181 Rdnr. 5 ff.

[128] BGHZ 59, 236 (240); BGH MDR 1975, 746; BGB-RGRK(-Steffen), § 181 Rdnr. 2, 13; Palandt(-Heinrichs), § 181 Anm. 2 c bb, jew. m. w. N.; anders noch die ältere Rspr. und Literatur, vgl. BGHZ 50, 8 (10 f.); Westermann, JZ 1955, 244.

Im Ergebnis bleibt daher festzuhalten, daß bei einer Nießbrauchbestellung zugunsten Minderjähriger wegen der Personenidentität und des hieraus resultierenden Interessenkonflikts § 181 BGB i. d. R. die Zwischenschaltung eines Pflegers erforderlich macht. Ausnahmen bestehen dann, wenn ein Bruttonießbrauch bestellt wird oder aus anderen Gründen ein Interessenkonflikt nicht möglich ist[129].

Daneben findet § 181 BGB keine Anwendung auf Gesellschafts- und Vereinsbeschlüsse[130], da § 181 BGB nur den Nießbrauchvertrag selbst betrifft. In diesen Fällen können die Erziehungsberechtigten den Minderjährigen daher ohne weiteres juristisch vertreten.

2. Zurechnung der Wertpapiererträge bei minderjährigen Nießbrauchbeteiligten

a) Der Meinungsstand in Rechtsprechung und Literatur

Die Frage, ob die Einhaltung der eben geschilderten zivilrechtlichen Wirksamkeitsvoraussetzungen bei der Nießbrauchbestellung unter der Beteiligung von Minderjährigen ausreicht, um eine steuerrechtlich beachtenswerte Verlagerung der Einkünfte herbeizuführen, ist umstritten.

Während der BFH[131] eine Nießbrauchbestellung nur dann anerkennt, wenn die gesetzlichen Vertreter des Nießbrauchers und der Eigentümer des Nießbrauchobjekts nicht identisch sind oder äußerlich nicht „alles beim alten" bleibt und nur die Erträge an den Nießbraucher abgeführt werden[132], vertreten einige Stimmen[133] in der Literatur die Auffassung, daß bei Einhaltung der familienrechtlichen Vorschriften über die Vermögenssorge die Nießbrauchbestellung in jedem Fall anerkannt werden müsse.

Nach anderer Ansicht[134] ist eine Nießbrauchbestellung zugunsten Minderjähriger nur dann steuerlich anzuerkennen, wenn der Nießbraucher nach seiner Volljährigkeit noch vor dem Ende der Nieß-

---

[129] Tiedtke, DB 1977, 1065 m. w. N. — In diesen Fällen stellt sich dann aber das bereits erörterte Problem, ob die dem Nießbrauchbeteiligten vertraglich zustehenden Dispositionsbefugnisse auch wirklich von diesem ausgeübt werden.

[130] BGHZ 52, 316 (318); 65, 93 (96 ff.) m. w. N. auch zur Gegenansicht; BFH Urteil vom 29. 1. 1976, IV R 102/73, DB 1976, 1088 (1089) unter Aufgabe der Rspr. von BFH Urteil vom 1. 2. 73, IV R 61/72, DB 1973, 553 (554).

[131] BFH Urteil vom 3. 11. 1976, VIII R 170/74, BStBl II 1977, 206 (207).

[132] BFH Urteil vom 11. 3. 1976, VIII R 225/71, BStBl II 1976, 613 (614).

[133] Kurz, DStZ /A 1977, 449; Janssen, BB 1972, 1520 f.; Söffing in Tipke, S. 134; Herrmann/Heuer/Raupach, EStG, § 12 Anm. 8 j, § 20 Anm. 39.

[134] Mittelbach, Nießbrauch, S. 37.

brauchsdauer über den Nießbrauchsgegenstand selbständig anderweitig disponieren kann.

Nach einer weiteren Meinung[135] soll eine Nießbrauchbestellung dann anzuerkennen sein, wenn der Minderjährige, vertreten durch die Eltern, einen Verwalter für das Nießbrauchobjekt, oder nach anderer Auffassung[136] für die Wahrnehmung seiner Nießbrauchsrechte bestellt.

Schließlich ist noch die weit verbreitete Ansicht[137] zu erwähnen, nach der wegen der Weisungsgebundenheit eines Verwalters ein Nießbrauch steuerrechtlich nur bei Bestellung eines Dauerpflegers gem. § 1909 BGB zu beachten sei.

Soviel zu den unterschiedlichen Lösungsvorschlägen im Schrifttum.

Ansatzpunkt einer Lösung der Zurechnungsfrage bei diesem Spezialproblem und damit der Frage, welcher der dargestellten Auffassungen zu folgen ist, sollte auch hier der steuerliche Grundsatz der Leistungsfähigkeit und daraus abgeleitet, die Verteilung und Ausübung der Dispositionsbefugnisse unter den Nießbrauchbeteiligten sein.

b) Eignung des Zurechnungskriteriums der Verteilung und Ausübung der Dispositionsbefugnisse bei Minderjährigen

Das bei den bisher erörterten Nießbrauchproblemen probate Zurechnungskriterium der Ausübung von Dispositionsbefugnissen erscheint bei Minderjährigen nicht ohne weiteres anwendbar, weil es gerade die gesetzliche Folge der Minderjährigkeit ist, daß nicht volljährige Personen nicht juristisch wirksam die ihnen als Rechtssubjekt zustehenden Dispositionsbefugnisse ausüben können.

Man mag hier zwar einwenden, daß die zivilrechtlichen Bestimmungen über die Geschäftsfähigkeit lediglich dem Schutz des Minderjährigen dienen und daher in Fällen, in denen der Erziehungsberechtigte nur als Mittel dazu benötigt wird, den Entscheidungen eines Jugendlichen juristische Wirksamkeit zu verleihen, steuerrechtlich unberücksichtigt bleiben kann. Ein Lösungsversuch in dieser Richtung führt jedoch dann nicht weiter, wenn man den Fall eines minderjährigen Kleinkindes betrachtet, welches überhaupt nicht in der Lage ist,

---

[135] Philipowski, DStR 1967, 657, bezogen auf den Nießbrauch an Grundstücken.

[136] Bardelle, DStR 1968, 204.

[137] FG Düsseldorf, Urteil vom 7. 6. 1976, VIII (VII) 84/70 F, EFG 1976, 555; FG Münster, Urteil vom 24. 7. 1974, DB 1975, 766; Hoyer, BB 1980, 1465 m. w. N.; Albrod, Steuerwarte 1979, 29; Costede, Zweifelsfragen, S. 59 spricht hier von einem Ergänzungspfleger; el, DB 1977, 47; Scharff, S. 18 ff.; dagegen, allerdings bezogen auf die unentgeltliche Bestellung als stiller Gesellschafter am väterlichen Gewerbebetrieb, Tiedtke, DB 1977, 1065 ff.

irgendwelche Entscheidungen zu treffen, denen nur noch juristische Wirksamkeit verliehen werden müßte. Hier werden die Entscheidungen vielmehr vom Erziehungsberechtigten selbst getroffen, der die Dispositionsbefugnisse aus der Rechtsstellung des Minderjährigen für diesen ausübt.

Der Erziehungsberechtigte nimmt daher mit Hilfe der Rechtsstellung des Minderjährigen am wirtschaftlichen Verkehr teil und übt für diesen, lediglich durch die §§ 1643, 1821 BGB beschränkt, die Dispositionsbefugnisse aus, während der Minderjährige selbst überhaupt nicht disponiert.

Dieses Phänomen ist jedoch nicht nießbrauchspezifisch, sondern stellt sich in gleicher Weise auch bei minderjährigen Vollrechtseigentümern. Es bedarf daher einer weitergehenden Erörterung.

c) Zurechnung der Wertpapiererträge bei minderjährigen Vollrechtseigentümern

Stehen Wertpapiere im Eigentum eines Kleinkindes, so werden dessen Dispositionsbefugnisse von den Erziehungsberechtigten, dem Vormund, Pfleger oder teilweise auch von dem Vormundschaftsgericht ausgeübt.

Gleichwohl erscheint der Gedanke hier abwegig, in solchen Fällen den Erziehungsberechtigten die Wertpapiererträge zuzurechnen[138], denn die Qualität und der Zweck der Ausübung der Dispositionsbefugnisse ist eine andere:

Im Gegensatz zu den Fällen der Vermögensverwaltung, in denen der Eigentümer seine Dispositionsbefugnisse auf einen Verwalter delegiert und somit die steuerlich zu beachtenden originären Dispositionsbefugnisse noch weiter innehält[139], hat beim Erziehungsberechtigten eine solche Beauftragung zur Geschäftsbesorgung im Fremdinteresse durch das Kleinkind nicht stattgefunden. Die Erziehungsberechtigten üben die Dispositionsbefugnisse zwar nicht kraft dessen Auftrags aus, aber doch abhängig von dem Minderjährigen durch Beauftragung per Gesetz im Namen und für Rechnung[140] des Minderjährigen.

Wenn man unter diesem Blickwinkel die Ertragszurechnung bei der Minderjährigenproblematik nach dem Grundsatz der Leistungsfähigkeit betrachtet, so kann man folgendes rekapitulieren:

---

[138] Anders aber wohl FG München, Urteil vom 15. 4. 1975, II 116, 119/71, EFG 1975, 457, wo Eltern, die ein auf den Namen ihres Kindes lautendes Wertpapierdepot verwalteten, die Erträge steuerlich zugerechnet wurden.

[139] Dies verkennt Oswald, WM 1974, 1020, der aufgrund von § 1059 BGB die Frage nach dem Inhaber der originären Dispositionsbefugnis als hinfällig ansieht.

[140] Einkommensteuerlich zuzurechnen sind dagegen nur Leistungen, die auf eigene Rechnung verwertet werden, vgl. Philipowski, StuW 1979, 114.

Steuerpflichtig ist nicht derjenige, dem ein Entgelt letztendlich zufließt, sondern derjenige, der durch Betätigung einen Einkünftetatbestand verwirklicht, d. h. derjenige, der diese Einkünfte erzielt. Einkünfte erzielt derjenige, der berechtigt ist, für etwas ein Entgelt zu fordern, der also einen Anspruch hat.

Diesen Anspruch hat der Vertragspartner dessen, der verpflichtet ist, das Entgelt zu zahlen. Bei Wertpapieren erzielt damit Einkünfte für die Leistung der Kapitalüberlassung der aus dem Papier Berechtigte, d. h. je nach Wertpapierart der Eigentümer bzw. der Inhaber.

Erst wenn diese Berechtigung aus dem Papier durch eine Nießbrauchbestellung in Bestands- und Nutzungsrechte geteilt ist und sich daher Zuordnungsprobleme zwischen den Nießbrauchbeteiligten durch die Frage ergeben, wem der Wertpapieraussteller das Entgelt zahlt, d. h. wer die Leistung der Kapitalüberlassung erbringt, ist auf die Verteilung der Dispositionsbefugnisse zurückzugreifen[141]. Bei Wertpapieren, die im Volleigentum einer Person stehen, zahlt der Aussteller an den Wertpapierinhaber bzw. an den hieraus Berechtigten. Dieser erbringt dem Aussteller gegenüber auch die Leistung der Kapitalüberlassung, indem er die Einkunftsquelle in der Absicht bewirtschaftet, Erträge für sich zu erzielen.

Der Minderjährige handelt hierbei zwar nicht persönlich, sondern durch Vertreter, die in seinem Namen und auf seine Rechnung tätig werden und die Erträge nicht für sich, sondern für den Minderjährigen einnehmen.

Die Erziehungsberechtigten bewirtschaften daher selbst keine Einkunftsquelle, da bei ihnen das subjektive Element der persönlichen und eigennützigen Gewinnerzielungsabsicht fehlt. Die Erziehungsberechtigten bzw. das Vormundschaftsgericht haben daher keine Dispositionsrechte selbst inne, die sie ausüben, sondern sie erfüllen mit der Vermögenssorge im Innenverhältnis zu dem Minderjährigen quasi eine Verpflichtung zur Geschäftsbesorgung, die ihnen vom Gesetz auferlegt worden ist.

Hierbei vertreten die Eltern den Minderjährigen gem. §§ 1626, 1629 BGB im Außenverhältnis mit der Folge, daß ihre Handlungen dem Minderjährigen gem. § 164 I 1 BGB zuzurechnen sind.

Daher erbringt auch der minderjährige Volleigentümer dem Wertpapieraussteller gegenüber die Kapitalüberlassungsleistung mit der Folge, daß ihm die Wertpapiererträge zuzurechnen sind.

---

[141] Das Verhältnis der Verteilung der Dispositionsbefugnisse ist somit als Hilfsinstrument der subjektiven Zuwendung von Einkünften anzusehen, ähnlich wie der Unternehmerbegriff bei Einkünften aus Gewerbebetrieb, vgl. Hilger, S. 70.

d) Zurechnung der Wertpapiererträge bei minderjährigen Nießbrauchbeteiligten

Bei der Bestellung eines Nießbrauchs an einem Wertpapier ist die Bestimmung des aus dem Wertpapier Berechtigten und damit desjenigen, der Wertpapiereinkünfte erzielt, durch die Aufspaltung der Wertpapierrechte zwischen den Nießbrauchbeteiligten verkompliziert.

Der Wertpapieraussteller zahlt hier, wie bereits dargelegt, an denjenigen, der die Leistung der Kapitalüberlassung erbringt, d. h. an denjenigen, der ihm gegenüber disponiert. Bei minderjährigen Nießbrauchbeteiligten sind die Dispositionen der jeweiligen Erziehungsberechtigten zivilrechtlich den Minderjährigen grundsätzlich zuzurechnen. Steuerrechtlich können sich jedoch dann Probleme ergeben, wenn nicht ersichtlich ist, ob der gesetzliche Vertreter als Vertreter des Minderjährigen mit Fremdgeschäftsführungswillen oder aber als Eigengeschäftsführer handelt.

aa) Ertragszurechnung bei außerhalb des Nießbrauchverhältnisses sich befindenden gesetzlichen Vertretern

Ist der gesetzliche Vertreter eines minderjährigen Nießbrauchbeteiligten nicht selbst an diesem Nießbrauchverhältnis beteiligt, so übt er die zivilrechtlich dem Minderjährigen zuzurechnenden Dispositionsbefugnisse für diesen mit Fremdgeschäftsführungswillen aus. Eine Interessenkollision mit der Folge einer möglichen Selbsterzielung von Einkünften kann dann nicht vorliegen. Die Minderjährigkeit eines der Nießbrauchbeteiligten hat somit in diesen Fällen keinen Einfluß auf die Zurechnung der Wertpapiererträge.

bb) Ertragszurechnung bei Beteiligung des gesetzlichen Vertreters am Nießbrauchverhältnis

Komplexer gestaltet sich die Situation, wenn sich der Minderjährige und dessen gesetzlicher Vertreter als Beteiligte eines Nießbrauchverhältnisses gegenüberstehen. Die dann entstehende Interessenkollision des gesetzlichen Vertreters schlägt sich zum einen in der zivilrechtlichen Problematik des § 181 BGB nieder, zum anderen aber auch in der steuerrechtlichen Frage, ob der Erziehungsberechtigte, der teils aus eigenem Recht, teils als Vertreter des Minderjährigen alle Dispositionsbefugnisse in der Hand hält, diese im eigenen Interesse ausübt oder aber eher in der Absicht der Fremdgeschäftsführung für den Minderjährigen.

Die theoretische Möglichkeit, die verschiedenen Dispositionsbefugnisse je nach Verteilung bei der Nießbrauchbestellung getrennt voneinander jeweils für den minderjährigen Nießbrauchbeteiligten oder aber für sich selbst auszuüben, ist angesichts der natürlichen Interessengegensätze zwischen den Beteiligten eines Nießbrauchverhältnisses praktisch nicht möglich. Diesbezüglich kann auf die Ausführungen zu der vergleichbaren Problematik der Ausübung des Stimmrechts beim Nießbrauch an mitgliedschaftlichen Wertpapieren verwiesen werden[142].

Die Dispositionsbefugnisse werden daher in aller Regel einheitlich im Sinne eines der Beteiligten ausgeübt, oder besser gesagt, entweder in Eigengeschäftsführung des gesetzlichen Vertreters oder aber in Fremdgeschäftsführung für den Minderjährigen. Hieran kann auch eine parteiinterne Vereinbarung bezüglich der Verteilung einzelner Dispositionsbefugnisse nichts ändern.

Die Zurechnung der Wertpapiererträge richtet sich daher nach der subjektiven Willensrichtung des gesetzlichen Vertreters, der Dispositionsbefugnisse ausübt. Wie diese im Einzelfall aussieht, ist Tatfrage.

Der Erziehungsberechtigte wird eine Nießbrauchbestellung zugunsten eines ihm gegenüber unterhaltsberechtigten Minderjährigen zwar in aller Regel deshalb vorgenommen haben, um dem Minderjährigen die Erträge zukommen und die Steuerpflicht bei diesem unter geringerer Tarifbelastung entstehen zu lassen. Andererseits ist damit noch nicht gesagt, daß er die Dispositionsbefugnisse auch stets im Sinne des Nießbrauchers, also ertragsorientiert ausüben wird. Im Regelfall wird der gesetzliche Vertreter über die mit dem Nießbrauch belasteten Wertpapiere vielmehr so disponieren, daß der Minderjährige auf Dauer bzw. „für später“ etwas davon hat. Dann aber disponiert er eher wertorientiert wie ein Nießbrauchbesteller.

Ob der Erziehungsberechtigte eher wie ein Nießbrauchbesteller oder wie ein Nießbraucher agiert, wird im Einzelfall schwierig zu entscheiden sein: Der Erziehungsberechtigte wird jedoch im Zweifelsfall so handeln, wie „er es für richtig hält“. Damit disponiert er im Sinne beider Nießbrauchbeteiligten, d. h. auch in seinem persönlichen Interesse als Nießbrauchbeteiligter. Hierdurch bewirtschaftet er im Zweifel auch selbst die Einkunftsquelle mit der Konsequenz, daß ihm die Wertpapiererträge als Einkünfte zuzurechnen sind.

Die gleiche Situation ergibt sich bei einer Nießbrauchbestellung zugunsten des Erziehungsberechtigten. Hier ist zwar die Bestellung durch das Vormundschaftsgericht zu genehmigen, anschließend könnte jedoch auch hier der Erziehungsberechtigte alle Dispositionsbefugnisse allein ausüben. Auch hier sind daher dem Erziehungsberechtigten die Wertpapiererträge zuzurechnen.

---

[142] Vgl. 2. Kap., A III 3 a dd.

Diese Konsequenz kann der Erziehungsberechtigte allerdings jeweils durch die Bestellung eines Dauerpflegers vermeiden, da dessen Entscheidungen nicht vom Erziehungsberechtigten beeinflußt werden können und dadurch eine Interessenkollision des Erziehungsberechtigten vermieden wird.

Dies ist im Ergebnis auch begrüßenswert, da hierdurch die unterschiedlichen Interessen der Nießbrauchbeteiligten von verschiedenen, einander nicht weisungsgebundenen Personen wahrgenommen, Interessenkollisionen vermieden werden und Klarheit hinsichtlich der subjektiven Willensrichtung der Beteiligten bei der Ausübung der Dispositionsbefugnisse besteht.

e) Ergebnis

Wird daher ein Dauerpfleger bestellt, so ist die Beteiligung eines Minderjährigen an einem Nießbrauchverhältnis grundsätzlich unbeachtlich. Geschieht dies nicht, so sind dem Erziehungsberechtigten, sofern er selbst an dem Nießbrauchverhältnis beteiligt ist, die Wertpapiererträge zuzurechnen. Steht der Erziehungsberechtigte außerhalb des Nießbrauchverhältnisses, so ist die Minderjährigkeit des gesetzlich Vertretenen dagegen ebenfalls unbeachtlich.

Viertes Kapitel

Verfahrensrechtliche Probleme bei der Sachverhaltsermittlung, Beweiswürdigung und Beweislastverteilung im Hinblick auf die Verteilung der Dispositionsbefugnisse beim Wertpapiernießbrauch

A. Die Problemstellung

Die in den vorigen Kapiteln erläuterten Kriterien der Zurechnung von Erträgen beim Wertpapiernießbrauch sind in der Praxis nur in dem Maße anwendbar, in dem sie einem Nachweis im Steuerverfahren oder vor dem Finanzgericht zugänglich sind.

Das entscheidende Kriterium bei der Ertragszurechnung beim Wertpapiernießbrauch ist, wie bereits dargestellt[1], die Verteilung der Dispositionsbefugnisse.

In der Rechtspraxis stellt sich daher häufig das Problem des Nachweises der tatsächlichen Verteilung der Dispositionsbefugnisse. Der BFH hat hierbei mehrfach, insbesondere im Zusammenhang mit der Nießbrauchbestellung unter Familienangehörigen[2], darauf hingewiesen, daß die einem Nießbrauchbeteiligten zustehenden Befugnisse von diesem auch tatsächlich ausgeübt werden müssen, wenn es zu einer entsprechenden Ertragszurechnung kommen soll.

Die Frage, welche Anforderungen an den Nachweis der Übertragung und tatsächlichen Ausübungsmöglichkeit von Dispositionsbefugnissen zu stellen sind und wer hierfür letztlich die objektive Beweislast zu tragen hat, ist daher von zentraler Bedeutung für die Ertragszurechnung. Ihre Beantwortung wird jedoch erschwert durch die Vielzahl der steuerrechtlichen Institute zur Sachverhaltsaufklärung und -würdigung wie dem Untersuchungsgrundsatz im Zusammenhang mit den Mitwirkungspflichten, Schätzungen, belastenden Unterstellungen, typisierenden Betrachtungsweisen, gesetzlichen und natürlichen Vermutungen und den Beweislastregelungen, die ihrerseits in ihrem jeweiligen Anwendungsbereich wiederum umstritten sind.

---

[1] Vgl. 1. Kap., A und C III.

[2] Vgl. BFH Urteil vom 11. 3. 1976, VIII R 225/71, BStBl II 1976, 613 (614).

Die Behandlung dieses außerordentlich kontrovers diskutierten Problemkomplexes kann daher im Rahmen dieser Abhandlung nur summarisch und aus dem Blickwinkel des Wertpapiernießbrauchs erfolgen.

Grundsätzlich läßt sich hierbei zunächst nur folgendes feststellen: Gem. § 88 AO, § 76 I FGO ist im Steuerrecht vom Untersuchungsgrundsatz auszugehen. Erst wenn die Finanzbehörden bzw. die Finanzgerichte nach Abschluß der möglichen und zumutbaren Ermittlungen und unter Zuhilfenahme eventueller Beweiserleichterungen nicht zu sicheren Feststellungen gelangt sind, kann daher eine Beweislastentscheidung ergehen[3].

B. Die Sachverhaltsermittlung

Gem. § 88 I 1, 3 AO erfolgt die Sachverhaltsermittlung durch die Finanzbehörden von Amts wegen, wobei sich der Umfang der den Behörden obliegenden Ermittlungspflichten nach den Umständen des Einzelfalls richtet.

Fraglich ist daher, wie weit diese Ermittlungspflichten beim Nießbrauch reichen, insbesondere bei abweichenden Vereinbarungen über die Dispositionsbefugnisse.

I. Der Umfang des Untersuchungsgrundsatzes

Die Bestimmung des steuerrechtlichen Untersuchungsgrundsatzes ist trotz des eindeutigen Wortlauts des § 88 I AO[4] problematisch, da gem. § 90 AO dem Steuerpflichtigen eine Mitwirkungspflicht bei der Ermittlung des Sachverhalts auferlegt ist. Inwieweit diese Mitwirkungspflichten bzw. deren Verletzung Aus- bzw. Rückwirkungen auf die Ermittlungspflicht der Finanzbehörden haben, ist umstritten.

Nach einer Auffassung ist den §§ 88, 90 AO zu entnehmen, daß die Sachaufklärung im Rahmen einer billigen und angemessenen Arbeitsteilung[5] bzw. einer Gemeinschaftsarbeit[6] zwischen der Finanzbehörde und dem beteiligten Steuerpflichtigen zu erstellen sei. Die Mitwirkungspflicht des Beteiligten sei das Gegenstück zur finanzbehördlichen

---

[3] Allg. Meinung, vgl. Söhn in Hübschmann/Hepp/Spitaler, AO, § 88 Rdnr. 152; Helsper in Koch, AO, Rdnr. 19, 21 (Skizze) sowie Martens, StuW 1981, 322, 326, der nachweist, daß die steuergerichtliche Praxis diesen Grundsatz jedoch nicht immer eingehalten hat.

[4] Die folgenden Ausführungen gelten für den gerichtlichen Untersuchungsgrundsatz gem. § 76 I FGO entsprechend.

[5] Isensee, S. 103 f.; Kruse, Steuerrecht, S. 260.

[6] Hörstmann, StbJb 1964/65, S. 323 (326).

Ermittlungspflicht[7], und somit seien sowohl die Behörde als auch der Bürger für die Sachverhaltsaufklärung verantwortlich[8].

Die wohl herrschende Meinung[9] geht demgegenüber davon aus, daß die Sachverhaltsaufklärung in der alleinigen Verantwortung der Finanzbehörde liegt, der Beteiligte habe nur mitzuwirken. Da die Mitwirkungspflicht der Sachverhaltsaufklärung durch die Behörde diene, werde hierdurch die Geltung des Untersuchungsgrundsatzes nicht eingeschränkt[10]. Dem ist zuzustimmen, denn die Mitwirkungspflicht stellt nur ein Mittel, nicht aber einen eigenständigen Teil der Sachverhaltsaufklärung dar.

Innerhalb der herrschenden Meinung ist nun wiederum umstritten, welche Folgen eine Verletzung der Mitwirkungspflicht im Hinblick auf die finanzbehördliche Pflicht zur Sachverhaltsermittlung hat.

Da die Finanzbehörde im Rahmen des § 88 AO verpflichtet ist, den Sachverhalt so vollständig aufzuklären, wie es möglich und zumutbar ist, und die Mitwirkungspflicht nur eines von mehreren Mitteln zur Sachverhaltsaufklärung darstellt, wird die Auffassung vertreten[11], daß die Behörde auch in diesen Fällen weiter alle zugänglichen Erkenntnismittel ausschöpfen müßte. Diese Verpflichtung nehme nicht in dem Maße ab, in dem der Beteiligte seine Mitwirkungspflichten verletze. Die Aufklärungspflicht der Behörde werde erst dann durch eine Verletzung der Mitwirkungspflicht des Beteiligten eingeschränkt, wenn die Behörde im Einzelfall ohne eine Mitwirkung des Beteiligten außerstande ist, den Sachverhalt aufzuklären. Grenze der Untersuchungspflicht sei daher stets erst die Unmöglichkeit weiterer Sachverhaltsaufklärung, und zwar unabhängig von einer eventuellen Verletzung der Mitwirkungspflicht.

Andere[12] stellen demgegenüber eher auf das Zumutbarkeitskriterium als Grenze der Sachverhaltsermittlung ab, indem sie von einer Wechselbeziehung zwischen dem Umfang der Aufklärungspflicht der Behörde und der Verletzung der Mitwirkungspflicht des Steuerpflichtigen ausgehen. Hiernach nimmt bereits der Umfang der Aufklärungspflicht in dem Maße ab, in dem der Steuerpflichtige seine Mitwirkung verweigert.

---

[7] BFH Urteil vom 17. 1. 1956, I 242/54 U, BStBl III 1956, 68; Kühn/Kutter/Hofmann, AO, § 90 Anm. 1.

[8] Martens, StuW 1981, 322 (330).

[9] Söhn in Hübschmann/Hepp/Spitaler, AO, § 88 Rdnr. 39; Helsper in Koch, AO, § 88 Anm. 2, 3; Tipke/Kruse, AO, § 88 Anm. 1, jew. m. w. N.; wohl auch Mittelbach, StQ 1981, 16 f.

[10] Söhn in Hübschmann/Hepp/Spitaler, AO, § 88 Rdnr. 39 m. w. N. auch für die Gegenansicht.

[11] Söhn in Hübschmann/Hepp/Spitaler, AO, § 88 Rdnr. 39 ff., 42.

[12] Wallis in Hübschmann/Hepp/Spitaler, AO, § 162 Rdnr. 10 f.

Die Frage, welcher dieser Auffassungen zu folgen ist, ist jedoch bei der hier interessierenden Verteilung der Dispositionsbefugnisse nur von geringer praktischer Relevanz:

Da diese Vorgänge praktisch ausschließlich die Vermögenssphäre der Nießbrauchbeteiligten bzw. deren interne Vereinbarungen betreffen, wird die Verweigerung der Mitwirkung der Nießbrauchbeteiligten bei der Sachverhaltsaufklärung in aller Regel auch bereits zu einer Unmöglichkeit weiterer Ermittlungserfolge führen. Sollte jedoch eine weitere Aufklärung etwa über Dritte wie Börsenmakler, Bankangestellte etc. möglich sein, so ist die Behörde m. E. auch verpflichtet, diesen Anhaltspunkten nachzugehen. Da die Sachverhaltsaufklärung durch die Behörde von der Mitwirkungspflicht des Beteiligten zu trennen ist, hat deren Verletzung auch keine direkten Auswirkungen auf den Umfang des Untersuchungsgrundsatzes und damit die Beweisbeschaffung. Eine Verletzung der Mitwirkungspflicht ist vielmehr erst im Rahmen der anschließenden Beweiswürdigung zu berücksichtigen, und zwar in der Form, daß für die Überzeugung des Gerichts bzw. der Behörde weitere Beweismittel entbehrlich sein können.

Über den Umweg der Beweiswürdigung kann die Verletzung von Mitwirkungspflichten daher indirekt auch zu einer Beschränkung der erforderlichen Sachverhaltsermittlung führen, ohne jedoch den Untersuchungsgrundsatz als solchen zu beschränken.

Die Behörde ist daher grundsätzlich zur vollständigen Sachverhaltsaufklärung verpflichtet. Sie kann lediglich im Einzelfall durch § 88 I 2 AO auf die für eine ordnungsgemäße Beweiswürdigung erforderlichen Tatsachen beschränkt werden.

Daraus folgt für den Wertpapiernießbrauch, daß die Finanzbehörde grundsätzlich die Verteilung der Dispositionsbefugnisse zu ermitteln hat[13], und zwar unabhängig davon, ob die Nießbrauchbeteiligten, die jeweils als Beteiligte i. S. d. §§ 90, 78 Ziff. 2 AO anzusehen sind, je nachdem, gegen wen die Finanzbehörde den Steuerbescheid richten will, ihren umfassenden Mitwirkungs- bzw. Aufklärungspflichten nachkommen.

II. Der Umfang der Mitwirkungspflicht für die Nießbrauchbeteiligten

Gem. § 90 I 2 AO sind die Beteiligten verpflichtet, die für die Besteuerung erheblichen Tatsachen vollständig und wahrheitsmäßig offenzulegen und die ihnen bekannten Beweismittel anzugeben.

[13] Da Nießbrauchssachverhalte nicht in die Fallgruppe der schwierig zu bearbeitenden Steuerfälle gem. Anlage 2 der GNOFÄ (BStBl I 1976, 89 [92]) aufgenommen wurden, sieht die Finanzverwaltung dieser Aufgabe offensichtlich mit Zuversicht entgegen.

Die Entscheidung über die Steuererheblichkeit von Tatsachen ist nach objektiven Maßstäben zu treffen, wobei bereits eine potentielle Steuererheblichkeit ausreicht[14].

Der Umfang der Mitwirkungspflicht wird nach der Steuerrechtsprechung[15] erst durch die Schwelle der Unzumutbarkeit begrenzt, während in der Rechtsprechung des BVerfG[16] und in der Literatur[17] eher auf das Verhältnismäßigkeitsprinzip im weiteren Sinne abgestellt und die Geeignetheit, Möglichkeit oder die Erforderlichkeit verlangt wird.

Die Grenze der Mitwirkungspflicht ist jeweils vom konkreten Einzelfall abhängig.

Die Offenlegung von Vorgängen, über die nur der Beteiligte selbst Bescheid weiß, wird in weitem Umfang für zulässig angesehen[18]. Auch die Beweisnähe des Beteiligten für die in seiner Sphäre liegenden steuererheblichen Tatsachen erweitert den Umfang der zumutbaren Mitwirkung um so mehr, je persönlicher, atypischer und verwickelter die behaupteten Verhältnisse sind[19]. Je schwieriger die Feststellung des Sachverhalts für die Finanzbehörde ist, desto weiter reicht die zumutbare Mitwirkungspflicht der Beteiligten[20]. Dies kann dazu führen, daß bereits die Unterlassung der Schaffung einer Beweismöglichkeit pflichtwidrig sein kann[21].

In bezug auf den Wertpapiernießbrauch kann daher pauschal lediglich festgestellt werden, daß die Nießbrauchbeteiligten gehalten sind, etwaige schriftliche Verträge über die Nießbrauchbestellung bzw. die Verteilung der Dispositionsbefugnisse vorzulegen.

Wenn besondere Abreden über die Verteilung der Dispositionsbefugnisse behauptet werden, so erweitert sich die Zumutbarkeitsgrenze in dem Maße, in dem von der üblichen, gesetzmäßigen Verteilung der Dispositionsbefugnisse abgewichen wird oder eine Ausübung dieser Befugnisse ungewöhnlich erscheint: Dies gilt insbesondere beim Vor-

---

[14] Söhn in Hübschmann/Hepp/Spitaler, AO, § 90 Rdnr. 14.

[15] BFH Urteil vom 14. 10. 1964, I 347, 418/61, HFR 1965, 231; BFH Urteil vom 12. 7. 1974, III R 110/72, BStBl II 1975, 25 (27) sowie die bei Söhn in Hübschmann/Hepp/Spitaler, AO, § 90 Rdnr. 23 zitierten Entscheidungen.

[16] Ständige Rspr., vgl. BVerfGE 19, 330 (337) bezüglich der Zulassungsbeschränkungen bei Art. 12 GG.

[17] Vgl. hierzu die umfassende Darstellung bei Söhn in Hübschmann/Hepp/Spitaler, AO, § 90 Rdnr. 23 ff.

[18] BFH Urteil vom 17. 12. 1963, VII 182/60 U, BStBl III 1964, 88 (89).

[19] Söhn in Hübschmann/Hepp/Spitaler, AO, § 90 Rdnr. 38.

[20] BFH Urteil vom 7. 4. 1959, I 2/58, S, BStBl III 1959, 233 (233); Söhn in Hübschmann/Hepp/Spitaler, AO, § 90 Rdnr. 38 m. w. N.

[21] Tipke/Kruse, AO, § 96 FGO Rdnr. 10; Kühn/Kutter/Hofmann, AO, § 90 Anm. 2; Söhn in Hübschmann/Hepp/Spitaler, AO, § 90 Rdnr. 37 f.

behaltsnießbrauch oder bei der Nießbrauchbestellung zugunsten minderjähriger Unterhaltsberechtigter.

Im Rahmen dieser Mitwirkungspflicht kann es im Einzelfall daher auch zumutbar sein, Zeugen zu benennen oder Depotaufstellungen und -vereinbarungen mit der Hausbank bekanntzugeben bzw. der kontoführenden Stelle eine Aussageerlaubnis zu gewähren, sofern eine abweichende Verteilung der Dispositionsbefugnisse behauptet wird, die zu einer Änderung der Ertragszurechnung führt.

III. Die Schätzung von Besteuerungsgrundlagen bei Unmöglichkeit weiterer Sachverhaltsermittlungen

Wenn die Besteuerungsgrundlagen nicht ermittelbar sind, kann die Finanzbehörde diese gem. § 162 AO auch schätzen, insbesondere dann, wenn der Steuerpflichtige seinen Mitwirkungspflichten nicht nachkommt bzw. nachgekommen ist.

Die Schätzung der Besteuerungsgrundlagen ist die letzte Handhabe, die den Finanzbehörden zur Erfüllung der ihnen im Ermittlungsverfahren gem. § 88 ff. AO obliegenden Aufgaben gegeben ist[22]. Ist eine Sachverhaltsermittlung nach Ausschöpfung aller zumutbaren Aufklärungsmittel ganz oder teilweise unmöglich, so kann die Finanzbehörde im Steuerermittlungsverfahren[23] die Besteuerungsgrundlagen nach Wahrscheinlichkeitserwägungen schätzen.

Durch die Schätzung sollen diejenigen tatsächlichen und rechtlichen Verhältnisse in Ansatz gebracht werden, die die größte Wahrscheinlichkeit der Richtigkeit für sich haben[24] und damit der Wirklichkeit am nächsten kommen dürften[25].

Hieraus ergibt sich, daß das Instrument der Schätzung nicht streng der Sachverhaltsermittlung oder der Beweiswürdigung zugerechnet werden kann, sondern in beide Ebenen des Beweisverfahrens hineinspielt: Bei der Ermittlung können Verhältnisse geschätzt werden und diese Ergebnisse sind anschließend bei der Würdigung entsprechend zu

[22] § 143 RegE, BT-Drucks. VI/1982, S. 147; Kühn/Kutter/Hofmann, AO, § 162 Anm. 2.

[23] In Straf- und Bußgeldverfahren ist eine Schätzung gem. § 162 AO nicht möglich, da diese nach dem Maßstab der einfachen Wahrscheinlichkeit erfolgt, im Strafverfahren jedoch ein voller Beweis, d. h. ein jeden vernünftigen Zweifel ausschließender Wahrscheinlichkeitsgrad erforderlich ist, vgl. Kühn/Kutter/Hofmann, AO, § 162 Anm. 2; Tipke/Kruse, AO, § 162 Rdnr. 2.

[24] RFHE 7, 259 (261); BFH Urteil vom 13. 10. 1976, I R 67/75 BStBl II 1977, 260 (261); BFH Urteil vom 2. 2. 1982, VIII R 65/80, BStBl II 1982, 409 (411 ff.); Tipke/Kruse, AO, § 162 Rdnr. 2, 6.

[25] BFH Urteil vom 31. 8. 1967, V 241/61, BStBl II 1967, 686 (687).

berücksichtigen. Hierdurch kann ggf. auch die Beweislast geändert werden, weshalb auch diese Ebene des Beweisverfahrens von der Schätzung beeinflußt werden kann[26].

Streitig ist nun im Rahmen des § 162 AO, ob hierdurch nur eine quantitative Schätzung[27, 28] oder auch eine Schätzung dem Grunde nach[29] legitimiert wird.

Nur wenn auch letzteres zulässig ist, kann das Instrument der Schätzung beim Wertpapiernießbrauch in beachtenswertem Umfang zur Anwendung kommen, denn hier liegt das Nachweisproblem nicht so sehr in der Höhe der Wertpapiererträge, sondern darin, welcher der Nießbrauchbeteiligten aufgrund der überwiegenden Dispositionsbefugnisse überhaupt den Tatbestand der Einkünfteerzielung verwirklicht.

Die schätzungsfähigen Besteuerungsgrundlagen sind nach der Legaldefinition des § 199 I AO die tatsächlichen und rechtlichen Verhältnisse, die für die Bemessung der Steuer maßgebend sind.

Dieser im 4. Abschnitt der AO 1977 für die Außenprüfung geltenden Vorschrift kann zwar entnommen werden, daß mit den gesetzlich bezeichneten tatsächlichen und rechtlichen Verhältnissen mehr als nur quantitative Umstände geschätzt werden können[30], da rechtliche Verhältnisse keinen Quantitätsbegriff darstellen. Ob hieraus jedoch schon auf die allgemeine Zulässigkeit einer Sachverhaltsschätzung geschlossen werden kann[31], muß jedoch nicht zuletzt angesichts der Tatsache, daß

---

[26] Tipke/Kruse, AO, § 162 Rdnr. 2 sehen § 162 AO daher als eine tatbestandsmäßig begrenzte Ausnahme von den allgemeinen Beweislastregeln an.

[27] So BFH Urteil vom 19. 10. 1978, V R 39/75, BStBl II 1979, 345 (347); Tipke/Kruse, AO, § 162 Rdnr. 2, die sich gegen eine Sachverhaltsschätzung aussprechen, jedoch eine Schätzung, ob der Steuerpflichtige überhaupt Einnahmen oder Umsätze erzielt habe (von Tipke/Kruse auch als Schätzung dem Grunde nach bezeichnet), für zulässig erachten; Söhn in Hübschmann/Hepp/Spitaler, AO, § 88 Anm. 80; Weber-Grellet, StuW 1981, 55 f.; Bettermann, E 29 f.

[28] Einige Vertreter dieser Auffassung (vgl. Tipke/Kruse, AO, § 96 FGO Rdnr. 10) helfen sich bei der Unmöglichkeit einer vollständigen Sachverhaltsaufklärung aufgrund einer Verletzung von Mitwirkungspflichten mit dem Institut der erst im Rahmen der Beweiswürdigung zu berücksichtigenden belastenden Unterstellung (vgl. 4. Kap., C II). Hierdurch wird im Ergebnis ein ähnliches Resultat erreicht, wobei aber die Schätzung vom Wahrscheinlichkeitsmaßstab, die Unterstellung dagegen von dem Grad der Verletzung der Mitwirkungspflichten bestimmt wird.

[29] BFH Urteil vom 31. 8. 1967, BStBl III 1967, 686 (687), wo allerdings ebenfalls die Voraussetzungen einer belastenden Unterstellung gegeben waren; Kühn/Kutter/Hofmann, AO, § 162 Anm. 2, wobei jedoch in Anm. 3 vorzugsweise auf Schätzungsbefugnisse nach der Verletzung von Mitwirkungspflichten abgestellt wird; Wallis in Hübschmann/Hepp/Spitaler, AO, § 162 Rdnr. 13; Martens, StuW 1981, 322, 327 f.

[30] Weber-Grellet, StuW 1981, 48, 55.

[31] So wohl Wallis in Hübschmann/Hepp/Spitaler, AO, § 162 Rdnr. 5.

die Legaldefinition nicht im Rahmen der allgemeinen Begriffsbestimmungen in den §§ 3—15 AO erfolgte, sowie dem Umstand, daß dem Begriff der Schätzung eher eine nur zahlenmäßige Annahme zu entnehmen ist[32], bezweifelt werden.

Auch der Hinweis[33], eine Schätzung dem Grunde nach sei gem. § 287 ZPO auch im Zivilprozeß zulässig, findet im Gesetz keine Stütze, da in der ZPO ausdrücklich von einer Schätzung, „ob und wie hoch“ ein Schaden entstanden ist, gesprochen wird. § 287 ZPO erlaubt daher nach einhelliger Auffassung[34] nur Schätzungen im Rahmen der haftungsausfüllenden, nicht aber auch der haftungsbegründenden Kausalität.

Eine eindeutige Bestimmung des Umfangs der Schätzungsbefugnis kann dem Gesetz daher nicht entnommen werden.

Eine extensive Auslegung der Schätzungsbefugnis des § 162 AO wird in erster Linie damit begründet, daß die schuldhafte Verletzung von Mitwirkungspflichten, zumindest dann, wenn die Feststellungslast der Finanzverwaltung obliegt, renitente Steuerpflichtige begünstige. Denn wenn keine ausreichende Beweisermittlung erfolgen könne, müsse eine entsprechende Beweislastentscheidung ergehen[35].

Diesem Vorwurf begegnen die eine extensive Auslegung der Schätzungsbefugnis ablehnenden Auffassungen damit, daß sie in diesen Fällen entweder bereits auf der Ebene der Sachverhaltsermittlung eine Einschränkung der Untersuchungspflicht der Behörde annehmen[36] oder auf der Ebene der Beweiswürdigung belastende Unterstellungen heranziehen[37] und so eine Beweislastentscheidung vermeiden.

Im Fall einer Verletzung von Mitwirkungspflichten kommen daher beide Auffassungen zu vergleichbaren Ergebnissen[38], wobei die extensive Auslegung nach dem Prinzip der überwiegenden Wahrscheinlichkeit vorgeht, welches allerdings in der Ebene der Beweiswürdigung einer erneuten Prüfung unterzogen wird, wohingegen die anderen Auffassungen eher auf den Grad der Verletzung der Mitwirkungspflichten hinsichtlich des Umfangs des unterstellten Sachverhalts abstellen. Entscheidende Unterschiede ergeben sich daher im Ergebnis nur dann,

---

[32] So Weber-Grellet, StuW 1981, 48, 56, und Söhn in Hübschmann/Hepp/Spitaler, AO, § 88 Rdnr. 80, die hieraus allerdings bereits den Schluß auf eine nur quantitative Schätzungsbefugnis ziehen.

[33] Helsper in Koch, AO, § 88 Rdnr. 19.

[34] Zöller(-Stephan), ZPO, § 287 Anm. 3; Baumbach/Lauterbach(-Hartmann), ZPO, § 287 Anm. 1, 2 a, b m. w. N.

[35] Helsper in Koch, AO, § 88 Rdnr. 20.

[36] Wallis in Hübschmann/Hepp/Spitaler, AO, § 162 Rdnr. 10 f.

[37] Tipke/Kruse, AO, § 96 FGO Rdnr. 10; vgl. S. 204 f.

[38] So auch Martens, StuW 1981, 322 (328).

wenn gerade keine Verletzung von Mitwirkungspflichten durch den Steuerpflichtigen vorliegt, der Sachverhalt aber gleichwohl nicht ermittelt werden kann.

Bei dieser Konstellation handelt es sich i. d. R. um solche Ermittlungsschwierigkeiten, die in der Natur der Sache liegen, wie etwa bei Wertschätzungen etc.[39]. Hier wird der Sachverhalt daher bereits unverbindlich durch den Steuerpflichtigen geschätzt.

Bei dem hier in Frage stehenden Wertpapiernießbrauch ist dies jedoch nicht der Fall. Die Verteilung und Ausübung der Dispositionsbefugnisse ist bei Erfüllung der Mitwirkungspflichten der Beteiligten stets vollständig aufklärbar. Die Voraussetzungen des § 162 AO liegen daher in aller Regel beim Wertpapiernießbrauch nicht vor, so daß in diesem Zusammenhang die Frage des Umfangs der Schätzung von Besteuerungsgrundlagen dahingestellt bleiben kann[40].

Abschließend läßt sich daher zu dem Institut der Schätzung feststellen, daß die in der Anwendung bedenkliche Schätzung dem Grunde nach beim Wertpapiernießbrauch nicht relevant wird.

C. Die Beweiswürdigung

Voraussetzung einer verbindlichen Sachverhaltsfeststellung ist die Würdigung der ermittelten Tatumstände. Wie im finanzgerichtlichen Verfahren gem. § 96 FGO, sind auch im Besteuerungsverfahren die erhobenen Beweise frei zu würdigen. Dieser Grundsatz gewährt Finanzgerichten und -behörden einen gewissen Spielraum, innerhalb dessen sie sich eine bestimmte Überzeugung von dem verwirklichten Sachverhalt bilden können[41].

Wenn das Gesetz keine Beweisregeln aufstellt, ist dieser Spielraum der freien Beweiswürdigung nur begrenzt durch das Gebot der Einhaltung von Denkgesetzen, den Regeln der allgemeinen Lebenserfahrung sowie den Erfordernissen der besonderen Sach- und Fachkunde[42].

Im Hinblick auf die Verteilung und die Ausübung der Dispositionsbefugnisse beim Wertpapiernießbrauch stellt sich daher hier die Frage,

---

[39] Tipke/Kruse, AO, § 162 Rdnr. 1.

[40] Geht man jedoch von einer nur begrenzten Mitwirkungspflicht der Beteiligten aus, so sind Ermittlungslücken auch bei Erfüllung der Mitwirkungspflicht denkbar. In diesem Fall halte ich eine extensive Auslegung des § 162 AO wegen des Eingriffscharakters dieser Vorschrift für bedenklich und würde daher eine Schätzung dem Grunde nach ablehnen.

[41] Helsper in Koch, AO, § 88 Rdnr. 9.

[42] Vgl. Kühn/Kutter/Hofmann, AO, § 96 FGO Anm. 2 a; Helsper in Koch, AO, § 88 Rdnr. 10 f.; Tipke/Kruse, AO, § 96 FGO Rdnr. 2.

in welchem Grade die Finanzbehörde bzw. der Finanzrichter von dem Wahrheitsgehalt des Ermittlungsergebnisses überzeugt sein muß, um einen bestimmten Sachverhalt zur Grundlage seiner Entscheidung machen zu können, und inwieweit er hierbei auf Vermutungen, Schätzungen u. ä. zurückgreifen kann oder muß.

I. Der Grad der Überzeugung

Bei der Feststellung der Verteilung der Dispositionsbefugnisse, die ja weitgehendst in der Vermögenssphäre der Nießbrauchbeteiligten zu erfolgen hat, wird der Sachverhalt von der Finanzbehörde allein vielfach nicht vollständig zu ermitteln sein oder es könnten sich Zweifel daran ergeben, ob die Vereinbarungen zwischen den Nießbrauchbeteiligten auch tatsächlich durchgeführt wurden.

Fraglich ist daher, wieweit der Finanzrichter bzw. die Finanzbehörde von dem tatsächlichen Vorliegen des bei der Rechtsanwendung zugrunde gelegten Sachverhalts überzeugt sein muß.

Im allgemeinen wird hier von der ganz herrschenden Meinung die volle Überzeugung gefordert, die gewöhnlich als der jeden vernünftigen Zweifel ausschließende Grad der Wahrscheinlichkeit definiert wird[43]. Ausnahmen bestehen dann, wenn das Gesetz ausdrücklich nur die Glaubhaftmachung verlangt, was jedoch bei den hier in Frage stehenden Tatbeständen der Einkünfteerzielung nicht der Fall ist.

Eine Mindermeinung[44] will demgegenüber in Ausnahmefällen das Erfordernis der vollen Überzeugung durch teleologische Reduktion zugunsten einer überwiegenden Wahrscheinlichkeit aufgeben, wenn andere Prinzipien und Zwecke eine Reduzierung des Beweißmaßes erforderten[45].

Auch von Vertretern dieser, für den Zivilprozeß begründeten Ansicht wird jedoch eingeräumt, daß an den Grad der richterlichen Überzeugung in anderen Verfahrensarten, beispielsweise dem Strafprozeß,

---

[43] BGHZ 18, 311 (318); BGH NJW 1978, 1684; Blomeyer, Zivilprozeßrecht, §§ 66 I, 72 II 1 m. w. N.; Baumbach/Lauterbach(-Hartmann), ZPO, § 286 Anm. C.

[44] Walter, S. 142 ff. m. w. N., 148 ff., 259. Noch weiter geht Kegel (S. 333 ff., 343), der vom Anscheinsbeweis ausgehend grundsätzlich die überwiegende Wahrscheinlichkeit ausreichen lassen will. Hiergegen überzeugend Walter, S. 173 ff.

[45] Walter, S. 215 ff., 260, will hierunter solche Sachverhaltskonstellationen berücksichtigen, die schwer aufklärbar sind und vom materiellen Recht her erkennen lassen, daß Beweisschwierigkeiten nicht zu Lasten des Betroffenen gehen dürfen, wie z. B. beim Kausalitätsnachweis bei Berufskrankheiten etc. Durch Verminderung der Beweisanforderungen erreicht Walter somit einen Ausschluß von Beweislastentscheidungen.

wegen der dort bestehenden Unschuldsvermutung ein höherer Grad der Wahrscheinlichkeit gefordert werden muß[46].

Ähnliches gilt aber auch für den Finanzgerichtsprozeß. Aufgrund des Rechtsstaatsprinzips können hier Eingriffe der Verwaltung nicht lediglich auf ein einfaches Überwiegen der Wahrscheinlichkeit gestützt werden, wenn dies nicht ausnahmsweise ausdrücklich gesetzlich vorgesehen ist[47].

Es ist daher grundsätzlich die volle Überzeugung des Finanzgerichts bzw. der -behörde von dem tatsächlichen Vorliegen der Voraussetzungen einer Norm erforderlich, bevor diese angewendet werden kann.

Die Wertpapiererträge können daher nur dann einem der Nießbrauchbeteiligten zugerechnet werden, wenn die Finanzbehörde bzw. das Finanzgericht vollständig davon überzeugt ist, daß dieser Steuerpflichtige die überwiegenden Dispositionsbefugnisse innehat.

II. Die belastende Unterstellung als Sanktionsmittel bei Verletzungen von Mitwirkungspflichten

Wenn der Steuerpflichtige den ihm obliegenden Mitwirkungspflichten nicht nachkommt, so kann die Finanzbehörde den Sachverhalt aufgrund von Wahrscheinlichkeitserwägungen zuungunsten des Steuerpflichtigen unterstellen.

Das weithin anerkannte[48], teilweise aber auch als Schätzung dem Grunde nach[49] bezeichnete Institut der belastenden Unterstellung stellt sich damit als Mittel der Sanktionierung von Verletzungen der Mitwirkungspflicht dar[50]. Es unterscheidet sich von der Schätzung dem Grunde nach dadurch, daß die Verletzung von Mitwirkungspflichten nicht nur der gewöhnliche Anlaß, sondern das konstitutive Element der Unterstellung ist, und ferner dadurch, daß die Unterstellung im Gegensatz zur Schätzung nicht nur von Wahrscheinlichkeitserwägungen, sondern vor allem von dem Sanktionsgedanken getragen wird. Außerdem ist zu beachten, daß es sich bei der Unterstellung um eine ausschließlich der Beweiswürdigung zuzurechnende Maßnahme handelt,

---

[46] Walter, S. 154, 190; Kegel, S. 342.

[47] Vgl. Walter, S. 190, der ausdrücklich den Ausnahmecharakter von Schätzungen betont.

[48] BFH Urteil vom 9. 7. 1964, IV 151/63; Baltzer in StRK AO, § 204 R 58; Tipke/Kruse, AO, § 96 FGO Rdnr. 10 m. w. N.; Wallis in Hübschmann/Hepp/Spitaler, AO, § 162 Rdnr. 10 ff.; Kühn/Kutter/Hofmann, AO, § 162 Anm. 3, wo allerdings die Tatsachenwürdigung bei den Schätzungen abgehandelt wird.

[49] Vgl. RFH Urteil vom 23. 1. 1935, VI A 827/34, RStBl 1935, 306 (308 f.).

[50] Tipke/Kruse, AO, § 96 FGO Rdnr. 10.

während die Schätzung dem Grunde nach in erster Linie als Instrument der Sachverhaltsermittlung anzusehen ist[51].

Die Schätzung dem Grunde nach und die belastende Unterstellung führen aber regelmäßig zu dem gleichen Ergebnis. Das Institut der belastenden Unterstellung stellt jedoch die tragfähigere dogmatische Grundlage dar, da Tatsachenannahmen im weiten Rahmen der freien Beweiswürdigung leichter zu berücksichtigen sind als durch eine rechtsdogmatisch bedenkliche, extensive Auslegung des § 162 AO. Denn die Verletzung von Mitwirkungspflichten kann von dem Gericht bzw. der Steuerbehörde im Rahmen der Beweiswürdigung bewertet werden und so zu einer Reduzierung des Beweismaßes führen[52].

Da eine Verletzung der Mitwirkungspflichten in unterschiedlichem Umfang erfolgen kann, ist eine belastende Unterstellung auch nur in einem der Pflichtverletzung entsprechenden Ausmaß zulässig.

In bezug auf den Wertpapiernießbrauch kann daher eine belastende Unterstellung nur hinsichtlich derjenigen Dispositionsbefugnisse vorgenommen werden, bei deren Aufklärung der Nießbrauchbeteiligte seine Mitwirkungspflichten verletzt hat. Je weiter man den Rahmen der Mitwirkungspflichten steckt, desto intensiver muß die Pflichtverletzung sein, um eine Unterstellung zu rechtfertigen.

III. Andere Beweiserleichterungen bzw. Reduzierungen des Beweismaßes

1. *Der Anscheins- oder prima facie-Beweis*

Unter dem Begriff des Anscheinsbeweises wird gemeinhin die Beachtung einer besonderen Art von Erfahrungsgrundsätzen im Rahmen der freien Beweiswürdigung verstanden[53].

Der Anscheinsbeweis greift nur bei gleichmäßigen, formelhaften und typischen Geschehensabläufen ein, d. h. in denjenigen Fällen, in denen ein gewisser Tatbestand feststeht, der nach der Lebenserfahrung auf eine bestimmte Ursache oder einen bestimmten Ablauf hinweist[54]. Rechtsprechung[55] und Literatur[56] haben den prima facie-Beweis vor-

---

[51] Vgl. 4. Kap., B III.

[52] Vgl. BVerfGE 52, 131, 144 ff. (147), wo anläßlich eines Arzthaftungsprozesses im Hinblick auf eine Beweislastumkehr von einer fairen, zumutbaren Handhabung des Beweisrechts gesprochen wird.

[53] Rosenberg/Schwab, Zivilprozeßrecht, § 114 I 1; Baumbach/Lauterbach (-Hartmann), ZPO, Anh. § 286 Anm. 3 B; Tipke/Kruse, AO, § 96 FGO Rdnr. 11.

[54] BGH VersR 1978, 724 (724 f.).

[55] OLG Karlsruhe, VersR 1978, 771 (772).

[56] Baumbach/Lauterbach(-Hartmann), ZPO, Anh. § 286 Anm. 3 B m. w. N.

wiegend zur Feststellung von Fahrlässigkeit und Kausalzusammenhängen in der Weise verwendet, daß er zu einer Beweiserleichterung des Beweispflichtigen führt, der nur die Tatsachen zu beweisen braucht, die auf den typischen Geschehensablauf hindeuten[57]. Mit dem Beweis dieser Tatsachen gelten dann auch deren typische Folgen als bewiesen.

Die Frage, ob eine gewöhnliche Nießbrauchbestellung einen so typischen Geschehensablauf bildet, daß mit Hilfe der Regeln des Anscheinsbeweises auf die Verteilung der Dispositionsbefugnisse geschlossen werden kann, muß stark bezweifelt werden, da eine Nießbrauchbestellung keine Handlung des Massenverkehrs ist und sehr verschiedenartig ausgestaltet werden kann. Die Beantwortung der Frage erübrigt sich aber insofern, als daß der Anscheinsbeweis gerade beim Wertpapiernießbrauch in aller Regel auch nicht weiterhelfen würde, denn dieser Beweis kann durch einfachen Gegenbeweis erschüttert werden, indem ein vom gewöhnlichen Verlauf abweichender Gang des Geschehens behauptet und dessen ernsthafte Möglichkeit dargelegt wird[58].

Etwaige Anscheinsbeweise der Finanzbehörde hinsichtlich der Verteilung der Dispositionsbefugnisse könnte der Nießbrauchbeteiligte daher in aller Regel bereits durch die Behauptung einer abweichenden Vereinbarung erschüttern. Da derartige Sondervereinbarungen nicht lediglich eine vage Möglichkeit einer anderen Verteilung darstellen, sondern durchaus praktiziert werden, würde ein Anscheinsbeweis, will man ihn hinsichtlich der Verteilung der Dispositionsbefugnisse für zulässig erachten, nicht zu einer rechtlich relevanten bzw. beständigen Beweiserleichterung führen.

2. *Die formelle Typisierung*

Bei dem Begriff der formellen Typisierung handelt es sich um ein verfahrensrechtliches Instrument der Tatsachenwürdigung, welches mit dem prima facie-Beweis vergleichbar ist. Bei der sog. formellen Typisierung, die vor allem in der heutigen[59] Rechtsprechung vertreten wird,

[57] BGH BB 1970, 864; OLG Frankfurt, VersR 1978, 828; Rosenberg/Schwab, Zivilprozeßrecht, § 114 I 2 m. w. N.

[58] Vgl. Rosenberg/Schwab, Zivilprozeßrecht, § 114 I 4.

[59] Die Typisierung wurde von der älteren Rechtsprechung (vgl. u. a. RFHE 27, 22 [24]; BFH Urteil vom 6. 5. 1959, VI 183/57 U, BStBl III 1959, 292) unter Berufung auf die steuerliche Gleichbehandlung dazu benutzt, um einen Lebenssachverhalt als in seiner typischen Erscheinungsform im zu untersuchenden Fall vorliegend anzusehen und die Umstände des konkreten Falles bewußt außer acht zu lassen. In dieser Form war die Typisierung von Anfang an umstritten (vgl. Tipke/Kruse, AO, § 4 Rdnr. 135 m. w. N.) und wird heute in abgeschwächter Anwendung nur noch von Isensee (S. 171 ff.) vertreten. Isensee will nur der Finanzverwaltung zur Arbeitsentlastung die Befugnis zur Typisierung einräumen, wohingegen die von den sich unge-

ohne daß dort der Begriff ausdrücklich genannt wird, handelt es sich um eine Vorgehensweise, die sich unter Vernachlässigung des konkreten Steuerfalles hauptsächlich an dem für den Lebenssachverhalt typischen und ggf. kodifizierten Durchschnittsfall orientiert, damit quasi den typischen Sachverhalt als gegeben fingiert[60] und auch bereits den Umfang der Ermittlungs- und Nachweispflichten davon abhängig macht, wie weit die im konkreten Steuerfall behaupteten Umstände von dem typisierten Normalfall abweichen.

Voraussetzung einer Typisierung ist daher ähnlich wie beim prima facie-Beweis ein typischer Lebenssachverhalt bzw. Geschehensablauf, der als Normalfall bezeichnet werden kann. Es ist daher, wie schon beim Anscheinsbeweis angesprochen, sehr fraglich, ob dies beim Wertpapiernießbrauch der Fall ist.

Auch wenn man die Auffassung vertreten will, daß der Begriff des Lebenssachverhalts bei der Typisierung weiter zu fassen ist als der beim Anscheinsbeweis und eine Gesamtbetrachtung zuläßt, die auch den typischen Zweck einer Nießbrauchbestellung, eine Steuerersparnis bei möglichst weitreichender Beibehaltung der Befugnisse über den Nießbrauchsgegenstand, mit einschließt, so führt dies im Ergebnis nicht weiter. Denn auch hier stellt sich die Frage, welche Anforderungen an den Gegenbeweis, daß eine atypische Verteilung der Dispositionsbefugnisse vorliegt, zu stellen sind.

Eine Abweichung vom Normalfall muß bzw. kann bei der sog. formellen Typisierung bewiesen werden. Dies ist bei der sog. materiellen Typisierung nicht möglich, die von unwiderleglichen Vermutungen ausgeht, heute von der Rechtsprechung aber nur noch dann vertreten wird, wenn der Gegenbeweis nur in Ausnahmefällen[61] oder aus rechtsstaatlichen Gründen gar nicht zulässig sein soll[62].

Will man hier wie beim Anscheinsbeweis die Darlegung einer ernsthaften Möglichkeit eines atypischen Geschehensablaufs ausreichen lassen, so wird die durch die Typisierung erreichte Beweiserleichterung

---

recht behandelt fühlenden Steuerpflichtigen angerufenen Finanzgerichte eine individuelle Prüfung und Würdigung vornehmen müßten. Die Typisierung durch die Finanzbehörde stellt sich somit für Isensee quasi als ein Angebot der Verwaltung zum Abschluß eines „Steuervertrages" dar, den der Steuerpflichtige entweder annimmt oder gegen den er im Wege der Klage vorgeht. Gegen die Theorie Isensees mit beachtlichen Argumenten Tipke/Kruse, AO, § 4 Rdnr. 135.

[60] Seeliger, Beweislast, S. 57.

[61] Vgl. BFH Urteil vom 15. 3. 1963, VI 327/60 U, BStBl III 1963, 297 (297).

[62] BFH Urteil vom 14. 11. 1959, VI 91/57 U, BStBl III 1959, 47 (48); BFH Urteil vom 10. 5. 1973, IV R 181/70, BStBl II 1973, 631 (632); hiergegen Tipke/Kruse, AO, § 4 Rdnr. 135, 137.

wieder aufgehoben, denn Sonderabreden sind beim Wertpapiernießbrauch durchaus nicht unüblich.

Stellt man jedoch härtere Anforderungen an den Gegenbeweis, die einem Beweis des Gegenteils gleichkommen, so würde dies zu einer Umkehr der Beweislast führen. Ein solches Ergebnis nur mit einem nach der eigenen Lebenserfahrung vermeintlich typischen Geschehensablauf zu begründen, wäre jedoch zumindest in den Fällen, in denen die objektive Beweislast dann dem Steuerpflichtigen auferlegt werden würde, rechtsstaatlich fragwürdig, da hierdurch eine konkrete und mögliche Sachverhaltsaufklärung durch Vermutungen ersetzt wird[63]. Eine solche Verschärfung der Anforderungen an den Gegenbeweis wird daher auch nicht ausdrücklich vertreten.

Da eine formelle Typisierung, sollte sie in den Fällen des Wertpapiernießbrauchs überhaupt möglich sein, bereits durch die Darlegung der ernsthaften Möglichkeit einer anderweitigen Verteilung der Dispositionsbefugnisse ausgeschlossen werden kann, kann dieses Institut beim Wertpapiernießbrauch nicht zu einer Reduzierung des Beweismaßes führen und kann deshalb hier vernachlässigt werden.

3. Die Vermutungen

Ein dem Anscheinsbeweis und der formellen Typisierung prozessual verwandtes Instrument im Rahmen der Beweiswürdigung ist das der gesetzlichen oder der tatsächlichen Vermutung.

Hierbei wird wie beim Anscheinsbeweis und der formellen Typisierung auf die Lebenserfahrung abgestellt, jedoch abstrakter und unter Verzicht auf häufig ablaufende, normale Sachverhalte.

Gesetzliche Vermutungen, wie sie sich beispielsweise in den §§ 158 ff. AO oder § 1006 BGB finden, werden beim Wertpapiernießbrauch in den seltensten Fällen einschlägig sein.

In der steuergerichtlichen Praxis besteht daher das Bedürfnis, durch sog. tatsächliche oder natürliche Vermutungen den beweiserleichternden Effekt des Anscheinsbeweises zu erreichen.

Im Bereich des Wertpapiernießbrauchs erfolgt dies z. B. durch die für die Auffassung der Rechtsprechung erhebliche Vermutung über die Unentgeltlichkeit einer Nießbrauchbestellung unter nahen Angehörigen[64].

Eine Vermutung, beispielsweise daß bei Nichtvorliegen einer besonderen Abrede die Dispositionsbefugnisse mit Ausnahme des Vorbehalts-

[63] Vgl. Tipke/Kruse, AO, § 96 FGO Rdnr. 12.

[64] BFH Urteil vom 24. 8. 1972, VIII R 36/66, BStBl II 1973, 111 (113) m. w. N.

nießbrauchs und des Nießbrauchs unter der Beteiligung von Unterhaltsberechtigten und Minderjährigen auch tatsächlich ausgeübt oder die Vermutung, daß im Zweifel „alles beim alten geblieben ist“[65], ist wie jede Vermutung mit Vorsicht zu behandeln, da die Unterlassung einer ordnungsgemäßen und möglichen Aufklärung zugunsten der Anwendung von Erfahrungssätzen Bedenken hervorruft.

Auch die Bejahung der Zulässigkeit solcher Vermutungen hilft jedoch nur weiter, sofern man diese nicht bereits mit der Behauptung der Vereinbarung einer abweichenden Dispositionsverteilung erschüttern kann.

Es zeigt sich daher, daß die Anwendbarkeit des Anscheinsbeweises und der Typisierung, sofern man diese beim Wertpapiernießbrauch überhaupt anwenden will, sowie der tatsächlichen Vermutung nur dann zu einer Reduzierung des Beweismaßes führen kann, wenn man qualifizierte Anforderungen an den Gegenbeweis stellt und nicht schon die Behauptung einer abweichenden Dispositionsverteilung genügen läßt.

Es darf in diesem Zusammenhang zwar nicht außer acht gelassen werden, daß der Steuerpflichtige schon aus Gründen der ihm obliegenden Mitwirkungspflichten gehalten ist, die Behauptung abweichender Dispositionsvereinbarungen zu verifizieren. Derartige Mitwirkungspflichten können zwar im Falle der Verletzung die Möglichkeit einer belastenden Unterstellung eröffnen, Rückschlüsse auf die Anforderungen an den Gegenbeweis von Vermutungen können hieraus jedoch nicht bezogen werden.

Gleichwohl wird man hinsichtlich der Anforderungen an den Gegenbeweis differenzieren müssen, ob die Vermutung sich auf die Verteilung der Dispositionsbefugnisse bezieht, dann wird die Behauptung einer abweichenden Vereinbarung ausreichen müssen, oder aber ob die Vermutung auf die tatsächliche Ausübung dieser Befugnisse Bezug nimmt, dann wird man auch den Nachweis tatsächlicher Anhaltspunkte, die eine anderweitige Ausübung der Befugnisse belegen, verlangen können. D. h., eine mögliche Vermutung, ein bestimmter Nießbrauch werde nicht tatsächlich ausgeübt, wäre z. B. durch den Nachweis eines Ergänzungspflegers erschüttert. Die Annahme einer derartigen tatsächlichen Vermutung kann wegen der oben geschilderten Bedenken nur sehr restriktiv gehandhabt werden, d. h. nur wenn bei bestimmten Nießbrauchkonstellationen deutliche Anzeichen dafür vorhanden sind, daß dort aufgrund von tatsächlichen oder rechtlichen Schwierigkeiten die Dispositionsbefugnisse nicht oder nicht selbständig und unbeeinflußt von dem jeweiligen Inhaber ausgeübt werden.

[65] So wohl Kurz, DStZ /A 1977, 449.

Derartige Nießbrauchkonstellationen wären m. E. beim Nießbrauch mit Unterhaltsberechtigten und Minderjährigen oder beim Vorbehaltsnießbrauch gegeben.

Beim Nießbrauch mit Unterhaltsberechtigten und mit Minderjährigen kann aufgrund des bereits dargelegten[66] mangelnden Interessengegensatzes zwischen den Nießbrauchbeteiligten nicht ohne weiteres von einer tatsächlichen und unbeeinflußten Dispositionsausübung ausgegangen werden. Es erscheint vielmehr naheliegend, daß in diesen Fällen die Nießbrauchseinräumung ausschließlich zum Zwecke der Steuerersparnis erfolgte und der Nießbrauchbesteller gerade zugunsten der ihm i. d. R. familiär verbundenen Unterhaltsberechtigten und Minderjährigen und nicht zugunsten anderer Dritter den Nießbrauch einräumte, weil er auf diese Weise auch weiter auf sämtliche Dispositionsbefugnisse starken Einfluß nehmen bzw. diese selbst ausüben kann.

Eine widerlegliche Vermutung der Nichtausübung der den unterhaltsberechtigten oder minderjährigen Nießbrauchbeteiligten zustehenden Dispositionsbefugnisse erscheint daher zulässig.

Ähnlich sprechen beim Vorbehaltsnießbrauch, wie schon dargelegt[67], einige Anhaltspunkte gegen eine umfassende Abtretung der Dispositionsbefugnisse durch den bisherigen Eigentümer. Daher sollte hier von der widerleglichen Vermutung ausgegangen werden, daß die überwiegenden Dispositionsbefugnisse beim ehemaligen Eigentümer verbleiben[68]. Dies ist im Gegensatz zum Zuwendungsnießbrauch nicht der Besteller, sondern der Vorbehaltsnießbraucher.

Eine Widerlegung dieser Vermutungen ist bei disponiblen Wertpapieren möglich, und zwar bei unterhaltsberechtigten und minderjährigen Nießbrauchbeteiligten beispielsweise durch die Bestellung eines Ergänzungspflegers und beim Vorbehaltsnießbrauch durch den Nachweis der Übertragung auch der Dispositionsbefugnisse auf den neuen Eigentümer und der Tatsache, daß dieser die ihm zustehenden Dispositionsmöglichkeiten auch tatsächlich ausübt.

Derartige tatsächliche Vermutungen können zwar aufgrund der oben geschilderten Bedenken nicht voll befriedigen. Sie sind jedoch aufgrund ihrer Widerlegbarkeit zumindest den von der Finanzverwaltung ver-

[66] Vgl. 3. Kap., B I 1 b.

[67] Vgl. 3. Kap., A I 1 c.

[68] Hamacher, Die Bank 1982, 425, schlägt eine Änderung der objektiven Beweislast beim Vorbehaltsnießbrauch vor; zu dieser Problematik auch Weber-Grellet, StuW 1981, 48 ff., 57, und Philipowski, StuW 1979, 125, der beim unentgeltlichen, jederzeit widerrufbaren Nießbrauch ebenfalls über die Beweislast geht und das „non liquet“ dem ehemaligen Volleigentümer auferlegen will.

wendeten unwiderleglichen Vermutungen vorzuziehen[69], nach denen z. B. ein kürzer als 5 Jahre befristeter Nießbrauch nicht „anerkannt" wird[70].

De lege ferenda wäre jedoch eine diesbezügliche gesetzliche Vermutung wünschenswert, will man nicht den Umfang der Mitwirkungspflichten entsprechend ausweiten[71].

D. Die objektive Beweislast

I. Die allgemeine Verteilung der objektiven Beweislast

Die Beweislastproblematik muß im Steuerrecht als immer noch oder schon wieder ungeklärt bezeichnet werden. Die heute von der Rechtsprechung[72] und der wohl überwiegenden Meinung in der Literatur[73] vertretene Auffassung lehnt sich im Grundsatz an die im Zivilprozeßrecht herrschende Lehre an.

Danach gilt als Grundsatz, daß es im Steuerrecht zwar aufgrund des Untersuchungsgrundsatzes eine subjektive Beweislast bzw. Beweisbeibringungs- und -führungslast nicht gibt[74], ansonsten aber vorrangig[75]

---

[69] So wohl auch Hartung, StuW 1963, 653.

[70] So z. B. die Verfügung der OFD Münster, FR 1981, 353; vgl. 3. Kap., A V 3 a.

[71] So aber wohl der BFH (Urteil vom 30. 1. 1980, II R 140/76, BStBl II 1980, 339 [340]). Dieser Lösungsweg erscheint angesichts der Schwierigkeit, alle denkbaren Nießbrauchvarianten durch eine handhabbare gesetzliche Vermutung zu erfassen, auch erfolgversprechender.

[72] BFH Urteil vom 5. 11. 1970, V R 71/67, BStBl II 1971, 220 (224); BFH Urteil vom 24. 6. 1976, IV R 101/75, BStBl II 1976, 562 (563), wobei allerdings Martens, StuW 1981, 322, 324, nachweist, daß in mehreren Fällen die Entscheidungen selbst auf anderen Gesichtspunkten beruhten.

[73] List in Hübschmann/Hepp/Spitaler, AO, § 96 FGO Rdnr. 40 ff.; Klein/Orlopp, AO, § 88 Anm. 2; Tipke, Steuerrecht, § 18 3.54, jew. m. w. N.; Mittelbach, StQ 1981, 16 f.

[74] Anders aber Seeliger (Beweislast, S. 43), der eine objektive Beweislast nicht ohne eine subjektive für möglich hält. Seeliger stellt darauf ab, daß eine Sachaufklärung in aller Regel nicht ohne einen entsprechenden Sachantrag möglich sei, und folgert daraus, daß es trotz des Untersuchungsgrundsatzes eine subjektive Beweislast gebe, da der entscheidende Unterschied zwischen Verhandlungs- und Offizialmaxime in der Wirkung des Parteigeständnisses läge. Seeliger ist zwar zuzugeben, daß eine Sachverhaltsaufklärung vielfach nicht ohne einen entsprechenden Sachvortrag der Beteiligten möglich ist. Hierbei handelt es sich jedoch um die Mitwirkungspflichten der Beteiligten und nicht um die subjektive Beweislast. Denn beim Untersuchungsgrundsatz mit den entsprechenden Mitwirkungspflichten sind alle sich hierbei ergebenden Hinweise stets zu verwerten, bei einer subjektiven Beweislast aber nur dann, wenn diese gerade von dem beweisbelasteten Beteiligten dargelegt werden. Dies aber wird von Seeliger vernachlässigt.

[75] Zu dieser Regel der objektiven Beweislastverteilung werden vereinzelte Ausnahmen anerkannt, die eine anderweitige Zuweisung der Feststellungs-

für belastende, d. h. steuerbegründende oder -erhöhende Tatbestandsmerkmale die Finanzbehörde, für steuermindernde Umstände dagegen der Steuerpflichtige die Feststellungslast trägt.

So sind beispielsweise im Hinblick auf die Einkünfte aus Kapitalvermögen die Wertpapiererträge steuerbegründende Einnahmen. Diesen feststehenden und vom Finanzamt zu beweisenden positiven Einnahmen kann der somit Steuerpflichtige dann steuermindernde Umstände, d. h. negative Einnahmen wie Werbungskosten oder Abschreibungen entgegensetzen. Da diese Posten ggf. von den positiven Einnahmen abzuziehen sind, trägt der Steuerpflichtige hierfür die Feststellungslast.

Wie nach diesem Einordnungsschema der Nießbrauch zu beurteilen ist, wird noch zu klären sein.

Die vorwiegend ältere Lehre geht demgegenüber davon aus, daß die objektive Beweislast immer beim Fiskus liegt[76]. Dies kann u. a. damit begründet werden, daß es sich bei Steuerbescheiden immer um belastende Verwaltungsakte bzw. Eingriffe des Staates handelt und die zivilrechtlich orientierte Beweislastregelung zumindest in den Fällen auf kaum lösbare Schwierigkeiten trifft, in denen Gewinneinkünfte zu ermitteln sind[77].

Nach dieser Auffassung liegt die objektive Beweislast bei der Finanzverwaltung.

Andere[78] lehnen den Begriff der objektiven Beweislast im Steuerrecht ganz ab. Die AO bestimme vielmehr nur bestimmte Verantwortungsbereiche wie Ermittlungs- und Prüfungspflichten der Finanzbehörden und Erklärungs- und Nachweispflichten des Steuerpflichtigen. In dieser Richtung argumentieren auch die Vertreter[79] einer Auffassung, nach der die Normentheorie des Steuerrechts sich vorwiegend an den Möglichkeiten der Beweisbeschaffung orientiere und daher auch die Beweislast hiernach zuzuweisen sei. Diese Auffassungen gehen somit da-

---

last u. a. dann ermöglichen sollen, wenn es sich um subjektive Tatbestandsmerkmale handelt (BFH Urteil vom 5. 3. 1980, II R 148/76, BStBl II 1980, 402 [404]; BFH Urteil vom 30. 1. 1980, II R 140/76, BStBl II 1980, 339 [340], wo die Problematik allerdings durch eine Erweiterung der Mitwirkungspflichten gelöst wurde) oder um solche, die in der Sphäre eines der am Steuerverfahren Beteiligten liegen (vgl. BFH Urteil vom 7. 8. 1974, II R 177/73, BStBl II 1975, 119 [120]; Rosenberg, Beweislast, § 30); zum Ganzen vgl. auch 4. Kap., D II 3.

[76] Hartung, StuW 1963, 648; Heuer, DStZ /A 1950, 273, sowie die Zusammenstellungen von Isensee, S. 120 Fn. 1, 2, und Weber-Grellet, StuW 1981, 51.

[77] Der die steuerliche Leistungsfähigkeit begründende Gewinn ist ja letztlich schon die Differenz aus Aufwand und Ertrag bzw. Einnahmen und Ausgaben.

[78] Reinisch, BB 1963, 1109.

[79] Martens, StuW 1981, 331 f.

von aus, daß der Steuerpflichtige Mitwirkungspflichten zu erfüllen habe, und weisen bei deren Erfüllung die Beweislast letztlich in aller Regel der Finanzbehörde zu.

Eine Entscheidung, welcher dieser Auffassungen zu folgen ist, braucht im Rahmen dieser Untersuchung jedoch nur dann getroffen werden, wenn diese Theorien beim Wertpapiernießbrauch zu unterschiedlichen Ergebnissen gelangen, d. h. konkret, wenn die herrschende Meinung beim Wertpapiernießbrauch zu einer Beweislastzuweisung beim Steuerpflichtigen kommt.

II. Die objektive Beweislast beim Nießbrauch

Die Frage, ob es sich um steuerbegründende bzw. -erhöhende oder um steuermindernde Umstände handelt, wird in der ganz überwiegenden Mehrzahl der Fälle eindeutig zu beantworten sein[80]. Gerade beim Nießbrauch wird die Einteilung jedoch durch zwei Umstände verkompliziert.

Zum einen stehen hier dem Finanzamt auf der anderen Seite zwei potentielle Steuerpflichtige gegenüber, die i. d. R. nicht zusammen zu veranlagen sein werden, weshalb die Finanzbehörde jeweils gesondert zu prüfen hat, welcher der Nießbrauchbeteiligten die Wertpapiereinkünfte erzielt.

Zum anderen ist die Tatsache einer Nießbrauchbestellung nicht ohne weiteres in das Schema „steuerbegründend — steuermindernd" einzuteilen.

Dies ergibt sich daraus, daß Werbungskosten, Betriebsausgaben, Sonderausgaben, außergewöhnliche Belastungen und Steuerermäßigungen etc. gem. § 2 II—IV EStG nach der Feststellung der Summe der Einkünfte gem. § 2 I, II EStG im darauffolgenden zweiten Schritt abgezogen werden. Im Gegensatz dazu kann der Nießbrauch seit dem Wandel der Konstruktion der Ertragszurechnung von dem Modell der Übertragung von Einkunftsquellen zum Tatbestand der Einkünfteerzielung nicht mehr ohne weiteres als ein Abzugsposten bei bereits festgestellten positiven Einkünften angesehen werden, obgleich er vielfach zu diesem Zwecke bestellt sein mag.

[80] Vgl. aber z. B. den Sachverhalt zum BFH Urteil vom 24. 6. 1976, IV R 101/75, BStBl II 1976, 562 ff., zur Frage, ob bestimmte Aufwendungen betrieblich veranlaßt wurden, da diese als Entnahmen steuererhöhend, als Betriebsausgaben aber steuermindernd sind. Hierzu Weber-Grellet, StuW 1981, 48, 53 f.; Martens, StuW 1981, 322, 324 f.

1. *Die Nießbrauchbestellung als steuermindernder Umstand*

Von dem Institut der Übertragung von Einkunftsquellen ausgehend, ist eine Nießbrauchbestellung ohne weiteres als steuermindernder Umstand anzusehen. Der Volleigentümer und Nießbrauchbesteller räumt einen Nießbrauch ein, um Einnahmen, die er bereits erzielt hat und die er sonst zu versteuern hätte, zu übertragen und damit seine Steuerbelastung zu mindern. Der steuerpflichtige Nießbraucher trägt danach die objektive Beweislast dafür, daß es zu dem steuermindernden Ereignis gekommen ist bzw. der Nießbrauch durchgeführt wird.

Auch nach der hierfür zugrunde zu legenden zivilrechtlichen Gestaltung liegt in der Nießbrauchbestellung ein steuerlicher Abzugsposten, da der Wertpapiereigentümer und Nießbrauchbesteller, dem bis dato die Wertpapiererträge von der Finanzbehörde nachzuweisen sind, das Wertpapier nach dem Wortlaut des § 1030 BGB mit einem Nutzungsrecht *belastet*. Diese zivilrechtliche Norm ist daher als gesetzliche Beweislastregel so formuliert, daß der Nießbrauch stets für den Besteller steuermindernd und für den Begünstigten steuerbegründend ist.

2. *Die Folgen der Einkünftezurechnung nach dem Tatbestand der Einkünfteerzielung für die Beweislast*

Wie bereits dargelegt[81] stellt der BFH jedoch bei der steuerlichen Zurechnung von Einkünften zutreffenderweise nicht mehr in erster Linie auf die zivilrechtliche Ausgestaltung und damit im weitesten Sinne auf die „Einkunftsquellen*übertragung*“ ab, sondern darauf, welcher der beiden Nießbrauchbeteiligten den steuerlichen Tatbestand der Einkünfte*erzielung* verwirklicht.

Einkünfte erzielt aber derjenige, der sich final und entgeltlich wirtschaftlich betätigt, wobei das Entgelt für eine Tätigkeit im weitesten Sinne gezahlt wird.

Hierdurch erzielt derjenige Nießbrauchbeteiligte Einnahmen, dem hinsichtlich der Leistung der Kapitalüberlassung die überwiegenden Dispositionsbefugnisse zustehen.

Aus diesem Grunde ist der Nießbrauch also kein Abzugsposten, der bereits feststehenden positiven Einkünften bestimmter Steuerpflichtiger entgegen gerechnet werden kann, sondern legitimiert zunächst nur die Beteiligung einer weiteren Person an dem Nießbrauchgegenstand. Ob und welcher der Beteiligten mit Hilfe des Nießbrauchgegenstandes dann Erträge erwirtschaftet, muß aber erst einmal anhand der Verteilung und Ausübung der Dispositionsbefugnisse festgestellt werden.

---
[81] Vgl. 1. Kap., B.

Der Nießbrauch kann daher nicht als reiner Abzugsposten angesehen werden, der erst in der Phase der Minderung von bereits erzielten Einnahmen zu berücksichtigen ist, sondern bereits bei der Einnahmeerzielung selbst; bei der Frage, ob der Nießbrauchbesteller überhaupt Einnahmen aus Kapitalvermögen erzielt hat.

Die konsequente Anwendung von der Konstruktion der Übertragung von Einkunftsquellen hin zur steuerrechtlichen Verwirklichung von Einkünftetatbeständen bei der Einkünftezurechnung hat daher auf der verfahrensrechtlichen Seite die Folge, daß die objektive Beweislast der Einkünfteerzielung nicht mehr einem der Nießbrauchbeteiligten, sondern grundsätzlich zunächst den Finanzbehörden obliegt[82].

Da somit auch nach der herrschenden Meinung die objektive Beweislast beim Wertpapiernießbrauch den Finanzbehörden zugewiesen ist, kann eine weitere Kritik dahingestellt bleiben.

3. Ausnahmeregelungen für eine anderweitige Beweislastzuweisung

Im Bereich des Wertpapiernießbrauchs wird es zwar aufgrund der umfassenden Mitwirkungspflichten der Beteiligten und des weiten Raumes der freien Beweiswürdigung nicht allzu häufig zu einer Beweislastentscheidung kommen.

Gleichwohl ist zu bedenken, daß das Ergebnis der Beweislastverteilung beim Wertpapiernießbrauch, wonach die Finanzbehörde die Feststellungslast trägt, dem Grundgedanken der Nießbrauchbestellung, der Steuereinsparung, zu widersprechen scheint. Wenn man sich zudem noch vergegenwärtigt, daß im denkmöglichen Extremfall keinem der Nießbrauchbeteiligten die Ausübung der überwiegenden Dispositionsbefugnisse nachgewiesen werden kann, obgleich diese ihren Mitwirkungspflichten nachkommen und daher jeweils nach Beweislast entschieden werden muß mit dem scheinbaren Ergebnis, daß keiner der Nießbrauchbeteiligten die dem Nießbraucher zweifelsfrei zufließenden Erträge zu versteuern hätte, so wird zumindest der Steuerpraktiker dieses Resultat für untragbar halten.

In diesem Fall würde der Nießbraucher die Wertpapiererträge zwar regelmäßig[83] nach § 22 Nr. 3 EStG zu versteuern haben. Es wird aber deutlich, daß ein starres System der Beweislastzuweisung bei der Finanzbehörde oder der Beweislastverteilung nach dem Prinzip der Einteilung der materiellen Rechtsnormen in anspruchs- bzw. steuerbegrün-

[82] So auch Seeliger, Beweislast, S. 74.

[83] Hier ist jedoch § 22 Nr. 1 S. 2 EStG zu beachten.

dende und in gegenanspruchs- bzw. steuermindernde Tatbestandsmerkmale nicht immer zu befriedigenden Ergebnissen führen muß.

Daher wird neben vereinzelt vorgebrachter grundsätzlicher Kritik[84] an der letztgenannten Beweislastregelung im Steuerrecht diese von der insgesamt herrschenden Meinung zwar bejaht, jedoch verschiedene Ausnahmeregelungen zugelassen, die in erster Linie auf Billigkeits- und/oder Praktibilitätsgründen beruhen.

So wird in der Zivil-[85] und der Verfassungsrechtsprechung[86] die Auffassung vertreten, daß von Mal zu Mal geprüft werden müsse, ob angesichts aller Begleitumstände den Verfahrensbeteiligten die regelmäßige Beweislastentscheidung noch zugemutet werden darf[87]. Hiermit wird für Ausnahmefälle eine Aufhebung der Beweislastregelung für zulässig erklärt.

Es erscheint jedoch fraglich, ob diese für den Zivilprozeß entwickelten Billigkeitserwägungen auch im Steuerrecht beim Wertpapiernießbrauch zuungunsten des Steuerpflichtigen zu einer Beweislastumkehr führen können, da sich hier nicht wie im Zivilprozeß gleichgeordnete Parteien gegenüberstehen, sondern der Bürger sich im Unterordnungsverhältnis befindet und dieser den ihm obliegenden Mitwirkungspflichten genügt hat. Da Steuerbescheide zudem in die Vermögenssphäre des Steuerpflichtigen eingreifen, würde eine derartige Beweislastumkehr damit auch indirekt den Bereich des Gesetzesvorbehalts tangieren[88].

Ich halte daher diese Auffassung bezüglich des steuerrechtlichen Nachweises beim Wertpapiernießbrauch für nicht anwendbar, sofern hierdurch eine Beweislastumkehr zuungunsten des Steuerpflichtigen herbeigeführt werden soll.

---

[84] Martens, StuW 1981, 322, 329 f., 331 f., sowie die bei Weber-Grellet, StuW 1981, 48, 51 zitierte Literatur. Hier wird teilweise eingewendet, daß die Beweislast im Steuerrecht grundsätzlich den Fiskus treffe oder daß der Gesetzgeber im EStG im Gegensatz zum BGB keinen besonderen Wert auf die Formulierung der Tatbestände nach Beweislastgesichtspunkten gelegt habe (Bettermann, E. 37 ff.), ein Argument, für das zwar die Verschiedenartigkeit der normkonzipierenden Prinzipien des EStG spricht (hier fügen sich Finanzzweck-, Sozialzweck- und Vereinfachungsnormen zu einem Konglomerat zusammen, vgl. Tipke, Steuerrecht, § 2 2.2), gerade aufgrund verschiedener als Ausnahmen und Gegenausnahmen formulierter Bestimmungen letztlich aber nicht belegt werden kann.

[85] BGH NJW 1971, 241 (242 f.) oder BGH NJW 1978, 1681 (1682), wo von Waffengleichheit die Rede ist, jeweils Arzt- bzw. Klinikhaftung betreffend.

[86] BVerfGE 52, 131 (147).

[87] Ähnlich Walter, S. 215 ff., 260, der diese Fälle aber durch eine Verringerung des Grades der richterlichen Überzeugung lösen will.

[88] Vgl. hierzu Isensee, S. 121 f.

Ferner wird die Auffassung vertreten[89], daß in den Fällen, in denen es um Informationen über bestimmte persönliche Verhältnisse, insbesondere aus der eigenen Vermögenssphäre geht, eine Beweislastumkehr Platz greifen sollte. Diese ebenfalls für den Zivilprozeß entwickelte Ausnahmeregelung kann beim Wertpapiernießbrauch jedoch keine Anwendung finden: Entweder der Steuerpflichtige kommt seinen Mitwirkungspflichten nicht nach, dann wird ein entsprechender Sachverhalt unterstellt und es bleibt kein Raum für eine Beweislastentscheidung, oder der Steuerpflichtige genügt seinen Mitwirkungspflichten, dann hat er bereits alles in seiner Macht Liegende getan, um den Sachverhalt aufzuklären, so daß es unbillig wäre, ihm nun gleichwohl die Last des dann kaum noch zu erbringenden Beweises aufzuerlegen.

Daneben wird in der Literatur[90] die Ansicht vertreten, daß dann, wenn ein Verfahrensbeteiligter nach der oben genannten Beweislastverteilung negative Tatsachen[91] zu beweisen hätte, die Beweislast umgekehrt und den Gegner treffen müsse, eine Ausnahme, die für die Einkünftezurechnung beim Wertpapiernießbrauch praktisch kaum Anwendung finden wird.

Eine gewisse Bedeutung für den Wertpapiernießbrauch scheint zwar eine Beweislastumkehr hinsichtlich subjektiver Tatbestandsmerkmale erlangen zu können[92], da diese nur beim Steuerpflichtigen vorkommen, beim Wertpapiernießbrauch aber die Feststellungslast bei der Finanzbehörde liegt. Da derartige subjektive Tatbestandsmerkmale aber schon auf der Ebene der Sachverhaltsermittlung eine entsprechende Mitwirkungspflicht des Steuerpflichtigen hervorrufen, wird es aber auch diesbezüglich nur in Ausnahmefällen überhaupt zu einer Beweislastentscheidung kommen können.

---

[89] Rosenberg, Beweislast, § 30; Martens, StuW 1981, 322, 332.

[90] Seeliger, Beweislast, S. 42 ff., 46, und Bettermann, E 38 f., der vom System der Anfechtungsklage im Verwaltungsprozeß ausgehend festgestellt hat, daß dort zwar die Verwaltung zunächst einen Eingriff vornimmt, für den sie eine gesetzliche Grundlage haben muß, durch die Erhebung der Anfechtungsklage durch den Steuerpflichtigen es aber nun diesem gem. § 113 I 1 VwGO nach dem Prinzip der Beweislast für anspruchsbegründende Tatbestandsmerkmale obliegen müßte, zu beweisen, daß die Maßnahme der Behörde rechtswidrig (nicht rechtmäßig) war und ihn in seinen Rechten verletzt habe. Seeliger, Beweislast, S. 46, folgert hieraus für den Steuerprozeß, daß, als Ausnahme von der allgemeinen Beweislastregel, die Beweispflichtigkeit für negative Tatsachen den Gegner treffen müsse.

[91] Etwa die Tatsache, daß der Steuerpflichtige sich bei der Angabe von Tatsachen geirrt habe, vgl. Seeliger, Beweislast, S. 46.

[92] Vgl. hierzu Tipke/Kruse, AO, § 96 FGO Rdnr. 18 unter Bezugnahme auf BFH Urteil vom 5. 3. 1980, II R 148/76, BStBl II 1980, 402 (403 f.); Seeliger, Beweislast, S. 54 ff.

E. Ergebnis

Sollte es trotz der umfassenden Mitwirkungspflichten der Nießbrauchbeteiligten zu einer Beweislastentscheidung kommen, so liegt die Feststellungslast beim Wertpapiernießbrauch in aller Regel bei den Finanzbehörden, da die von Rechtsprechung und Literatur entwickelten Ausnahmen[93] von der allgemeinen Beweislastregelung hier gewöhnlich nicht eingreifen.

[93] Man könnte hier zwar auch an besondere, nießbrauchspezifische Ausnahmeregelungen denken, wie z. B. die Anwendung eines Zurechnungsverbundes der Nießbrauchbeteiligten oder der wirtschaftlichen (Gesamt-)Betrachtungsweise im Rahmen der Beweislast. Mit dem Versuch, die nießbrauchspezifische Eigenart, die beiden potentiellen Steuerpflichtigen auch bei der Beweislast zu erfassen, wird jedoch regelmäßig das Prinzip der Individualbesteuerung unterlaufen.

Fünftes Kapitel

Ergebnis und Zusammenfassung

Die Wertpapiererträge sind grundsätzlich demjenigen zuzurechnen, der sich betätigt und die Leistung der Kapitalüberlassung erbringt, für die der Wertpapieraussteller die Erträge gewährt.

Es erbringt derjenige die Leistung der Kapitalüberlassung, der hierüber disponieren kann.

Bei der Verteilung der Dispositionsbefugnisse ist jeweils vom konkreten Einzelfall auszugehen und nur solche Befugnisse sind zu berücksichtigen, die tatsächlich präsent und unbedingt vorliegen. Andere abhängige Dispositionsbefugnisse können nur berücksichtigt werden, wenn die entsprechenden tatsächlichen Gegebenheiten vorliegen.

Die Verteilung der Dispositionsbefugnisse und damit das Überwiegen der Befugnisse bei einem der Nießbrauchbeteiligten hängt von Parteivereinbarungen, dem Wertpapier selbst und der besonderen Situation ab.

Wenn nichts anderes vereinbart ist und nicht beispielsweise eine Neuanlage des Kapitals vorgenommen werden muß, so verbleiben i. d. R. die überwiegenden Dispositionsbefugnisse beim Nießbrauchbesteller. Wenn hingegen z. B. eine jederzeitige Widerrufbarkeit der Nießbrauchbestellung für den Besteller besteht, so sind die Wertpapiererträge diesem stets zuzurechnen.

Die Entgeltlichkeit oder Unentgeltlichkeit der Nießbrauchbestellung hat auf die Zurechnung der Wertpapiererträge keinen Einfluß.

Ist der Nießbrauch gegen ein Entgelt bestellt, so hat der Nießbrauchbesteller dieses Entgelt stets zu versteuern. Die Zurechnung der Wertpapiererträge erfolgt unabhängig hiervon anhand der Verteilung der Dispositionsbefugnisse. Dies hat die Konsequenz, daß der Nießbrauchbesteller gegebenenfalls sowohl die Erträge als auch das Entgelt zu versteuern hat.

Beim Vorbehaltsnießbrauch sind die Erträge in aller Regel dem Vorbehaltsnießbraucher und ehemaligen Eigentümer zuzurechnen.

Beim Vermächtnisnießbrauch erfolgt die Zurechnung nach den gewöhnlichen Kriterien, so daß die Erträge meist dem Besteller des Vermächtnisnießbrauchs zuzurechnen sind.

Das Vorliegen dieser Zurechnungskriterien ist von der Finanzbehörde zu ermitteln, wobei die Nießbrauchbeteiligten jedoch zur Mitwirkung verpflichtet sind. Die hierbei in aller Regel objektiv beweispflichtige Finanzbehörde kann beim Vorbehaltsnießbrauch sowie beim Nießbrauch zugunsten Unterhaltsberechtigter und Minderjähriger jedoch von der tatsächlichen, widerlegbaren Vermutung ausgehen, daß bei diesen Nießbrauchkonstellationen die Dispositionsbefugnisse nicht vollständig übertragen worden sind bzw. ausgeübt werden. Eine pauschale, unwiderlegbare und starre Regelung ist in diesem Zusammenhang jedoch abzulehnen.

Das hiermit gefundene Ergebnis läßt daher keine generelle Zurechnung der Erträge beim Nießbraucher oder Nießbrauchbesteller zu. Dies darf aber nicht als Nachteil angesehen werden, denn rechtens kann nur sein, was sich widerspruchsfrei in unsere Rechtsordnung einfügt[1]. Das Grundprinzip der steuerrechtlichen Ordnung ist aber das Prinzip der Leistungsfähigkeit. Hieran hat sich jeder Lösungsansatz zu orientieren. Eine hierauf basierende einheitliche Regelung muß daher nicht stets zu dem gleichen Ergebnis führen, sondern sollte vielmehr möglichst durchgängig auf diesem einheitlichen Zurechnungsprinzip beruhen.

---

[1] Vgl. Costede, StuW 1983, 308 (311).

Schrifttum

Aktiengesetz Großkommentar (-Bearbeiter):
1. Band, 1. Teilband, §§ 1—75, Berlin, New York 1973;
1. Band, 2. Teilband, §§ 76—147; Berlin, New York 1973;
3. Band, §§ 179—290, Berlin, New York 1973; alle 3. Aufl.

Albrod, Peter: Aktuelle Fragen der einkommensteuerlichen Behandlung des Nießbrauchs an Grundstücken, Die Steuerwarte 1979, 26 ff.

Bardelle, Heinz: Nochmals: Steuern sparen durch Bestellung eines Nießbrauchs, DStR 1968, 203 ff.

Baumbach/Hefermehl: Wechselgesetz und Scheckgesetz mit Nebengesetzen, 14. Aufl., München 1983

Baumbach/Hueck: Aktiengesetz, 13. Aufl., München 1968

Baumbach/Lauterbach (-Bearbeiter): Zivilprozeßordnung, 41. Aufl., München 1983

Baur, Fritz: Lehrbuch des Sachenrechts, 7. Aufl., München 1973; 12. Aufl., München 1983

Becker, Enno: Die Grundlagen der Einkommensteuer, München, Berlin 1940

— Zur Behandlung von Nutznießung, Nießbrauch und Vorerbschaft, StuW (I) 1938, Sp. 293 ff.

Beinert, Jörg: Rechtstatsächliche Aspekte der Übertragung von Einkunftsquellen, in: Tipke, Klaus (Hrsg.), Übertragung von Einkunftsquellen im Steuerrecht, Köln 1978, S. 141 ff.

Beker, Manfred: Hinfällige Rechtsgeschäfte im Steuerrecht, Steuerrecht im Rechtsstaat (Wiss. Hefte zum Dt. und Int. Steuerrecht), Heft 9 (Hrsg. Wacke/Vogel/Tipke), München 1969

Bernicken, Hans: Das Bezugsrecht des Aktionärs, Gesellschaftsrechtliche Abhandlungen, Heft 7 (Hrsg. Nußbaum), Berlin 1928

Bettermann, Karl August: Die Beweislast im Verwaltungsprozeß, Verhandlungen des 46. Juristentages in Essen 1966, Band II, Sitzungsberichte, München, Berlin 1967, E 26 ff.

BGB-RGRK (-Bearbeiter): Das Bürgerliche Gesetzbuch mit besonderer Berücksichtigung der Rechtsprechung des Reichsgerichts und des Bundesgerichtshofs,
Band I, §§ 1—240, Berlin, New York 1978;
Band II, 2. Teil, §§ 414—610, Berlin, New York 1978;
Band III, 2. Teil, 1. Lieferung, §§ 812—822, Berlin, New York 1974;
Band III, 2. Teil, 27. Lieferung, §§ 1018—1093, Berlin, New York 1977; alle 12. Aufl.

Biedermann, Franz: Zur Behandlung von Beteiligungen, Anteilen und Wertpapieren in der Handelsbilanz und Steuerbilanz, DStR 1968, 695 ff.

Biergans, Enno: Einkommensteuer und Steuerbilanz, München 1978

Biergans, Enno/*Stockinger*, Roland: Zum Einkommensbegriff und zur persönlichen Zurechnung von Einkünften im Einkommensteuerrecht, FR 1982, 1 ff., 25 ff.

Bise, Wilhelm: Folgerungen aus der Rechtsprechung des BFH zum Nießbrauch, StbJb 1977/78, 185 ff.

Blomeyer, Arwed: Zivilprozeßrecht, Erkenntnisverfahren, Berlin, Göttingen, Heidelberg 1963

Blomeyer, Wolfgang: Die teleologische Korrektur des § 181 BGB, AcP 172 (1972), 1 ff.

Blümich/Falk (-Bearbeiter): Einkommensteuergesetz, Kommentar, 11. Aufl., München, Loseblattsammlung, Stand August 1983

Boesebeck, Ernst: Aktienbezugsrecht und Nießbrauch, ZBlHR 1929, 12 ff.

Bordewin, Arno: Nießbrauch an Grundvermögen und Nießbrauch an Kapitalvermögen bei der Einkommensteuer, DStR 1981, 519 ff.

— Anmerkung zu den Urteilen des BFH VIII R 63/79, VIII R 75/79 sowie VIII R 128/78 vom 13. Mai 1980, DStZ 1981, 62 ff.

— Zum neuen Nießbrauch-Erlaß, StKongrRep 1981, 147 ff.

Borggräfe, Joachim: Die steuerrechtliche Zurechnung von Erträgen bei einer Nießbrauchsbestellung an Wertpapieren, DStR 1978, 627 ff.

Brandenburg, Hermann Bernwart: Nießbrauch an Privatgrundstücken, Betriebsgrundstücken und Kapitalvermögen, Herne, Berlin 1984

Brox, Hans: Handels- und Wertpapierrecht, 2. Aufl., München 1981

Brunner, Heinrich: Die Werthpapiere, in: Endemanns Handbuch des Deutschen Handels-, See- und Wechselrechts, 2. Band, Leipzig 1882, S. 140 ff.

Costede, Jürgen: GmbH-Geschäftsanteile als (Sonder-)Betriebsvermögen, GmbH-Rdsch 1980, 241 ff.

— Steuerrechtsfragen der GmbH & Still, StuW 1983, 308 ff.

— Zweifelsfragen beim Grundstücksnießbrauch (Vortrag anläßlich der 14. Jahresarbeitstagung „Recht und Besteuerung von Familienunternehmen")

el: Zum Nießbrauch an Wertpapieren und Forderungen, DB 1977, 46 f.

Enders, Matthias: Steuerfolgen in der Rechtspraxis: Nießbrauch an Grundstücken und sonstigem Vermögen, MDR 1983, 185 ff.; 367 ff.; 525 ff.; 721 ff.

Eppler, Gerold: Unentgeltliche Nießbrauchsbestellung für Kinder und Verwendung der Erträgnisse für deren Unterhalt, DStZ 1981, 54 ff.

Erman (-Bearbeiter): Handkommentar zum Bürgerlichen Gesetzbuch, 2. Band, §§ 854—2385, 7. Aufl., Münster 1981

Esser, Josef/*Schmidt*, Eike: Schuldrecht, Allgemeiner Teil, Band 1, Teilband I, 5. Aufl., Karlsruhe 1975

Felix, Günther: Der Nießbrauch in der Besteuerungspraxis, StKongrRep 1975, 405 ff.

Fendt, Hans Joachim: Der Nießbrauch in betriebswirtschaftlicher und steuerrechtlicher Sicht, Diss. Würzburg 1966

Fleck, Hans Joachim: Stimmrechtsabspaltung in der GmbH?, in: Festschrift für Rudolf Fischer, Berlin 1979, S. 107 ff.

Flume, Werner: Die Gewinnverteilung in Personengesellschaften nach Gesellschaftsrecht und Steuerrecht, DB 1973, 786 ff.

Gernhuber, Joachim: Lehrbuch des Familienrechts, 3. Aufl., München 1980

— Anmerkung zu dem Urteil OLG Nürnberg vom 20. 11. 1958 — 3 U 125/58, JZ 1959, 314 f.

Gieseke, Horst: Die Grundlagen der steuerlichen Zurechnung — insbesondere bei Sachverhalten mit Auslandsberührung, Diss. Hamburg 1982

Godin, Reinhard Frh. von: Nutzungsrecht an Unternehmen und Unternehmensbeteiligungen, Berlin 1949

Godin/Wilhelmi: Aktiengesetz, Band I, §§ 1—178, Berlin, New York 1971

Groh, Manfred: Übertragung von Einkunftsquellen durch Beteiligung an einer Familienpersonengesellschaft, insbesondere die Angemessenheit der Gewinnverteilung, in: Tipke, Klaus (Hrsg.), Übertragung von Einkunftsquellen im Steuerrecht, Köln 1978, S. 97 ff.

Guntz, Dieter: Das Subjekt des Bezugsrechts auf Aktien und des Anspruchs auf Gratisaktien, AG 1958, 177 ff.

Hachenburg (-Bearbeiter): Gesetz betreffend die Gesellschaften mit beschränkter Haftung (GmbHG), von Max Hachenburg, 2. Band, §§ 13—52, 7. Aufl., Berlin 1979

Hamacher, Rolfjosef: Zum Nießbrauch an Kapitalvermögen, FR 1982, 590 ff.

— Die einkommensteuerliche Behandlung des Nießbrauchs an Kapitalvermögen, Die Bank 1982, 420 ff.

Harder, Manfred: Zur Lehre vom Eigentümernießbrauch, DNotZ 1970, 267 ff.

— Anmerkung zu dem Beschluß des LG Stade vom 23. 4. 1968 — 2 T 41/68

Hartmann/Böttcher/Nissen/Bordewin (-Bearbeiter): Kommentar zum Einkommensteuergesetz, Wiesbaden, Loseblattsammlung, Stand April 1984

Hartung, H.: Nochmals: Die Beweislast im Steuerverfahren, Offizialmaxime und Beweislastverteilung, StuW 1963, 648 ff.

Heck, Philipp: Grundriß des Sachenrechts, Tübingen 1930

Heidecker, Hans: Das Bezugsrecht bei nießbrauchsbelasteten Aktien, NJW 1956, 892 ff.

Heister, Knut: Einkommensteuerliche Behandlung des Nießbrauchs an einer verzinslichen Forderung, DStR 1969, 35 ff.

Henrich, Dieter: Familienrecht, 2. Aufl., Berlin, New York 1977

Herrmann/Heuer/Raupach: Kommentar zur Einkommensteuer und Körperschaftsteuer, 18. Aufl., Köln, Loseblattsammlung, Stand Dezember 1983

Hesselmann, Malte: Nießbrauch an GmbH-Anteilen, GmbH-Rdsch 1959, 21 ff.

Heuer: Grenzen der Nachweisungspflicht, DStZ /A 1950, 273 ff.

Hilger, Engelbert: Die einkommensteuerliche Behandlung des Nießbrauchs, Diss. Köln 1968

Hörstmann, Franz: Die Aufklärungspflicht des Finanzamts und die Mitwirkungspflicht des Steuerpflichtigen, StbJb 1964/65, 323 ff.

Hoyer, Jürgen Henrich: Ausgewählte ertragssteuerliche Fragen zum Nießbrauch, BB 1980, 1461 ff.

Hübschmann/Hepp/Spitaler (-Bearbeiter): Kommentar zur Abgabenordnung und Finanzgerichtsordnung, 7. Aufl., Köln, Loseblattsammlung, Stand Februar 1984

Hueck, Alfred/*Canaris,* Claus-Wilhelm: Recht der Wertpapiere, 11. Aufl., München 1977

Hutter, Ulrich: Zur steuerlichen Behandlung von Nutzungsrechten an vermieteten Grundstücken, DStZ /A 1981, 47 ff.

Huxol, Hermann: Die steuerliche Behandlung von Nießbrauch und Wohnrecht an Grundstücken bei den Einkünften aus Vermietung und Verpachtung, FR 1980, 308 ff.

Isensee, Josef: Die typisierende Verwaltung, Berlin 1976

Jacobi, Ernst: Die Wertpapiere, in: Ehrenbergs Handbuch des gesamten Handelsrechts, Band IV 1, Leipzig 1917, S. 125 ff.

Jansen, Rudolf/*Jansen,* Martin: Der Nießbrauch im Zivil- und Steuerrecht, 3. Aufl., Herne, Berlin 1980

Janssen, Fritz: Steuersparender Nießbrauch, BB 1972, 1518 ff.

Kahrs, Werner: Steuerliche Behandlung typischer Nießbrauchsfälle nach der neuen BFH-Rechtsprechung, DB 1981, 2196 ff.

Kegel, Gerhard: Der Individualanscheinsbeweis und die Verteilung der Beweislast nach überwiegender Wahrscheinlichkeit, in: Festgabe für Heinrich Kronstein, Karlsruhe 1967, S. 321 ff.

Klein/Flockermann/Kühr (-Bearbeiter): Kommentar zum Einkommensteuergesetz, 3. Aufl., Neuwied, Darmstadt 1981

Klein, Franz/*Orlopp,* Gerd: Abgabenordnung, 2. Aufl., München 1979

Knobbe-Keuk, Brigitte: Aus der Rechtsprechung zur Besteuerung der Personengesellschaften, StuW 1976, 246 ff.

— Die steuerliche Behandlung von Nutzungsrechten, StuW 1979, 305 ff.

Koch (-Bearbeiter): Abgabenordnung, 2. Aufl., Köln, Berlin, Bonn, München 1979

Kölner Kommentar (-Bearbeiter): Kommentar zum Aktiengesetz (Hrsg. Wolfgang Zöllner), Band 1, §§ 1—147, Köln, Berlin, Bonn, München 1970

Kruse, Heinrich Wilhelm: Steuerrecht, Band I, Allgemeiner Teil, 3. Aufl., München 1973

— Die steuerliche Behandlung unwirksamer Verträge zwischen familien- und gesellschaftsrechtlich verbundenen Personen, Jb der Fachanwälte f. SteuerR 1977/78, 82 ff.

— Der Nießbrauch in der neueren Rechtsprechung des Bundesfinanzhofs, AG 1980, 216 ff.

Kühn, Rolf/*Kutter,* Heinz/*Hofmann,* Ruth: Abgabenordnung, Finanzgerichtsordnung, Nebengesetze, 14. Aufl., Stuttgart 1983

Kurz, Volker: Bestellung des Nießbrauchs für Kinder — Änderung der BFH-Rechtsprechung?, DStZ /A 1977, 448 ff.

Lademann/Lenski/Brockhoff (-Bearbeiter): Kommentar zum Einkommensteuergesetz, Stuttgart, München, Hannover, Loseblattsammlung, Stand Mai 1984

Larenz, Karl: Allgemeiner Teil des deutschen Bürgerlichen Rechts, 6. Aufl., München 1983

Lessmann, Herbert: Teleologische Reduktion des § 181 BGB beim Handeln des Gesellschafter-Geschäftsführers der Einmann-GmbH, BB 1976, 1377 ff.

Ley, Ursula: Steuerrechtliche Zurechnung von Nießbrauchsgegenständen, DStR 1984, 676 ff.

Littmann, Eberhard: Das Einkommensteuerrecht, Band II, §§ 13—55, 13. Aufl., Stuttgart 1981

— Anmerkung zum BFH-Urteil vom 12. 12. 1969 — VI R 301/67, DStR 1970, 211

Martens, Joachim: Die eigenartige Beweislast im Steuerrecht, StuW 1981, 322 ff.

Medicus, Dieter: Bürgerliches Recht, 11. Aufl., Köln, Berlin, Bonn, München 1983

Meilicke, Heinz: Das Bezugsrecht des Aktionärs bei Kapitalerhöhungen, BB 1975, 1281 ff.

Meincke, Jens Peter: Zivilrechtliche Vorfragen bei der einkommensteuerrechtlichen Übertragung aus der Sicht des Zivilrechtlers, in: Tipke, Klaus (Hrsg.), Übertragung von Einkunftsquellen im Steuerrecht, Köln 1978, S. 69 ff.

Mennel, Annemarie: Übersicht über die steuerlichen Grundsätze der Übertragung von Einkunftsquellen in ausgewählten europäischen Staaten, in: Tipke, Klaus (Hrsg.), Übertragung von Einkunftsquellen im Steuerrecht, Köln 1978, S. 177 ff.

Meyer, Dirk E.: Zur Afa-Berechtigung bei unentgeltlicher Nutzungsüberlassung, DStR 1984, 639 ff.

Miesbach, Hermann/*Engelhardt*, Dieter: Bergrecht, Kommentar zu den Landesberggesetzen, Berlin 1962—1969

Mihatsch, Günther: Der Nießbrauch an Grundbesitz und Kapitalvermögen, FR 1979, 601 ff.

Mittelbach, Rolf: Nießbrauch — Zivilrecht, Steuerrecht, 2. Aufl., Köln 1976; 3. Aufl., Köln 1978

— Die Beweislast im Steuerprozeß, StQ 1981, 16 f.

Motive zu dem Entwurfe eines Bürgerlichen Gesetzbuches für das Deutsche Reich,
Band III: Sachenrecht, Berlin und Leipzig 1888;
Band IV: Familienrecht, Berlin und Leipzig 1888

Münchner Kommentar (-Bearbeiter): Kommentar zum Bürgerlichen Gesetzbuch,
Band 1, Allgemeiner Teil, München 1981;
Band 3, Schuldrecht, Besonderer Teil, 1. Halbband, München 1980;
Band 4, Sachenrecht, München 1981

Murray, Franz Thomas: Der Nießbrauch am GmbH-Anteil, Diss. Köln 1965

Offerhaus, Klaus: Rechtsprechung im besonderen Blickpunkt der Betriebsprüfung (Anmerkung zum BFH-Urteil vom 14. 12. 1976 — VIII R 146/73), StBp 1977, 115 ff.

Oswald: Nießbrauch an Wertpapieren — einkommensteuerrechtliche Behandlung, WM 1974, 1018 ff.

Palandt (-Bearbeiter): Bürgerliches Gesetzbuch, 43. Aufl., München 1984

Peters, Egbert: Die Ausübung des Stimmrechts bei nutznießungsbelasteten Aktien, Beiträge zum Zivilrecht und Zivilprozeß, Band 2 (Hrsg. Rudolf Bruns), Mainz 1952

Petzoldt, Rolf: Zur einkommensteuerlichen Beurteilung des Nießbrauchs an Wertpapieren, BB 1977, 1591 ff.

Philipowski, Rüdiger: Steuern sparen durch Bestellung eines Nießbrauchs, DStR 1967, 655 ff.

— Verlagerung von Einkünften durch unentgeltliche Bestellung eines Nießbrauchs an Wertpapieren, DB 1978 1145 ff.

— Möglichkeiten und Grenzen der Einkunftsverlagerung durch Bestellung eines Nießbrauchs an vermieteten Sachen, verzinslichen Forderungen und Wertpapieren, StuW 1979, 113 ff.

Plückebaum, Rudolf: Persönliche Zurechnung von Einkünften aus Vermietung und Verpachtung bei dinglichen und obligatorischen Nutzungsrechten, FR 1981, 181 ff.

— Aktuelle Fragen zum Nießbrauch, insbesondere zum vorbehaltenen Nießbrauch an Grundstücken, FR 1982, 285 ff.

Rauch, Karl: Kapitalerhöhung aus Gesellschaftsmitteln, 2. und 3. Aufl., Graz 1950

Reinisch, Günther: Beweislast und Vermutung im Steuerrecht, BB 1963, 1107 ff.

Rönitz, Dieter: Die Anwendbarkeit des § 41 Abs. 1 S. 1 AO 1977 bei Rechtsbeziehungen zwischen nahen Familienangehörigen, FR 1977, 512 ff.

Rosenberg, Leo: Die Beweislast, 5. Aufl., München, Berlin 1965

Rosenberg, Leo/*Schwab*, Karl Heinz: Zivilprozeßrecht, 13. Aufl., München 1981

Ruppe, Hans Georg: Möglichkeiten und Grenzen der Übertragung von Einkunftsquellen als Problem der Zurechnung von Einkünften, in: Tipke, Klaus (Hrsg.), Übertragung von Einkunftsquellen im Steuerrecht, Köln 1978, S. 7 ff.

Scharff, Christian R.: Der Nießbrauch an Aktien im Zivil- und Steuerrecht, Abhandlungen zum deutschen und europäischen Handels- und Wirtschaftsrecht, Band 38 (Hrsg. Götz Hueck/Marcus Lutter/Wolfgang Zöllner), Köln, Berlin, Bonn, München 1982

Schellenberger, Heinz: Nießbrauch im Steuerrecht. Eine Standortbestimmung, DStR 1981, 395 ff.

Schlegelberger (-Bearbeiter): Handelsgesetzbuch, Band IV, §§ 343—372, 5. Aufl., München 1976

Schmidt, Ludwig: „Väter und Söhne". Möglichkeiten und Grenzen der Einkommensverlagerung zwischen Eltern und Kindern, StbJb 1975/76, 149 ff.

— Bemerkungen über den Nießbrauch an Rechten als Einkunftsquelle, FR 1977, 457 ff.

— Möglichkeiten und Grenzen der Übertragung von Einkunftsquellen von Eltern auf Kinder, in: Tipke, Klaus (Hrsg.), Übertragung von Einkunftsquellen im Steuerrecht, Köln 1978, S. 41 ff.

— Subjektive Zurechnung von Einkünften. „Väter und Söhne" fünf Jahre danach, StbJb 1980/81, 115 ff.

— Anmerkung zum Urteil des BFH vom 9. 3. 1982 — VIII R 160/81 —, FR 1982, 441

Schulze zur Wiesche, Dieter: Der Nießbrauch am GmbH-Anteil in steuerlicher Sicht I, GmbH-Rdsch 1977, 153 ff.

— Der Nießbrauch am Betriebsvermögen, FR 1979, 273 ff.

Seeliger, Gerhard: Der Begriff des wirtschaftlichen Eigentums im Steuerrecht, Stuttgart 1962

— Beweislast, Beweisverfahren, Beweisarten und Beweiswürdigung im Steuerprozeß, Grundlagen und Praxis des Steuerrechts, Band 20, Berlin 1981

Seithel, Rolf: Werbungskostenabzug bei Nießbrauchbestellung, FR 1977, 84 ff.

— Zur Frage der steuerlichen Anerkennung des Nießbrauchs an langfristig vermieteten oder verpachteten Grundstücken und Gebäuden, FR 1977, 241 ff.

Söffing, Günter: Zur einkommensteuerlichen Behandlung des Nießbrauchs (II), FR 1975, 414 ff.

— Zur neuen Nießbrauchs-Rechtsprechung des VIII. Senats des Bundesgerichtshofs, FR 1977, 213 ff.

— Möglichkeiten und Grenzen der Übertragung von Einkunftsquellen durch Bestellung eines unentgeltlichen Nießbrauchs für Familienangehörige, in: Tipke, Klaus (Hrsg.), Übertragung von Einkunftsquellen im Steuerrecht, Köln 1978, S. 125 ff.

— Der Nießbrauch — eine selbständige Einkunftsquelle?, DStZ /A 1981, 199 f.

— Vorbehaltsnießbrauch an Wertpapieren, FR 1982, 245 f.

Soergel (-Bearbeiter): Bürgerliches Gesetzbuch,
Band 1, Allgemeiner Teil, §§ 1—240,
Band 5, Sachenrecht, §§ 854—1296,
11. Aufl., Stuttgart, Berlin, Köln, Mainz 1978

Stadie, Holger: Die persönliche Zurechnung von Einkünften, Berlin 1983

Staub (-Bearbeiter): Staub's Kommentar zum Handelsgesetzbuch,
2. Band, §§ 178—342, 12. und 13. Aufl., Berlin, Leipzig 1926

Staudinger (-Bearbeiter): Kommentar zum Bürgerlichen Gesetzbuch,
IV. Band, Sachenrecht, 2. Teil, §§ 1018—1296 11. Aufl., Berlin 1963;
1. Buch, Allgemeiner Teil, §§ 90—240, 1980;
2. Buch, Recht der Schuldverhältnisse, §§ 812—822, 1979;
3. Buch, Sachenrecht, §§ 1018—1296, 1981;
4. Buch, Familienrecht, §§ 1363—1390, 1979; alle 12. Aufl., Berlin

Stockinger, Roland: Einkommensteuerliche und bilanzielle Behandlung des Nießbrauchs an einzelnen Wirtschaftsgütern des Privat- und Betriebsvermögens, München 1978

Stöber, Kurt: Anlegung von Mündelgeld bei öffentlichen Sparkassen und privaten Bankinstituten, Rpfleger 1965, 100 ff.

StRK (-Bearbeiter): Steuerrechtsprechung in Karteiform, Höchstgerichtliche Entscheidungen in Steuersachen, bearb. von Günther Felix, Köln, Loseblattsammlung, Stand Mai 1984

Stuhrmann, Gerd: Nießbrauch: Einkommensteuerrechtliche Behandlung bei Einkünften aus Vermietung und Verpachtung, DStR 1984, 3 ff.

Sudhoff, Heinrich: Handbuch der Unternehmensnachfolge, München 1972

Superczynski, Dieter: Das Stimmrecht beim Niessbrauch an Aktien und GmbH-Geschäftsanteilen, Diss. Köln 1963

Teichmann, Robert/*Koehler*, Walter: Aktiengesetz, 3. Aufl., Heidelberg 1950

Theil, Clemens: Überlegungen zum Nießbrauch an Wertpapieren aufgrund der neueren Rechtsprechung des Bundesfinanzhofes, BB 1982, 1543 ff.

Tiedtke, Klaus: Unentgeltliche Beteiligung eines Kindes als stiller Gesellschafter, DB 1977, 1064 ff.

Tipke, Klaus: Steuerrecht, ein systematischer Grundriß, 8. Aufl., Köln 1981

— Übertragung von Einkunftsquellen, StuW 1977, 293 ff.

— (Hrsg.): Übertragung von Einkunftsquellen im Steuerrecht (hrsg. von Klaus Tipke im Auftr. d. Dt. Steuerjur. Ges. e. V.), Köln 1978

Tipke, Klaus/*Kruse*, Heinrich Wilhelm: Abgabenordnung, Finanzgerichtsordnung, 11. Aufl., Köln, Loseblattsammlung, Stand Juni 1984

Uelner, Adalbert: Einkommensteuerliche Einzelfragen, StKongrRep 1977, 105 ff.

— Aktuelle Fragen aus dem Ertragssteuerrecht unter besonderer Berücksichtigung der steuerlichen Probleme des Nießbrauchs, StKongrRep 1979, 99 ff.

Ulmer, Eugen: Das Recht der Wertpapiere, Stuttgart, Berlin 1938

Vogel, Horst: Zur einkommensteuerrechtlichen Behandlung des Nießbrauchs, BB 1977, 1088 ff.

Walter, Gerhard: Freie Beweiswürdigung, Tübinger rechtswissenschaftl. Abhandlungen, Band 51, Tübingen 1979

Wassermayer, Franz: Die Übertragung von Einkunftsquellen zwischen nahestehenden Personen. Ein Beitrag zu den Sachgesetzlichkeiten im Steuerrecht, StuW 1979, 209 ff.

Weber-Grellet, Heinrich: In dubio pro quo?, Zur Beweislast im Steuerrecht, StuW 1981, 48 ff.

Weider, Manfred: Der Niessbrauch an Aktien, Leipziger rechtswissenschaftl. Studien, Heft 14, Leipzig 1925

Weimar, Wilhelm: Die vormundschaftsgerichtliche Genehmigung und mündelsichere Geldanlage, MDR 1972, 928 ff.

Westermann, Harry: Anmerkung zum BGH-Urteil vom 10. 11. 1954 — II ZR 165/53, JZ 1955, 244 f.

Wiedemann, Herbert: Die Übertragung und Vererbung von Mitgliedschaftsrechten bei Handelsgesellschaften, München 1965

Wolff, Martin/*Raiser*, Ludwig: Sachenrecht, 10. Aufl., Tübingen 1957

Zöller (-Bearbeiter): Zivilprozessordnung, 12. Aufl., München 1979

Zöllner, Wolfgang: Die Zurückdrängung des Verkörperungselements bei den Wertpapieren, in: Festschrift für Ludwig Raiser, Tübingen 1974, S. 249 ff.

Kolibri 360 GmbH
Ferdinand-Jühlke-Straße 7
99095 Erfurt, Deutschland
produktsicherheit@kolibri360.de

Druck:
CPI Druckdienstleistungen GmbH
im Auftrag der
Kolibri 360 GmbH
Ferdinand-Jühlke-Str. 7
99095 Erfurt